HERNANDES DIAS LOPES

OS MILAGRES DE JESUS

As maravilhosas manifestações do poder de Deus

hagnos

© 2023 por Hernandes Dias Lopes

1ª edição: dezembro de 2023

Edição de texto
Daila Fanny

Revisão
Luiz Werneck Maia

Diagramação
Letras Reformadas

Capa
Julio Carvalho

Editor
Aldo Menezes

Coordenador de produção
Mauro Terrengui

Impressão e acabamento
Imprensa da Fé

As opiniões, as interpretações e os conceitos emitidos nesta obra são de responsabilidade do autor e não refletem necessariamente o ponto de vista da Hagnos.

Todos os direitos desta edição reservados à
Editora Hagnos Ltda.
Rua Geraldo Flausino Gomes, 42, conj. 41
CEP 04575-060 — São Paulo, SP
Tel.: (11) 5990-3308

E-mail: hagnos@hagnos.com.br
Home page: www.hagnos.com.br

Editora associada à:

Dados Internacionais de Catalogação na Publicação (CIP)
Angélica Ilacqua CRB-8/7057

Lopes, Hernandes Dias

Os milagres de Jesus: as poderosas manifestações do poder de Deus / Hernandes Dias Lopes. São Paulo: Hagnos, 2023.

ISBN 978-85-7742-461-0

1. Jesus Cristo – Milagres
I. Título

23-6141   CDD 232.955

Índices para catálogo sistemático:
1. Jesus Cristo - Milagres

DEDICATÓRIA

Dedico este livro a Zilda Portela Fiame, serva do Deus Altíssimo, a professora que me alfabetizou e me levou para sua casa, a fim de que eu desse continuidade aos meus estudos. A ela minha gratidão pelo investimento em minha vida.

SUMÁRIO

Prefácio 7

Introdução 11

1. Transformação da água em vinho 17

2. Cura do filho de um oficial do rei 29

3. Primeira pesca maravilhosa 39

4. Cura do endemoninhado de Cafarnaum 47

5. Cura da sogra de Pedro 59

6. Cura de um leproso 71

7. Cura do paralítico de Cafarnaum 89

8. Cura do paralítico de Betesda 103

9. Cura do homem de mão atrofiada na sinagoga 115

10. Cura do homem cego e mudo 129

11. Cura do servo de um centurião 137

12. Ressurreição do jovem de Naim 145

13. A tempestade acalmada 151

14. Cura do endemoninhado de Gadara 167

15. Cura da mulher com hemorragia 179

16. Ressurreição da filha de Jairo 191

17. Cura de dois cegos de Cafarnaum 201

18. Cura do endemoninhado mudo 205

19. Primeira multiplicação dos pães..................................... 211

20. Jesus anda sobre a água... 219

21. Cura da filha da mulher cananeia.................................. 235

22. Cura do surdo-gago de Decápolis 245

23. Segunda multiplicação dos pães 259

24. Cura do cego de Betsaida 267

25. Cura do menino epilético 275

26. A moeda na boca do peixe 285

27. Cura do cego de nascença 291

28. Cura da mulher encurvada 303

29. Cura do hidrópico 311

30. Cura dos dez leprosos.. 317

31. Cura de Bartimeu, o cego de Jericó.............................. 325

32. Ressurreição de Lázaro.. 337

33. A figueira que secou 353

34. Restauração da orelha de Malco 363

35. Segunda pesca maravilhosa... 369

Referências bibliográficas 377
Índice das referências bíblicas 381

PREFÁCIO

NA VASTIDÃO DOS Evangelhos, entre os relatos inspiradores e as lições atemporais, emerge um fio condutor que tece a narrativa da vida extraordinária de Jesus Cristo: os milagres que transcenderam as fronteiras do ordinário, desafiando as leis da natureza e proclamando um poder divino que ressoa através dos séculos. Este livro, meticulosamente construído para explorar e compreender cada um desses eventos sobrenaturais, mergulha nas páginas dos Evangelhos para revelar os milagres de Jesus, momentos que deixaram marcas indeléveis na História.

O livro *Os milagres de Jesus* convida o leitor a testemunhar as poderosas manifestações do poder de Deus em Cristo, como a transformação da água em vinho, o primeiro sinal que inaugurou uma série de eventos extraordinários. Na simplicidade de um casamento em Caná da Galileia, Jesus demonstrou seu poder sobre os elementos com uma pujança que certifica a grandiosidade do milagre. Este não foi apenas um ato de generosidade, mas uma declaração visível de sua divindade.

A jornada sobrenatural continua com a cura do filho de um oficial do rei, uma demonstração da onipotência que atravessa distâncias e desafia circunstâncias. Esse milagre não é apenas uma restauração física, mas um testemunho do alcance ilimitado do amor e da graça de Jesus, transcendo hierarquias e fronteiras sociais.

Ao longo das páginas seguintes, o leitor é guiado através de um espetáculo de prodígios, desde a primeira pesca maravilhosa até a ressurreição de Lázaro. Cada milagre, uma expressão única do amor incondicional e da compaixão de Jesus, ecoa não apenas como uma resposta à dor humana, mas como um convite para uma fé mais profunda e uma compreensão mais rica.

A cura do endemoninhado de Cafarnaum e a cura da sogra de Pedro revelam não apenas a autoridade de Jesus sobre forças espirituais, mas também sua preocupação com o bem-estar integral daqueles que cruzam seu auspicioso caminho. Os leprosos, os paralíticos, os cegos — todos encontram em Jesus não apenas um homem que opera milagres, mas um restaurador da dignidade humana.

Além disso, os milagres de multiplicação dos pães, a calmaria da tempestade e a caminhada sobre as águas destacam a natureza transcendental do Mestre de Nazaré. Ele não só supre as necessidades materiais, mas também domina as forças da natureza, proclamando-se como Senhor sobre a criação.

A narrativa se desdobra com a cura da filha da mulher cananeia (ou siro-fenícia), a cura do surdo-gago de Decápolis e a segunda multiplicação dos pães, ampliando a compreensão da universalidade da mensagem de Jesus. Seu poder curativo não conhece fronteiras étnicas ou linguísticas; Ele é o médico da alma e do corpo, isto é, do ser humano em sua totalidade.

Os milagres de Jesus, delineados nas páginas deste livro, não são meras exibições de poder divino, mas revelações de uma verdade profunda — que o amor de Deus se manifesta de maneiras imprevisíveis e surpreendentes. Este livro é uma jornada pelo coração dos milagres, convidando o leitor a testemunhar não apenas

PREFÁCIO

os eventos extraordinários, mas também a transformação interior que eles provocam.

Ao explorar cada milagre, somos convidados a olhar para além da superfície e a mergulhar na riqueza simbólica e espiritual de cada acontecimento. *Os milagres de Jesus* não são apenas uma coleção de histórias miraculosas, de portentos grandiosos, mas um convite para aprofundar nossa fé, expandir nossa compreensão do poder e do amor de Deus e encontrar respostas para os mistérios da nossa existência.

Que este livro seja uma jornada inspiradora, conduzindo o leitor pelos caminhos empoeirados da Palestina, onde os passos de Jesus deixaram marcas indeléveis, e onde seus milagres continuam a ressoar, desafiando-nos a crer no extraordinário, a esperar o impossível e a experimentar a transformação que só pode ser encontrada na presença daquele que é a fonte de todo milagre — Jesus Cristo, em quem "habita, corporalmente, toda a plenitude da Divindade" (Colossenses 2:9).

Hernandes Dias Lopes

INTRODUÇÃO

OS EVANGELHOS DESCREVEM em detalhes apenas 35 dos muitos milagres de Jesus.[1] Os quatro evangelistas selecionaram os milagres que atendiam aos propósitos particulares de seus livros. Mateus descreve Jesus como um homem de ação e um mestre, e registra pelo menos vinte milagres específicos. Ele escreve como testemunha ocular dos fatos. Jesus o chamou de uma coletoria para ser um apóstolo. Ele caminhou com Jesus. Ouviu os ensinamentos de Jesus. Viu os milagres de Jesus: os cegos viram, os surdos ouviram, os mudos falaram, os aleijados andaram, os leprosos foram purificados, os cativos foram libertos e os mortos ressuscitaram.

Marcos escreve para os romanos e, por isso, enfatiza mais as obras de Cristo que os seus ensinos. Os romanos estavam mais interessados em ação que em palavras. O evangelista registra dezoito milagres e apenas quatro parábolas. Jesus está sempre se movendo de uma ação para outra. Ele está curando os cegos, limpando os leprosos, erguendo os paralíticos, libertando os possessos, acalmando a tempestade, levantando os mortos. Em cada capítulo do Evangelho de Marcos que relata o ministério de Jesus antes de Jerusalém há pelos menos o registro de um milagre.

---

[1] RICHARDS, Larry. *Todos os milagres da Bíblia*, p. 190.

Lucas, um médico e companheiro de ministério de Paulo, escreveu seu Evangelho com o propósito de fornecer um relato ordenado e detalhado da vida, dos ensinamentos, da morte e da ressurreição de Jesus Cristo. O Evangelho de Lucas é dirigido a uma audiência mais ampla, incluindo gentios (não judeus). Sua intenção principal era apresentar um testemunho cuidadosamente pesquisado e organizado sobre a vida de Jesus, a fim de fornecer aos leitores — Teófilo, em especial — um entendimento seguro e crítico dos eventos que cercaram o ministério de Jesus.

Quanto aos milagres de Jesus em Lucas, eles são apresentados como sinais do poder divino de Jesus e como evidências do reino de Deus. Lucas enfatiza a compaixão de Jesus para com os necessitados, enfermos e marginalizados, destacando o aspecto restaurador e redentor dos milagres. Os milagres não são apenas demonstrações de poder sobrenatural, mas também expressões do amor de Deus e da vontade de restaurar a humanidade. Além disso, Lucas frequentemente destaca a importância da fé na recepção dos milagres. A fé é apresentada como um elemento crucial na experiência da cura e na participação nas bênçãos de Deus. Em várias passagens, Jesus elogia a fé daqueles que buscam sua ajuda.

O evangelista João tem um propósito bem claro em seu Evangelho: levar seus leitores a contemplarem a pessoa e a obra de Cristo, a fim de colocarem nele sua fé. João escreve para enfatizar a verdade incontroversa de que o Filho de Deus, o Verbo eterno, se fez carne e veio habitar entre nós. Para provar essa verdade indubitável, João seleciona sete milagres operados por Jesus. Os únicos milagres mencionados por João registrados nos outros Evangelhos são a multiplicação dos pães e dos peixes, e Jesus

INTRODUÇÃO 13

andando sobre o mar. Obviamente, esses dois milagres atendem perfeitamente ao seu propósito de enfatizar a divindade de Cristo.

A palavra mais usada por João para descrever os milagres de Jesus é *semeion*, um termo alternativo para "milagres" e "maravilhas". O termo aparece 77 vezes no Novo Testamento, sempre autenticando quem faz o sinal como pessoa enviada por Deus.[2] Essa palavra não descreve cruas manifestações de poder, mas manifestações significativas de poder que apontam para além de si mesmas, para realidades mais profundas que podiam ser percebidas com os olhos da fé.[3] A palavra *semeion* demonstra que Jesus queria que as pessoas olhassem além dos milagres, ou seja, para o seu significado.[4]

Ao contrário dos outros três Evangelhos, o de João compartilha o significado interior — a relevância espiritual — dos atos de Jesus, de modo que cada milagre é, na verdade, um "sermão prático".[5] Assim, em João, os sinais de Jesus apontavam para Ele mesmo, lançado luz sobre sua pessoa e obra.

PROPÓSITO DOS MILAGRES

Um ponto digno de destaque é que todos os milagres de Jesus tinham propósitos bem definidos. Todos atenderam a necessidades específicas, seja abrindo os olhos aos cegos, dando audição aos surdos, libertando os oprimidos pelos demônios, alimentando os famintos, seja acalmando a fúria da tempestade.[6] De

---

[2] RICHARDS, Larry. *Todos os milagres da Bíblia*, p. 197.
[3] CARSON, D. A. *O comentário de João*, p. 175.
[4] MILNE, Bruce. *The Message of John*, p. 62.
[5] WIERSBE, Warren W. *Comentário bíblico expositivo*. vol. 5, p. 374.
[6] MACARTHUR, John. *John 1 – 11*, p. 79.

14 OS MILAGRES DE JESUS

forma geral, seus milagres tinham três propósitos: demonstrar compaixão pelos seres humanos, cumprir profecias e demonstrar a verdade salvadora.[7] Especificamente os milagres de cura que Cristo realizou tinham um significado tríplice: confirmar sua mensagem; revelar que, de fato, Ele era o Messias; provar, em certo sentido, que o reino já havia chegado, porque o reino inclui bênçãos tanto para o corpo como para a alma.[8]

Cristo realizou milagres para demonstrar sua compaixão pelas pessoas, para convencer as pessoas acerca de quem Ele era e para ensinar os discípulos acerca da sua verdadeira identidade como Deus.

Os milagres de Jesus não eram realizados para chamar a atenção para si, mas para demonstrar sua compaixão pelos outros. Sua motivação não era a vaidade, mas o amor. Ele cura, mas não faz propaganda de seu poder. Ele faz as obras de Deus, mas não busca holofotes. Jesus jamais fez milagres para atrair as multidões. Ao contrário, com certa frequência, orientava as pessoas curadas a não contar nada a ninguém.[9] A humildade de Jesus reprova toda altivez humana. Jesus não buscava fama. Ele não desejava se sobressair como operador de milagres. A exibição vã e a glória terrena não constituíam a razão de sua encarnação e peregrinação entre os homens.[10]

Jesus poderia ter concentrado o seu ministério em curar os enfermos e alimentar os famintos, pois havia uma multidão

---

[7] WIERSBE, Warren W. *Comentário bíblico expositivo*, p. 39.

[8] HENDRIKSEN, William. *Mateus*. vol. 1, p. 309.

[9] Veja, por exemplo, Mateus 9:30, 12:16, 17:9; Marcos 1:34, 5:43, 7:36, 8:26.

[10] HENDRIKSEN, William. *Mateus*. vol. 2, p. 24.

INTRODUÇÃO

carente ao seu redor, mas os milagres eram apenas meios e não o fim último do seu ministério. Os milagres de Jesus tinham o propósito de provar sua identidade e missão e abrir portas para a mensagem da salvação. Na agenda de Jesus, a proclamação sempre estava em primeiro plano. Os milagres e sinais são subordinados à proclamação.[11] Jesus não veio de Nazaré ou Cafarnaum, mas do céu, e isto não apenas para resolver os problemas temporais, mas para salvar as pessoas da condenação eterna. Sua obra vicária e expiatória era mais importante que suas curas. Ele quis ser lembrado por sua morte e não por seus milagres. Os milagres da graça abrem portas para a pregação do evangelho da graça. A pregação tem um senso de urgência. O reino de Deus chegou. Está próximo. E não há mais tempo a perder.

Cristo veio ao mundo não como um rei político. Não veio como um filósofo. Não veio como um mestre moral. Não veio como um operador de milagres. Ele veio para morrer. Veio como Cordeiro de Deus. Veio para derramar seu sangue em nosso favor e fazer expiação dos nossos pecados. Veio fazer o que nenhuma religião, dinheiro ou esforço humano podia fazer. Veio para tirar o pecado do mundo! Cristo é o Salvador soberano e completo.

O Cordeiro de Deus tira o pecado pelo seu sacrifício, e não pelos seus milagres. Foi na cruz que o Cordeiro triunfou sobre o pecado. Ele se fez pecado. Ele se tornou nosso representante e nosso substituto. Ele tomou sobre si o nosso pecado. Ele carregou sobre o seu corpo no madeiro o nosso pecado. Ele foi transpassado pelas nossas transgressões.

---

[11] RIENECKER, Fritz. *Evangelho de Lucas*, p. 128.

Jesus Cristo veio para morrer, e morreu pelos nossos pecados. E precisava ser assim, pois nossa redenção depende da sua morte. Se Cristo não tivesse morrido, acabariam todas as consolações fornecidas pelo evangelho. Nada menos do que sua morte poderia ter quitado a dívida do ser humano para com Deus. Sua encarnação, seus milagres, seus ensinos e sua obediência à lei não teriam proveito algum se Ele não tivesse morrido. A essência do evangelho está alicerçada nessa verdade: "Cristo Jesus morreu pelos nossos pecados segundo as Escrituras, foi sepultado e ressuscitou segundo as Escrituras" (1Coríntios 15:1-3). A evidência mais eloquente de que Jesus era o Messias não foram seus sinais espetaculares nem seus milagres estupendos, mas sua morte, seu sepultamento e sua ressurreição. Werner de Boor é oportuno quando escreve:

> O verdadeiro e incontestável "sinal" da autoridade de Jesus, apesar de todos os demais milagres, é — tanto em João quanto nos Sinóticos (Mateus 12:38-40) — que Ele rendeu dessa maneira sua vida e que receberá de volta dessa maneira, pela ressurreição dentre os mortos, a sua vida e sua glória. Somente a morte de Jesus e sua ressurreição hão de demonstrar seu poder divino de uma maneira tal que surja a fé em Jesus até entre as fileiras dos sacerdotes (Atos 6:7).[12]

---

[12] BOOR, Werner de. *Evangelho de João*. vol. 1, p. 80.

capítulo 1

TRANSFORMAÇÃO DA ÁGUA EM VINHO

João 2:1-11

JESUS FOI CONVIDADO para uma festa de casamento em Caná da Galileia. Sua presença ali foi requisitada e desejada. Jesus atendeu ao convite e participou da festa regada de profusa alegria. Jesus participa conosco das nossas celebrações. Ele se identifica conosco quando nossa alma transborda de alegria.

Na agenda de Jesus havia espaço para celebrar as alegrias da vida. É muito significativo que Jesus tenha aceitado o convite para participar de um casamento, pois Ele não veio tirar a alegria e o prazer dos seres humanos. Esse primeiro milagre de Jesus repele o temor desarrazoado de que a religião roube, da vida, a felicidade, ou de que a lealdade a Cristo não se coadune com a expansividade dos espíritos e com os prazeres inocentes. Corrige ainda a falsa impressão de que o azedume é um índice de santidade, ou que a taciturnidade é uma condição de vida piedosa.

As Escrituras dizem: "Digno de honra entre todos seja o matrimônio" (Hebreus 13:4). Foi Deus quem instituiu o casamento (Gênesis 2:24). Proibi-lo é doutrina do anticristo, e não de Cristo (1Timóteo 4:3). O casamento é uma instituição divina e uma fonte de felicidade tanto para o homem como para a mulher. Jesus foi a essa festa com seus discípulos em Caná da Galileia, mostrando que Ele aprova as alegrias sãs e santifica o casamento, bem como as relações sociais. Ele celebra conosco nossas alegrias.

O teólogo John MacArthur corrobora esse pensamento:

> Ao comparecer à festa de casamento e realizar ali seu primeiro milagre, Jesus santificou a ambos: tanto a instituição do casamento como a cerimônia pública de casamento. O casamento é a sagrada união entre um homem e uma mulher, na qual ambos se tornam uma só carne aos olhos de Deus.[1]

Jesus é o noivo que, com sua encarnação, obra de redenção e manifestação final, vem para sua Noiva, a igreja. Como, então, Jesus não honraria aquilo que simboliza o relacionamento dele com seu povo?[2] O ministério terreno de Jesus começou com um casamento, e a história humana terminará com um casamento. No final da história humana, o povo de Deus celebrará as "bodas do Cordeiro" (Apocalipse 19:9).

Há cinco prováveis razões pelas quais o milagre em Caná da Galileia foi o primeiro realizado por Jesus:[3]

---

[1] MACARTHUR, John. *John 1 – 11*, p. 78.
[2] HENDRIKSEN, William. *João*, p. 161.
[3] RYLE, John Charles. *John*. vol. 1, p. 102.

- *Primeira:* como o casamento foi a primeira instituição divina, Cristo realizou seu primeiro milagre numa festa de casamento;
- *Segunda:* Jesus se manifestava publicamente oferecendo provisão;
- *Terceira:* Jesus não transformou pedras em pães para atender a Satanás, mas transformou água em vinho para manifestar sua glória;
- *Quarta:* o primeiro milagre operado pelo homem no mundo foi um milagre de transformação, quando a vara de Arão se tornou serpente diante de Faraó (Êxodo 7:9). O primeiro milagre operado pelo Filho do homem foi da mesma natureza;
- *Quinta:* na primeira vez em que ouvimos falar sobre João Batista, somos informados a respeito de sua dieta restrita, mas na primeira vez em que ouvimos falar sobre Cristo em seu ministério público, nós o vemos em uma festa de casamento.

CRISTO EM CASA

Jesus deve ser convidado para estar em nossa casa. Maria, mãe de Jesus, estava no casamento. Provavelmente, ela era próxima da família dos nubentes. O evangelista João não a cita nominalmente, e a omissão do nome de José pode ser uma evidência de que ele já tivesse falecido. Jesus foi convidado, junto com os discípulos. Temos informação de que Natanael, discípulo de Cristo, era da cidade de Caná (João 21:2). A maior necessidade da família é a presença de Jesus. Mais do que bens, conforto e sucesso, a família precisa da presença de Jesus.

Porém, mesmo quando Jesus está presente, pode faltar alegria no lar. O vinho era a principal provisão no casamento, um símbolo da alegria (Eclesiastes 10:19). Às vezes, o vinho da alegria acaba no casamento logo no início. A vida cristã não é um parque de diversões nem uma colônia de férias. Ser cristão não é viver numa estufa espiritual nem mesmo ser blindado dos problemas naturais da vida. Um crente verdadeiro enfrenta lutas, dissabores, tristezas e decepções. Os filhos de Deus também lidam com doenças, pobreza e escassez. Mesmo quando Jesus está conosco, somos provados para sermos aprovados.

Toda família enfrenta problemas. Não há lares perfeitos nem cônjuge ou filhos perfeitos. Toda família precisa lidar com o sofrimento, com as frustrações e com o esgotamento de coisas importantes. Toda família precisa lidar com perdas. Casais enfrentam a perda do romantismo da lua de mel. Corações outrora alegres passam por sequidão, a alma murcha, os sonhos desvanecem. Um deserto se instala no peito. A alegria acaba, deixando no lugar uma profunda dor, uma amarga frustração. Porém, se o vinho da alegria acabou no casamento ou na família, não se desespere; ainda há esperança. No caso em destaque, o vinho faltou na festa de casamento.

É PRECISO DIAGNOSTICAR O PROBLEMA CEDO

Maria provavelmente tinha alguma responsabilidade na organização e distribuição da comida, daí ter identificado o problema antes que se tornasse crônico, e ter procurado saná-lo.[4] A pro-

---

[4] CARSON, D. A. *O comentário de João*, p. 169.

TRANSFORMAÇÃO DA ÁGUA EM VINHO

visão de vinho era insuficiente para atender todos os convidados. Uma ocasião festiva como essa podia prolongar-se por uma semana inteira, e o término do vinho antes do fim seria um sério golpe que afetaria principalmente a reputação do hospedeiro.[5] No Oriente, a hospitalidade é um dever sagrado. Qualquer falta de provisão numa festa de casamento era vista como um constrangimento enorme e uma profunda humilhação para a família.

Maria percebeu que a família dos noivos poderia passar por um grande vexame. É digno de nota que não foi o pai da noiva nem mesmo o noivo ou os serventes que diagnosticaram o problema da falta de vinho, mas uma mulher. As mulheres têm uma percepção maior quando se trata de identificar a falta de alegria dentro de casa. Elas veem o que os homens não percebem. Elas têm um sexto sentido que deve ser posto a serviço da restauração da família.

Eu trabalho como conselheiro matrimonial há décadas. Sei que as mulheres são mais atentas aos problemas do casamento que os homens. São elas que mais diagnosticam os problemas e mais buscam ajuda. São elas que tomam as primeiras medidas com o fim de restaurar a alegria no lar.

Quanto mais cedo forem identificados os problemas que atingem a família, mais rápida e fácil será a solução do problema. O que mais conspira contra a felicidade no lar não são os grandes problemas, mas os pequenos problemas não identificados e não tratados. Eles viram montanhas intransponíveis, verdadeiras bolas de neve. Um ditado chinês diz que o que impede a nossa

---

[5] BRUCE, F. F. *João*, p. 69.

caminhada não são as grandes pedras — estas, nós as vemos de longe e, assim, podemos desviar-nos delas —, mas as pequenas pedras, disfarçadas em nosso caminho, ferem-nos os pés e nos fazem tropeçar.

Os grandes problemas foram, um dia, um problema pequeno e administrável. Aqueles fracos barbantes facilmente rompidos transformam-se em cabos de aço. Aquela fagulha que seria apagada com um sopro torna-se um incêndio indomesticável. Não deixe os problemas se agravarem. Não faça como o avestruz, enfiando a cabeça na areia, ignorando-os. Não adie a solução dos pequenos problemas. Não espere que o outro dê o pontapé para resolvê-los. Comece você mesmo. Mexa-se. Entre em ação e resolva o problema antes que seja tarde demais. Não subestime o poder das pequenas coisas. Na sua casa, não pode faltar o vinho da alegria!

É PRECISO LEVAR O PROBLEMA À PESSOA CERTA

Maria, tão logo identificou a falta de vinho na festa, imediatamente comunicou o fato a Jesus. Ela não procurou o pai da noiva, o noivo nem mesmo os serventes. Ela foi àquele que tinha o poder para resolver o problema. Maria não procurou resolver o problema à parte de Jesus. Maria não criticou o anfitrião por não fazer provisão suficiente para os convidados. Maria não espalhou a informação para os demais convivas, deixando, assim, a família em situação constrangedora. Ela levou o assunto discretamente a Jesus e aguardou a intervenção dele.

Devemos levar nossos problemas a Jesus. Devemos deixar nossas ansiedades a seus pés. Antes de espalharmos nossas frustrações, proclamando nosso medo ou buscando um culpado para o problema, devemos apresentar nossa causa ao Senhor Jesus. Nossos dramas familiares não devem se tornar motivos de murmuração, mas de intercessão; em vez de envergonhar a família com a divulgação de nossas limitações e fraquezas, devemos confiadamente apresentar essa causa a Deus em oração.

Muitos fracassam porque tentam encontrar um culpado para o problema e começam a tecer críticas e a espalhar boatos. Outros se decepcionam porque, ao divulgar o problema, em vez de encontrar auxílio ou encorajamento, só encontram mais combustível para inflamar a situação. Jesus está presente na família como amigo, como a resposta para nossas tristezas, como supridor das nossas carências.

É PRECISO AGUARDAR O TEMPO CERTO DE JESUS AGIR

Jesus disse a Maria: "Mulher, que tenho eu contigo? Ainda não é chegada a minha hora" (João 2:4). Ele não foi indelicado ao chamá-la de "mulher". Muito pelo contrário. Ele foi muito gracioso ao enfatizar que Maria não devia mais pensar nele como apenas seu filho. Maria devia começar a vê-lo como seu Senhor.[6]

Jesus tem o tempo certo de agir. Ele age não segundo a pressão da nossa agenda, mas segundo a soberania de seu propósito. Não podemos pôr Jesus contra a parede. Não somos donos da sua agenda. Ele é livre e soberano e faz todas as coisas conforme o conselho da sua vontade.

---

[6] HENDRIKSEN, William. *João*, p. 158.

O tempo de Deus não é o nosso. Às vezes, julgamos que Jesus está longe, distante, silencioso e até indiferente à nossa causa. Mas, nesse tempo, Ele está trabalhando no turno da noite, preparando algo maior e melhor para nós. Não há Deus como o nosso, que trabalha para aqueles que nele confiam.

Jesus disse a Maria que agia de acordo com uma agenda celestial, determinada pelo Pai. Não era pressionado pelas circunstâncias nem pelas pessoas, mesmo que fossem as mais achegadas. Seu cronograma de ação já havia sido traçado na eternidade. Jesus deixa claro que, iniciado o seu ministério público, tudo, incluindo os laços de família, estava subordinado à sua missão divina. Todos, incluindo seus familiares, precisavam ter consciência de que Ele andava conforme a agenda do céu, não conforme as pressões da terra.

É PRECISO OBEDECER À ORDEM DA PESSOA CERTA

Maria ainda não sabia o que Jesus faria, mas entrega o problema ao filho e nele confia. Ela exibe "uma completa submissão e uma contundente expectativa", como notou o escritor William Hendriksen.[7] Jesus chamou os serventes e mandou que eles enchessem de água as talhas de purificação. Eles poderiam questionar, dizendo que o problema era falta de vinho, e não de água. Eles poderiam se negar a levar aquelas pesadas talhas de pedra ao responsável pela festa. Contudo, eles não duvidaram, não questionaram nem adiaram. Eles prontamente obedeceram e atenderam à ordem de Jesus.

---

[7] HENDRIKSEN, William. *João*, p. 158.

Não é nosso papel discutir com Jesus, mas obedecer-lhe. Suas ordens não devem ser discutidas, mas obedecidas. O segredo da vitória na vida familiar é obedecer às ordens de Jesus. Aparentemente, elas podem parecer sem sentido. Elas podem conspirar contra nossa lógica. Elas podem desafiar nossa razão. Mas aquele que fez a água e tem poder para transformá-la em vinho deu uma ordem, e esta deve ser obedecida sem tardança.

Muitas pessoas sofrem porque duvidam. Outras sofrem porque querem ser guiadas pela luz da razão, e não pela centelha da fé. A obediência a Jesus é o caminho da bem-aventurança. A família que confia na Palavra de Deus nota que o milagre está no ato de crer, e não em duvidar. O milagre de Caná começa com uma ordem que parece totalmente absurda: falta vinho, e Jesus manda encher seis talhas com água.[8] Foi a obediência que transformou a água em vinho. Devemos obedecer ao que Jesus ordena, mesmo quando sua palavra nos pareça sem sentido. Devemos obedecer a Jesus, mesmo quando nossos sentimentos nos pedirem que façamos a coisa contrária. Devemos obedecer a Jesus, mesmo que a nossa lógica grite aos nossos ouvidos para seguirmos pelo caminho oposto.

Os serventes não questionaram, não duvidaram nem postergaram a ordem de Jesus. Eles simplesmente obedeceram de pronto, de imediato, e levaram as seis talhas cheias de água ao mestre-sala. Quando, porém, este enfiou sua cumbuca dentro das talhas, não havia mais água, mas vinho, e vinho da melhor qualidade.

---

[8] BOOR, Werner de. *Evangelho de João*. vol. 1. p. 74.

Até esse momento, Jesus não havia feito nenhum milagre. Eles não tinham nenhum fato histórico para lhes fortalecer a fé. Eles creram, apesar das circunstâncias desfavoráveis. Quando obedecemos às ordens de Jesus sem duvidar, podemos, de igual forma, experimentar uma mudança total em nossa vida e em nosso lar.

O VINHO DE JESUS TEM QUALIDADE SUPERIOR

O responsável pela festa, ao provar o vinho novo, chama o noivo, porque cabia a ele a provisão para o casamento. O homem pensou que o noivo tinha quebrado o protocolo. O costume da época era servir primeiro o bom vinho e depois o vinho inferior. Contudo, o noivo havia reservado o melhor vinho para o final da festa. Mal sabia ele que aquele vinho era o resultado do milagre de Jesus!

A provisão de Jesus é farta e generosa. As seis talhas feitas de pedra tinham a capacidade de armazenar cerca de 600 litros de água. Concordo com o pastor Warren Wiersbe quando diz que "naquele milagre, Jesus trouxe plenitude onde havia vazio; alegria onde havia decepção e algo interior onde havia apenas algo exterior."[9]

Há algo digno de nota na menção que o evangelista João faz às talhas de pedra. Ele diz que os judeus as usavam "para as purificações" (2:6). A função da água armazenada nessas talhas era permitir aos hóspedes enxaguarem as mãos e possibilitar a lavagem dos utensílios usados na festa, de acordo com a tradição antiga (Marcos 7:3-13). A menção às talhas é, portanto, uma referência aos rituais de purificação, e essa é a chave para o sentido espiritual

---

[9] WIERSBE, Warren W. *Comentário bíblico expositivo*. vol. 5, p. 375.

TRANSFORMAÇÃO DA ÁGUA EM VINHO

da presente narrativa. A água que servia para a purificação exigida pela lei e pelos costumes judaicos representa toda a antiga ordem do cerimonial judaico, que Cristo haveria de substituir por algo melhor. O vinho simboliza a nova ordem, assim como a água nas talhas simboliza a antiga.[10]

Na sequência desse milagre, Jesus vai a Jerusalém e ali decorre o episódio de purificação do templo (João 2:13-25). Esses dois eventos — o milagre em Caná e a purificação do templo — revelam o novo tipo de religião que Jesus trazia. Desse modo, em lugar de um ritual de fórmulas, sombras e tipos, erigir-se-ia uma religião de culto mais verdadeiro e de comunhão mais real com Deus.[11]

Quando Jesus opera o seu milagre no casamento, o melhor sempre vem depois. Da mesma forma, tudo o que está transformado pela chegada torna-se inigualavelmente superior.

QUANDO JESUS REALIZA UM MILAGRE EM NOSSA CASA, GRANDES COISAS ACONTECEM

Nenhum milagre de Jesus foi operado como simples manifestação de poder para impressionar os espectadores. Aqui, Ele está a produzir alegria. Enganam-se aqueles que pensam que os melhores dias da vida são os vividos nos dias primaveris. Quando a família experimenta a intervenção de Jesus, saboreia o melhor vinho na fase outonal da vida. Com Jesus, a vida é sempre uma aventura na busca do melhor, do mais excelente.

---

[10] BRUCE, F. F. *João*, p. 71.
[11] ERDMAN, Charles. *O Evangelho de João*, p. 33.

Depois do milagre, são registradas duas consequências: a glória de Jesus se manifestou, e os discípulos creram nele. A passagem bíblica de João 2 termina dizendo que ali Jesus fez seu primeiro milagre, seus discípulos creram nele e foi manifestada a sua glória. Os servos viram o sinal, mas não a glória; os discípulos, pela fé, perceberam a glória de Jesus por trás do sinal e creram nele.[12]

O lar em que Jesus intervém é palco dos milagres de Deus. O lar em que Jesus transforma água em vinho é agência de evangelização na terra. O lar em que Jesus opera seus milagres é palco em que a glória de Deus resplandece.

Somente Jesus tem poder para fazer milagres. Nosso papel é crer e obedecer. Se levarmos nossas causas a Ele e confiarmos nele, poderemos beber vinho novo. Poderemos experimentar o milagre da alegria. Assim como Jesus modificou a composição química da água para a composição química do vinho, Ele pode transformar lágrimas em alegria, solidão em solidariedade, ausência de diálogo em comunicação abundante, mágoa em amor profundo, sequidão em jardins engrinaldados de flor.

---

[12] CARSON, D. A. *O comentário de João*, p. 175-176.

capítulo 2

CURA DO FILHO DE UM OFICIAL DO REI

João 4:43-54

DEPOIS DE UMA peregrinação pela Judeia e de uma passagem pela província de Samaria, Jesus estava de volta à Galileia, região onde passou a maior parte de sua vida terrena. Na Galileia, Jesus era conhecido como um carpinteiro. Na Galileia, as pessoas conheciam sua família. Na Galileia, Ele iniciou seu ministério. Leu, na sinagoga de Nazaré, no livro do profeta Isaías: "O Espírito do SENHOR Deus está sobre mim, porque o SENHOR me ungiu" (Lucas 4:16-21), e disse que aquela profecia apontava para Ele como o Messias, o ungido de Deus. Longe de aceitarem essa declaração, os nazarenos galileus pegaram em pedras para matá-lo.

Ao chegar à Galileia, vindo da Judeia, Jesus faz duas declarações contundentes.

Em primeiro lugar, *a familiaridade com o sagrado pode nos privar de bênçãos extraordinárias*. Diz o texto: "Passados dois dias, partiu dali para a Galileia. Porque o mesmo Jesus testemunhou que um profeta não tem honras na sua própria terra" (João 4:43-44). Os galileus viam Jesus apenas como um homem comum.

Conheciam-no apenas como filho de José e Maria, cujos irmãos viviam entre eles. Jesus era apenas o carpinteiro de Nazaré. A familiaridade com Jesus obscureceu o entendimento espiritual deles. Jamais Jesus foi honrado por eles como o Messias, o Salvador do mundo. Alguns que eram considerados inimigos, como veremos a seguir, acolheram-no com entusiasmo e foram salvos, mas os galileus, pela proximidade com Jesus, nada viam nele além de um cidadão comum.

Em segundo lugar, *a fé produzida apenas pelos milagres pode ser bastante superficial*. O texto segue dizendo: "Assim, quando chegou à Galileia, os galileus o receberam, porque viram todas as coisas que Ele havia feito em Jerusalém, por ocasião da festa, à qual eles também tinham comparecido" (João 4:45). As festas judaicas eram frequentadas por todo o povo. Jesus jamais deixou de comparecer a essas festas. Na festa da Páscoa, Jesus foi a Jerusalém, e muitos, vendo seus sinais, creram no seu nome. Entre esses muitos, estavam os galileus que tinham concorrido à mesma festa. Agora, ao chegar à Galileia, os galileus o recebem porque haviam visto seus milagres. Conheciam sua fama. Mas a recepção que lhe oferecem não é sinal de fé genuína. O milagre pode produzir impacto, mas não a fé verdadeira. Aqueles que são atraídos a Cristo apenas por causa de milagres possuem apenas uma fé passageira, superficial e insuficiente.

Essas pessoas viram Jesus apenas como um mero operador de milagres. Creram nele apenas para as coisas desta vida. Não acreditaram nele como o Cristo, Filho de Deus. Jesus conhecia os corações e sabia que essa fé temporária não era a fé salvadora. Concordo com o pastor Warren Wiersbe quando ele diz: "Uma coisa é reagir a um milagre; outra bem diferente é assumir um compromisso com Jesus Cristo e permanecer em sua palavra".[1] Jesus considerou superficial a crença que depositavam nele, uma fé desprovida dos elementos mais essenciais: a necessidade de perdão e a convicção de que somente Jesus pode oferecê-lo.[2]

UM PAI INTERCESSOR

É nesse contexto de incredulidade que Jesus volta a Caná, onde operara seu primeiro milagre, ao transformar água em vinho na festa de casamento. Exatamente nesse momento, sobe de Cafarnaum um oficial do rei Herodes para suplicar o socorro de Jesus. Este homem tem em casa seu filho enfermo, à beira da morte. Aqui está não um homem que ocupa uma posição importante, mas um pai ansioso. As aparências externas e sua posição social não significavam nada; ele só conseguia pensar no filho que parecia estar morrendo.[3]

O relato desse pai aflito buscando socorro em Jesus para a cura de seu filho nos enseja algumas lições. A primeira delas é que *a posição social não é segurança contra as tragédias da vida*. O rico tem aflições da mesma forma que o pobre. Esse homem era oficial do rei, vivia na corte; contudo, seu dinheiro, sua alta posição e seu prestígio não afastaram a doença de sua casa nem a aflição de seu coração. O dinheiro pode nos dar um bom plano de saúde, mas não pode comprar saúde. O dinheiro pode nos dar uma casa luxuosa, mas não um lar. O dinheiro pode comprar serviçais e bajuladores, mas não amigos. Sedas e cetins geralmente

---

[1] WIERSBE, Warren W. *Comentário bíblico expositivo*. vol. 5, p. 377.
[2] TASKER, R. V. G. *The Gospel According to St. John*, p. 65.
[3] RICHARDS, Larry. *Todos os milagres da Bíblia*, p. 198.

cobrem corações turbados. Moradores nos palácios dormem com mais dificuldade do que aqueles que habitam em tendas.

A segunda lição é que *as aflições e a morte vêm para os jovens assim como para os velhos*. A morte estava espreitando um jovem. A ordem natural das coisas fora invertida aqui. O pai estava rogando a Jesus pelo filho à beira da morte. Os jovens são vulneráveis. A força e o vigor da juventude não são garantia contra tempos turbulentos.

A terceira lição é que *Jesus está atento a pais intercessores*. O primeiro milagre em Caná foi realizado a pedido da mãe de Jesus; o segundo milagre, Jesus realizou a pedido de um pai. Precisamos aprender a colocar no altar de Deus os nossos filhos e suas causas. Quando os pais se colocam de joelhos diante de Deus em favor dos filhos, Deus coloca os filhos de pé. Muitos homens e mulheres levantados por Deus para serem vasos de honra em suas mãos foram resultado da oração de seus pais. Aurélio Agostinho, o maior expoente da igreja nos séculos 4 e 5, foi fruto da oração de sua mãe. Mônica orou trinta anos por Agostinho. Mesmo sendo ele um homem devasso, Mônica nunca desistiu de chorar e clamar a Deus em favor de seu filho. Depois de trinta anos de lágrimas de sua mãe, Deus converteu o coração de Agostinho e levantou-o como o maior teólogo e pregador de sua geração. Ambrósio, um pai da igreja, disse mais tarde a respeito dele: "Um filho de tantas lágrimas jamais poderia perecer".

Jim Cymbala, pastor do Tabernáculo do Brooklin, em Nova York, orou incessantemente pela sua filha primogênita. Sua igreja estava crescendo extraordinariamente. Sua esposa, na liderança da música, testemunhava verdadeiros prodígios de

Deus. Pecadores se convertiam, cativos eram libertos, doentes recebiam cura e a mão de Deus, a cada dia, operava maravilhas. Até que Jim percebeu que a filha primogênita se tornava resistente e avessa ao evangelho. A adolescente começou a viver em rebeldia, mundanismo e pecado. Não demorou muito, ela se rebelou contra seus pais e saiu de casa, mergulhando na escuridão do pecado. Seus pais choraram, sofreram, pediram que ela voltasse, mas ela estava cada vez mais insensível à voz do Espírito de Deus.

Jim e sua esposa definharam. A angústia tomou conta de seu coração. Alguns amigos chegaram a dizer que eles deveriam desistir de procurar a filha. Contudo, em um culto de vigília na igreja, uma irmã interrompeu o pastor em seu sermão e disse que a igreja deveria levantar um clamor por sua filha. A igreja, então, fez um grande círculo de oração dentro do santuário e chorou diante de Deus pela vida da filha do pastor. Aquele santuário se transformou numa sala de parto, onde as dores e os gemidos eram expressos em agonia diante de Deus. Quando o pastor retornou para sua casa na manhã do outro dia, ele disse à sua esposa: "Se há um Deus no céu, nossa filha foi liberta hoje".

Então a campainha tocou. Ao abrir a porta, Jim encontrou sua filha, em prantos. Ela entrou em casa e se ajoelhou aos pés do pai, soluçando, quebrantada, transformada pelo poder de Deus. Imediatamente, ela perguntou o que havia ocorrido na noite anterior, pois fora tomada por uma profunda convicção de pecado e, sem qualquer explicação, de repente se viu chorando amargamente aos pés de Jesus, confessando os seus pecados. Aquela moça foi liberta, foi salva, em resposta às orações!

O DESABROCHAR DA FÉ SALVADORA

Se o oficial do rei agiu corretamente ao levar sua preocupação pelo filho aos pés de Jesus, ele ainda precisava aprender algumas lições em relação à verdadeira fé.

Em primeiro lugar, *ele olha para Jesus como um operador de milagres*. A fama de Jesus já corria por toda a Galileia. Era do conhecimento popular que o Nazareno realizava grandes pro-dígios. Era sabido de todos que multidões o seguiam, buscando alívio de suas enfermidades. Quando esse oficial do rei ouve falar que Jesus viera da Judeia, vai imediatamente a Caná com seu pedido urgente: "que descesse para curar seu filho, que estava à morte" (João 4:47). A resposta de Jesus à súplica do oficial nos faz crer que ele via o Mestre apenas como um operador de milagres. Seu interesse era apenas na cura do filho, e nada mais. Nenhuma fé salvadora brotara ainda em seu coração.

A fé que brota da experiência de milagres carrega o perigo da deformação e não possui raízes suficientemente profundas diante de provações severas. Por isso, Jesus respondeu o oficial de forma tão contundente: "Se, porventura, não virdes sinais e prodígios, de modo nenhum crereis" (v. 48). O objetivo de Jesus era desarraigar, do coração daquele pai, uma fé superficial e esta-belecer aí uma fé genuína e robusta.[4]

Muitas vezes, Deus usa as aflições da vida — como uma enfer-midade grave, um acidente traumático, uma separação amarga, um luto doloroso — para despertar nos corações a fé. Foi assim com esse oficial do rei. Ele tinha posição social, prestígio polí-tico, dinheiro e fama; porém a doença entrou em sua casa, e os

---

[4] BOOR, Werner de. *Evangelho de João*. vol. 1, p. 121.

tentáculos gelados da morte estavam ameaçando levar precocemente seu filho. Nenhum recurso da terra poderia lhe socorrer. Por isso, ele recorreu a Jesus.

Em segundo lugar, *ele crê na palavra de Jesus*. A fé desse oficial avança para um segundo estágio. Ele se dirige pessoalmente a Jesus e conta com sua misericórdia para com o filho moribundo: "Senhor, desce, antes que meu filho morra" (v. 49). Ele, que vira Jesus apenas como um operador de milagres, agora é instado pelo Mestre a voltar para casa, levando consigo apenas a promessa de que seu filho estava curado. O oficial de Herodes não questiona. Não duvida. Ele crê na palavra de Jesus e volta. Entende agora que Jesus tem poder não apenas para curar, mas para curar à distância. Ele crê no poder da palavra de Jesus.

Matthew Henry, um grande comentarista bíblico do início do século 18, diz que o desejo profundo desse pai era que Jesus descesse com ele até Cafarnaum para curar seu filho. Cristo curará seu filho, mas não descerá. Dessa forma, a cura é operada mais cedo, o engano do oficial do rei é corrigido, e sua fé é confirmada. No fim, as coisas foram realizadas da melhor maneira, ou seja, da maneira de Cristo.[5]

A fé não exige evidências. A fé se agarra à promessa. A fé não está fundamentada naquilo que vemos, mas está ancorada na palavra de Cristo. Fé é certeza e convicção. Certeza de coisas e convicção de fatos. O teólogo alemão Werner de Boor é preciso quando diz: "A fé que Jesus deseja ver é uma fé que não exige mais ver sinais e prodígios, mas que confia exclusivamente na

---

[5] HENRY, Matthew. *Comentário bíblico Matthew Henry*, p. 805.

palavra e, assim, na própria pessoa que a profere. É a fé nele por meio da palavra".[6]

O homem não precisou sequer chegar à sua casa. Seus servos foram ao seu encontro no meio do caminho, informando que o filho já estava curado e que a febre já o havia deixado. E isso acontecera no exato momento em que Jesus dera a ordem.

Em terceiro lugar, *ele crê em Jesus com toda a sua casa*. Esse homem chegou ao último estágio da fé, a fé salvadora. Ele creu com toda a sua casa. E não apenas creu, mas compartilhou essa mesma fé com sua esposa, com seu filho, com seus servos. Houve salvação naquela casa.

A diferença entre a fé espúria e a fé salvadora é crucial. É a diferença entre a fé viva e a fé morta; entre o ímpio que irá para a condenação e o justo que entrará na vida eterna, entre aqueles que ouvirão: "Muito bem, servo bom e fiel [...]; entra no gozo do teu senhor" (Mateus 25:21) e aqueles que ouvirão: "Nunca vos conheci. Apartai-vos de mim, os que praticais a iniquidade" (7:23).

A fé é uma força viva que cresce e amadurece através de muitos estágios e de experiências sempre renovadas. O oficial do rei teve fé na palavra de Jesus e correu com fé para casa. Agora, porém, após a experiência plena do poder e da graça de Jesus, ele creu de um modo abrangente. Já não confiava apenas nessa única palavra. Agora ele olhava com confiança permanente e integral para Jesus. E arrastou toda a sua casa nessa confiança. Todos eles reconheciam agora que Jesus é o Salvador, que vence a morte e é capaz de conceder vida.

---

[6] BOOR, Werner de. *Evangelho de João*. vol. 1, p. 121.

Warren Wiersbe resume esse progresso espiritual do oficial do rei, dizendo que a fé que se manifestou em um momento crítico se transformou em *fé confiante*: ele creu na palavra e teve paz no coração. Sua fé confiante tornou-se uma *fé confirmada*. De fato, o menino havia sido completamente restabelecido. Levando toda a sua casa à mesma fé, demonstrou uma *fé contagiante*.[7]

Ele creu sem duvidar. Não questionou nem protelou a ação. Obedeceu prontamente à ordem de Jesus. Quem crê sossega o coração. Quem crê volta em paz para casa. Quem crê toma posse da vitória!

---

[7] WIERSBE, Warren W. *Comentário bíblico expositivo*. vol. 5, p. 390.

capítulo 3

PRIMEIRA PESCA
MARAVILHOSA

Lucas 5:1-11

UM DOS EPISÓDIOS mais marcantes no chamado de Pedro
se deu às margens do mar da Galileia. Pedro foi um rude pescador que Jesus transformou no grande líder dos discípulos, tanto
antes de sua queda como depois de sua restauração. Ele foi o
grande instrumento de Deus para abrir a porta do evangelho
para judeus e gentios. Jesus o tirou de trás das redes e fez dele
pescador de homens e pastor de ovelhas.

Quem era Pedro? Pedro era filho de Jonas e irmão de André.
Nasceu em Betsaida, bucólica cidade às margens do mar da Galileia. A influência gentílica era esmagadora nessa região, que era
conhecida como "Galileia dos gentios, terra de trevas e escuridão". Prosperavam nessa terra muitas crendices, muitas crenças
estranhas e contrárias à fé judaica. Nessa região, Pedro vivia e
trabalhava, pois tinha uma empresa de pesca em sociedade com
Tiago e João, os filhos de Zebedeu, na cidade de Cafarnaum. Essa
cidade veio a ser o quartel-general do ministério de Jesus.

Pedro foi como uma pedra bruta burilada pelo Espírito Santo.
De um homem violento, tornou-se um homem manso. De um

homem afoito e precipitado, tornou-se um homem ponderado. De um homem explosivo, tornou-se um homem controlado e paciente. De um homem covarde, tornou-se um gigante que enfrentou prisões, açoites e a própria morte com indômita coragem.

UMA MULTIDÃO ÁVIDA

Pedro, André, Tiago e João, como sócios e empresários da pesca, haviam trabalhado a noite toda sem nenhum sucesso. Voltavam do labor noturno exaustos e de redes vazias. Não tinham nada para oferecer aos seus clientes. O saldo era negativo. O déficit no orçamento era certo. Ao mesmo tempo que eles lavam as redes, a multidão aperta Jesus, ávida de ouvir seus ensinos.

Às margens desse lago de águas doces, também chamado de lago de Genesaré, Jesus entra no barco de Pedro ancorado na praia e ordena a afastá-lo um pouco da água. Jesus fez do barco um púlpito, da praia um templo, e da água espelhada um amplificador de som. Dali Ele ensina a grande multidão, que bebia a largos sorvos seus benditos ensinamentos. Jesus fez do barco de Pedro o seu púlpito para lançar a rede do evangelho.

A pergunta que se deve fazer é por que Jesus entrou no barco de Pedro, e não em outro barco? Por que Jesus se dirige a Pedro, e não a outro companheiro de pescaria para afastar o barco? Por que Jesus concentra sua atenção nesse rude pescador?

Depois de Jesus despedir a multidão, Ele se dirige a Pedro, e não aos seus companheiros, dando-lhe outra ordem expressa: "Faze-te ao largo e lançai as vossas redes para pescar" (Lucas 5:4). Aqui Jesus não "pede", como fez antes, quando disse para afastarem o barco da praia. O Senhor ordena.

PRIMEIRA PESCA MARAVILHOSA

A ordem é a Pedro, mas as redes são de todos. A ordem é a Pedro, mas a parceria da pescaria era de todos. Havia naquele episódio um propósito específico de trabalhar na vida de Pedro. O experiente e perito pescador responde a Jesus, dizendo que pescar era sua especialidade. Ele conhecia tudo acerca daquele mar. Conhecia cada metro quadrado daquele lago. Ali era seu território mais conhecido e mais explorado. Era o campo de onde tirava o seu sustento. Pedro garante a Jesus que o mar não estava para peixe, que todo o esforço havia sido em vão. Dominado por um realismo profundo, manifesta sua opinião de que qualquer outro esforço seria inútil. Pedro apresenta diante de Jesus sua lógica fria, sua experiência madura, sua certeza experimental.

Ao mesmo tempo, porém, que expressa sua convicção de total impossibilidade de êxito, Pedro é movido por uma fé robusta e diz: "mas sob a tua palavra lançarei as redes" (Lucas 5:5). A resposta final de Pedro é a obediência. Ele responde a Jesus chamando-o de "Mestre", em grego, *epistátes*. É usada somente nesse texto em todo o Novo Testamento, e significa "chefe, superior". A autoridade superior dá uma ordem ao subordinado.[1] Pedro reconhece estar diante do Mestre que tem debaixo de seu controle até os peixes do mar.

Pedro oscila entre a realidade desanimadora da experiência frustrante e a fé vitoriosa; entre a improbabilidade do esforço humano e a manifestação do poder de Jesus. Ao mesmo tempo que diz que a pescaria já havia sido feita sem nenhum resultado, dispõe-se a agir novamente sob a ordem de Jesus. O mesmo Pedro que já estava lavando as redes para guardá-las até o dia

---

[1] RIENECKER, Fritz. *Evangelho de Lucas*, p. 131.

seguinte, toma-as de novo e volta para o mar, debaixo da ordem expressa de Jesus. Pedro é esse homem que, como um pêndulo, vai de um extremo ao outro.

UM MILAGRE NOTÓRIO

Quando as redes foram lançadas no nome de Jesus, um milagre aconteceu. Um cardume de peixes começou a pular dentro das redes. Os pescadores experientes nunca tinham visto isso antes. Era algo extraordinário. O barco em que estavam não conseguiu comportar a quantidade de peixes. As redes se romperam pejadas de peixes. Eles fizeram sinal para que o outro barco viesse a seu encontro para salvar o resultado da pescaria milagrosa. Para quem não tinha conseguido nada na última empreitada, eles agora alcançavam um resultado dantes nunca visto. Uma convicção tomou conta da alma de Pedro. Aquele resultado extraordinário não era um incidente qualquer. Ele não estava apenas vivendo um dia de sorte em seu empreendimento. Algo milagroso acontecia. Um poder sobrenatural estava em ação. Ele não se encontrava diante de um homem comum. Certamente o Jesus que acabara de ensinar à multidão agora era avalizado por sua ação miraculosa. Pedro estava diante do próprio Deus feito carne. Mais do que impactado com o milagre, Pedro estava agora impactado com o milagroso. Ao reconhecer a majestade de Jesus, ele olhou para si mesmo não como um perito pescador, mas como um grande pecador.[2] Essa convicção esmagou seu coração. Aprecio as palavras do teólogo alemão Fritz Rienecker a respeito deste

---

[2] RICHARDS, Larry. *Todos os milagres da Bíblia*, p. 209.

episódio: "Enquanto Simão arrasta os peixes em suas redes, ele próprio cai na rede do Redentor!".[3]

Pedro, então, deixa o mar, o barco, as redes, os peixes, os sócios e corre ao encontro de Jesus, prostrando-se aos seus pés e clamando: "Senhor, retira-te de mim, porque sou pecador" (Lucas 5:8). Pedro reconhece que Jesus é Deus e que ele próprio não passa de um mísero pecador, que não tem direito de estar ao lado de Jesus. Pedro sabe que Jesus é mais do que um rabi, é mais do que um grande homem, é mais do que alguém que tem poder para fazer milagres. Pedro sabe que Jesus é santo, mas ele mesmo é indigno. Sabe que Jesus é exaltado, mas ele mesmo é vil. Sabe que com seus pecados não pode estar face a face com aquele que é santo e sublime.

Jesus não se afasta de Pedro. Em vez disso, o atrai ainda mais para si. Diz a ele para não temer. O mesmo Jesus que ordenara a Pedro lançar as redes ao mar, agora pesca Pedro com a rede de sua graça. O mesmo Jesus que manifestara seu poder na pesca maravilhosa, agora, vai, através de Pedro, fazer a mais gloriosa das pescarias, a pescaria de homens. Como o coração de Pedro deve ter ficado feliz quando foi alçado das profundezas da consciência de pecado para as alturas do perdão de pecados.[4]

UMA COMISSÃO GLORIOSA

Jesus, em vez de ir embora, convoca Pedro para um novo desafio, uma nova empreitada: "Não temas; doravante serás pescador de homens" (Lucas 5:10). Pedro não era um pescador de homens

---

[3] RIENECKER, Fritz. *Evangelho de Lucas*, p. 131-132.
[4] Idem, p. 133.

nem se tornou um deles por si mesmo. Foi Jesus quem fez de Pedro um pescador de homens. É Jesus quem capacita o homem a ser um instrumento eficaz para levar outros aos seus pés. Pedro deveria usar toda a sua experiência de pescador para outro "negócio". Pescar homens é o mais importante, o mais urgente, o mais sublime trabalho que se pode fazer na terra. Esse trabalho tem consequências eternas. Nem todo o ouro do mundo poderia comprar a salvação de uma pessoa. A partir desse momento, o dinheiro não deveria ser mais o vetor a governar as motivações de Pedro, mas a salvação de vidas humanas. Pedro deveria investir seu tempo, sua inteligência e seu esforço na salvação de pessoas.

Pedro foi transformado em pescador de homens. Sua empresa pesqueira fechou. Seus barcos foram arrastados para a praia, e suas redes foram aposentadas. Um novo empreendimento foi iniciado. Uma nova frente de trabalho foi aberta. Um novo negócio foi inaugurado. O negócio de Pedro dali para frente não seria mais a pescaria, mas a evangelização. Ele não seria mais um empresário da pesca, mas um ganhador de almas. Colocaria na mesa das pessoas não o alimento que perece, mas o pão da vida.

Embora os outros sócios também tenham abandonado seus barcos e suas redes para seguirem a Jesus, a palavra é endereçada a Pedro: "Eu farei de você um pescador de homens!". E de fato, Pedro será preparado para ser um pescador de homens, a lançar a rede do evangelho e levar multidões a Cristo. Pedro se tornará um grande pregador, um grande líder que, cheio do Espírito Santo, será poderosamente usado para abalar as estruturas do inferno e arrancar da potestade de Satanás milhares de vidas e transportá-las para o reino da luz. Pedro é o homem usado por Deus para abrir a porta do evangelho tanto para os judeus como para os gentios. Mais tarde, Jesus coloca, também, nas mãos de Pedro o cajado de um pastor para apascentar os cordeiros e pastorear suas ovelhas (João 21:15-17).

Pedro não apenas é salvo por Jesus, mas também transformado em discípulo e apóstolo. E não foi apenas escolhido apóstolo, mas também o líder de seus pares. Pedro tornou-se um dos apóstolos mais próximos de Jesus. Juntamente com Tiago e João, formou o grupo dos discípulos que desfrutou de maior intimidade com Jesus.

Foi nessa pescaria milagrosa que Jesus chamou Pedro para a mais nobre das missões: proclamar o evangelho da salvação. Pedro deixou as redes para seguir a Jesus. Andou com Jesus três anos, perlustrando as poeirentas estradas da Galileia e subindo as encostas da Judeia. Ouviu dos lábios do Mestre as maiores verdades e viu, por intermédio de suas mãos onipotentes, os maiores milagres. Mesmo fora da academia, cursou o maior de todos os seminários, com o maior de todos os mestres, ouvindo e vendo as maiores maravilhas. Pedro foi salvo por Jesus e escolhido para proclamar essa salvação a milhares de pessoas.

capítulo 4

CURA DO ENDEMONINHADO DE CAFARNAUM

MARCOS 1:21-28; LUCAS 4:31-37

CAFARNAUM FOI A cidade escolhida por Jesus para fixar sua residência (Mateus 4:13). Em Cafarnaum, Jesus montou sua "base de operações". O nome *Cafarnaum* significa "aldeia de Naum". A cidade estava localizada no litoral oeste do mar da Galileia. Era uma aldeia pesqueira, e foi palco dos grandes ensinamentos de Jesus e de seus portentosos milagres. Essa cidade vivia entre a riqueza e a decadência, visto que era o ponto de apoio das tropas romanas, campo de fértil influência gentílica. Esse era um lugar apropriado para Jesus desafiar os judeus e os gentios com o evangelho do reino de Deus.[1]

Em contraste com Nazaré, que rejeitou maciçamente a mensagem de Jesus (Lucas 4:28), em Cafarnaum muitos se maravilhavam de sua doutrina, porque a sua palavra era com autoridade (Lucas 4:32). A mesma mensagem que enternece uns endurece outros. A mesma palavra que é acolhida com avidez por uns é rejeitada com veemência por outros. A palavra de Deus nunca é

---

[1] BARTON, Bruce B. "Mark", p. 28.

neutra. Sempre exige uma resposta e sempre provoca uma reação, às vezes diametralmente oposta.

Em harmonia com seu costume, Jesus foi à sinagoga no sábado, para ensinar. Jesus usou a sinagoga como lugar estratégico para iniciar o seu ministério de ensino, pois ali o povo estava reunido com o propósito de estudar a Palavra de Deus. Os judeus piedosos se reuniam na sinagoga não apenas no sábado, mas três vezes por semana. Outros se reuniam diariamente. Onde estava o povo, aí estava Jesus, que sempre caminhou na direção do povo.

A sinagoga foi criada no período do cativeiro babilônico, depois que o templo foi destruído,[2] e se tornou o principal lugar de culto do povo judeu. Nela, o culto tinha apenas três elementos: oração; leitura da Palavra de Deus; e sua exposição ou explicação. A sinagoga era primordialmente uma instituição de ensino.[3] Ela era mais influente do que o templo, porque este era único; as sinagogas, por sua vez, estavam espalhadas por todo o território. Para cada dez família judias, havia uma sinagoga. Assim, onde quer que houvesse uma colônia judia, ali havia uma sinagoga.[4]

A sinagoga era também o lugar de reuniões da comunidade e servia como tribunal e escola.[5] Elas eram dirigidas por leigos, e não por rabinos e mestres ou pregadores permanentes. Dessa maneira, os mestres visitantes sempre eram convidados para ensinar.[6] Essa foi uma porta aberta para Jesus, e nos mostra que

---

[2] WIERSBE, Warren W. *Be Diligent,* p. 15.
[3] BARCLAY, William. *Marcos,* p. 40.
[4] POHL, Adolf. *Evangelho de Marcos,* p. 79.
[5] Idem.
[6] BARTON, Bruce B. "Mark", p. 28-29.

CURA DO ENDEMONINHADO DE CAFARNAUM

devemos estar atentos às portas que se abrem, se queremos êxito no ministério da evangelização.

A POSSESSÃO DEMONÍACA É UM FATO INEGÁVEL

Marcos diz que "Não tardou para que aparecesse na sinagoga um homem possesso de espírito imundo" (1:23). Mais do que qualquer outro evangelista, Marcos enfatiza o poder de Jesus para expulsar demônios. Essa ênfase tem a ver com o seu público. Ele escreve para os romanos, povo que vivia atormentado pela ideia de espíritos malignos opressores e que valorizava mais o poder que as palavras.

Os demônios são seres espirituais malignos que podem habitar corpos físicos com diversos resultados catastróficos.[7] A Bíblia diz pouca coisa acerca da possessão demoníaca antes ou depois da encarnação de Cristo, mas relata muitas coisas que aconteceram durante o ministério de Jesus. Nas Escrituras, portanto, esse fenômeno faz parte do conflito entre Jesus e o maligno.[8] A tentação no deserto, pelo Diabo, de certa forma prepara o pano de fundo para a luta de Jesus contra as forças demoníacas nos vilarejos da Galileia.[9]

No mundo antigo, acreditava-se que o ar estava densamente povoado por espíritos malignos, os quais aguardavam ocasião oportuna para entrar nas pessoas. A crença comum da época é que as próprias enfermidades eram causadas por esses demônios,

---

[7] ASH, Anthony Lee. *O Evangelho segundo Lucas*, p. 95.
[8] MORRIS, Leon L. *Lucas*, p. 104.
[9] NEALE, David A. *Novo comentário bíblico Beacon*: Lucas 1−9, p. 158.

e que havia demônios de mudez, surdez, loucura, mentira e prostituição.[10] Essa crença é ainda defendida hoje por alguns, porém não tem amparo nas Escrituras.

O pastor Egidio Gioia considera a possessão como uma enfermidade tríplice: espiritual, mental e física. É um gênero de enfermidade produzida por agentes espirituais malignos quando demônios se aninham no corpo do ser humano. É uma estranha complicação de desordens físicas, morais e espirituais.[11]

Hoje, há dois extremos que falseiam a verdade quanto a este assunto: o primeiro deles nega a realidade da possessão ou afirma que o fenômeno foi limitado, quase que exclusivamente, ao período de manifestação divina especial, durante o qual a Igreja do Novo Testamento nasceu. A possessão, porém, é um fato inegável tanto pelo registro infalível das Escrituras como pelo testemunho inequívoco da experiência histórica. Aqueles que negam a possessão são os que, talvez, nunca vivenciaram esse fato.

O segundo extremo é a generalização indiscriminada da possessão, confundindo-a com perturbações mentais de toda a ordem. Não podemos, todavia, aceitar esta tese de que doença mental é necessariamente sinônimo de possessão demoníaca. É lamentável que muitas pessoas que deveriam receber tratamento clínico sério e adequado são tratadas como pessoas possessas e endemoninhadas. Tratar uma pessoa doente como possessa é um terrível engano e uma perversa atitude. Alguém já disse que é melhor chamar Diabo de gente do que gente de Diabo. Tanto

---

[10] BARCLAY, William. *Lucas*, p. 52.

[11] GIOIA, Egidio. *Notas e comentários à harmonia dos Evangelhos*, 94.

a confusão como a negação acerca desse assunto não possuem fundamentação nem respaldo das Escrituras Sagradas.

A POSSESSÃO DEMONÍACA É UMA DRAMÁTICA REALIDADE

O Diabo sempre quis imitar Deus. Porque Deus habita no coração dos seres humanos pelo Espírito, Satanás também entra nas pessoas através da possessão. Uma pessoa possessa está sob o controle do espírito imundo que habita nela. Na possessão, espíritos malignos assumem o controle da personalidade humana. Eles falam e agem por meio do indivíduo possesso. Esses espíritos imundos arrastam as pessoas a toda sorte de imundície moral, pervertendo, corrompendo, enlameando.

Os demônios procuram levar as pessoas a pecarem contra Deus. Eles são espíritos imundos, anjos caídos que se uniram a Satanás em sua rebelião e assim tornaram-se pervertidos e maus. Esses espíritos imundos provocam grande sofrimento: levam seus súditos a serem capachos de sua vontade maligna, induzindo-os ao pecado, à vergonha, ao opróbrio. Há pessoas que oferecem sacrifícios de animais. Há outras que ingerem sangue. Há aquelas que fazem despachos e oferendas nas ruas, encruzilhadas e até mesmo nos cemitérios para agradar ou aplacar a fúria desses espíritos opressores.

Vivemos numa geração que obedece a ensinos de demônios, que cultua o satanismo e flerta com as trevas. Apocalipse 9:1-11 fala de um bando de gafanhotos que sai do abismo e cria um ambiente lôbrego, tão escuro a ponto de toldar a luz do sol. É essa a situação em que estamos vivendo. Vivemos em uma cultura demonizada, que flerta com o satanismo. A cultura ocidental está cada vez mais aberta ao ensino de demônios. O ocultismo tem entrado de chofre nos meios de comunicação de massa.

OS DEMÔNIOS SABEM QUEM É JESUS

Mesmo tendo Jesus como o expositor da Palavra, ali na sinagoga de Cafarnaum havia um homem possesso de um espírito imundo. Os demônios, muitas vezes, se infiltram no meio da congregação do povo de Deus. Havia um homem possesso na sinagoga. Os demônios não o levaram para os antros do pecado, mas para dentro do lugar sagrado de ensino da Palavra. Ele estava ali escondido, camuflado. Para muitos, talvez, era apenas mais um adorador e mais um estudioso das Escrituras.

Precisamos nos acautelar. É uma infantilidade pensar que estaremos protegidos da ação dos demônios dentro da igreja. Os demônios procuram constantemente, por todos os meios e em todos os lugares, mesmo na Casa de Deus, destruir os seres humanos.[12]

Os demônios que estavam aninhados no homem de Cafarnaum não temeram estar onde se falava do nome de Deus. Eles tampouco permaneceram camuflados, escondidos pelo anonimato, mas bradaram em alta voz: "Ah! Que temos nós contigo, Jesus Nazareno? Vieste para perder-nos? Bem sei quem és: o Santo de Deus!" (Marcos 1:25; Lucas 4:34). Jesus é conhecido no céu, na terra e no inferno (Atos 19:15). Os demônios sabem quem é Jesus. São mais ortodoxos do que os teólogos liberais que negam sua divindade. Enquanto o povo da sinagoga estava espantado acerca do que Jesus falava e de quem Jesus era, os demônios

---

[12] GIOIA, Egidio. *Notas e comentários à harmonia dos Evangelhos*, p. 90.

tinham total clareza. Sabiam que a vinda de Jesus quebrava seu poder sobre os seres humanos. Possuíam perfeita compreensão de quem era Jesus, bem como de sua missão:

- *Primeiro:* eles confessam a humanidade de Jesus, chamando-o de "Nazareno";
- *Segundo:* eles confessam a divindade de Jesus, dizendo que Ele é o "Santo de Deus";
- *Terceiro:* eles sabem que Jesus é o libertador dos homens e o flagelador dos demônios. Os demônios sabem que Jesus vai um dia lançá-los todos no lago de fogo (Mateus 25:41), e temem que Jesus antecipe esse fato (8:29);
- *Quarto:* eles confessam que Jesus é o juiz que vai condená-los, perguntando: "Vieste para perder-nos?".

É preciso deixar claro que o conhecimento dos demônios é destituído de fé, esperança e amor. Aqueles que possuíam o homem de Cafarnaum eram miseráveis criaturas pecaminosas, cheias de intenso ódio contra Deus e o homem.[13]

Isso nos leva à séria constatação de que o mero conhecimento de fatos e doutrinas do cristianismo não nos salvará. Tal crença não é melhor do que a crença dos demônios. Os demônios sabem que Jesus é o Cristo. Eles creem e tremem (Tiago 2:19). Precisamos nos certificar de que a nossa fé é uma fé do coração e também da cabeça. Precisamos conhecer a Cristo e também amá-lo. Os demônios conhecem a Cristo, mas não o amam. Temem-no, mas não o obedecem com prazer.

---

[13] RYLE, John Charles. *Meditações no Evangelho de Lucas*, p. 64.

OS DEMÔNIOS NÃO TOLERAM A LUZ

As declarações dos espíritos malignos na sinagoga de Cafarnaum eram mais um desafio do reino das trevas contra aquele que é a luz do mundo. Porém, onde Jesus está presente, os demônios não podem permanecer nem prevalecer. As trevas não toleram a manifestação da luz. Quando Jesus chegou, as trevas não puderam ficar mais escondidas. A luz denuncia e espanca as trevas. Os demônios não podem se manter anônimos onde Jesus está presente. A presença manifesta de Deus torna-se insuportável para os demônios. Aquele disfarçado frequentador da sinagoga, misturado no meio da congregação, estava possuído pelo demônio, mas na presença de Jesus aquela simbiose de profano com o religioso se rompeu.[14]

Longe de se intimidar com essa investida do demônio imundo, Jesus o repreendeu. A palavra grega usada para o verbo "repreender" significa "reprovar ou envergonhar".[15] Jesus julgou o demônio e o expeliu. Ele não aceitou um diálogo com os demônios. Hoje, muitos pregadores entabulam longas conversas com os demônios na prática do exorcismo. Outros até dão credibilidade à revelação dos demônios, mesmo sabendo que o Diabo é o pai da mentira. Isso está em desacordo com o ensino das Escrituras.

Além de repreender, Jesus ordenou. Ele decretou uma ordem clara, concisa, peremptória e imediata: "Cala-te e sai desse homem!" (Marcos 1:25; Lucas 4:35). O significado literal da palavra é "seja amordaçado". Apesar de o demônio poder gritar, ele

---

[14] POHL, Adolf. *Evangelho de Marcos*, p. 81.
[15] BARTON, Bruce B. "Mark", p. 31.

CURA DO ENDEMONINHADO DE CAFARNAUM

não pronunciou mais nenhuma palavra.[16] A palavra de repreensão de Jesus não deixa acontecer a guerra de palavras que o espírito imundo tinha iniciado.

Por que Jesus não permitiu que os demônios falassem? O biblista Bruce B. Barton alista três motivos: Primeiro, para silenciar os demônios. Jesus, assim, demonstrou sua autoridade e poder sobre eles. Segundo, Jesus desejou que as pessoas cressem que Ele era o Messias por causa do que Ele disse e fez e não por causa das palavras dos demônios. Não obstante o testemunho desse espírito imundo acerca de Jesus ter sido verdadeiro, confessando sua humanidade, divindade e seu papel de juiz, Jesus mandou-o calar e sair. Jesus não aceita o reconhecimento que vem de um demônio corrupto. O Salvador não deseja nem necessita da ajuda dos demônios para anunciar ao povo quem Ele é. Terceiro, Jesus queria revelar sua identidade como Messias no seu tempo certo e não de acordo com o tempo escolhido por Satanás. Este queria que as pessoas seguissem a Cristo com o motivo errado. Queria que as pessoas seguissem a Cristo por aquilo que poderiam receber dele e não por quem de fato Ele é, o Salvador do mundo.[17]

O demônio obedeceu prontamente, pois isso era tudo o que podia fazer, apesar de o fazer de má vontade, como é evidente no texto: "Então, o espírito imundo, agitando-o violentamente e bradando em alta voz, saiu dele" (Marcos 1:26). Lucas diz ainda que, apesar da má vontade do demônio, ele saiu do homem "sem lhe fazer mal" (4:35).

---

[16] RICHARDS, Larry. *Todos os milagres da Bíblia*, p. 203.
[17] BARTON, Bruce B. "Mark", p. 37.

Jesus não usou encantamento nem palavras mágicas. Simplesmente ordenou com autoridade e o demônio saiu. Os demônios estão debaixo da autoridade de Jesus. Eles só podem agir até onde Jesus os permitir. Ao fim, Satanás e todos os seus demônios serão lançados no lago do fogo e serão atormentados para sempre (Apocalipse 20:10).

A AUTORIDADE DO FILHO DE DEUS

A autoridade de Jesus produziu espanto entre os homens e derrota entre os demônios. Os homens de Cafarnaum estavam impactados com a autoridade de Jesus para ensinar a Palavra e também para expulsar os demônios. Quanto ao ensino, Jesus impactava pelo conteúdo, método e exemplo; quanto ao exorcismo, Jesus impactava pelo poder irresistível. Os presentes estavam profundamente impressionados com as palavras e ações de Jesus. O resultado é que a fama de Jesus correu por todos os lugares da circunvizinhança. Ninguém pode resistir ao Todo-poderoso Deus que se fez carne. Ninguém pode desafiar Jesus e prevalecer. Seu poder é infinito. Sua autoridade é absoluta. Sua fama é colossal.

A autoridade de Jesus não era uma autoridade delegada, mas encarnada.[18] Diante dele se dobra todo joelho no céu, na terra e debaixo da terra. Anjos, homens e demônios precisam se curvar diante de Jesus, o Filho de Deus. A autoridade de Jesus foi reconhecida pelo próprio Satanás que foi vencido no deserto e despojado na cruz. Ela foi reconhecida pelos anjos que o serviram e o honraram. Ela foi sentida pelos demônios que precisaram

---

[18] BARCLAY, William. *Lucas*, p. 54.

CURA DO ENDEMONINHADO DE CAFARNAUM

bater em retirada sob o poder de suas ordens. Ela foi conhecida pela natureza, pois o vento e o mar lhe obedeceram às ordens. Ela foi admitida pelos inimigos que muitas vezes ficaram calados diante da sua sabedoria e poder. Seus discípulos reconheceram sua autoridade, deixando para trás o trabalho e a própria família para segui-lo. Suas obras testificaram também a sua autoridade. Mas de todos os testemunhos, o maior é o testemunho do próprio Pai. Ele, do céu, selou seu ministério, dizendo que era o Filho amado, em que se deleitava.[19]

---

[19] THOMPSON, J. R. *The Pulpit Commentary*, p. 17.

capítulo 5

CURA DA SOGRA DE PEDRO

MATEUS 8:14-17; MARCOS 1:29-31; LUCAS 4:38-41

A CURA DA sogra de Pedro está registrada nos três Evangelhos Sinóticos, Mateus, Marcos e Lucas. Embora essa seja uma cura na família de um discípulo, é a história de cura mais curta e mais singela dos Evangelhos.

Pedro era casado, e sua sogra morava com ele e sua esposa. Marcos nos informa que André, irmão de Pedro, também morava na casa. Certo dia, a sogra de Pedro adoeceu, encontrando-se acamada e ardendo em febre. Os discípulos falam a respeito dela para Jesus, que prontamente vai à casa de Pedro, onde cura a senhora.

Esse milagre singelo nos ensina algumas lições.

JESUS USA SEU DIA DE DESCANSO PARA SOCORRER OS AFLITOS

Era sábado, e Jesus estava na sinagoga. Em vez, porém, de se dedicar ao descanso, Ele vai imediatamente para a casa de Pedro, a pedido de seus discípulos. Jesus sacrificava seu descanso para atender às multidões aflitas e para socorrer os necessitados. As pessoas tinham sempre prioridade em sua agenda.

Concordo com o escritor William Hendriksen quando ele diz que os fariseus tinham acrescentado à lei de Deus suas próprias distinções minuciosas, além das tradições rabínicas. Para eles, o sábado significava inatividade; para Cristo, significava trabalho. Para eles, o sábado representava sofrimento; para Cristo, descanso. Na visão deles, o ser humano foi feito para o sábado; na de Jesus, o sábado foi feito para o ser humano.[1]

O filósofo judeu Fílon, do primeiro século, diz que Deus nunca cessa de trabalhar, da mesma maneira que é próprio do fogo queimar e da neve gear. Deus sempre trabalha. O sol brilha, os rios fluem e os processos de nascimento e morte continuam durante o dia de sábado assim como durante qualquer outro dia; essa é a obra de Deus. É certo que Deus descansou no sétimo dia, mas descansou da criação; suas obras supremas de juízo, misericórdia, compaixão e amor não cessam.[2]

Jesus nunca esteve demasiado cansado para ajudar as pessoas. A necessidade delas era mais importante do que seu próprio desejo de descanso.[3] Ele foi à sinagoga de manhã, ensinou e libertou um endemoninhado; agora, vai à casa de Pedro para curar a sogra deste. Jesus não descansa. Ele veio libertar os cativos e desfazer as obras do Diabo. Ele expulsou demônios e não se omitiu diante de nenhuma enfermidade. Os cativos eram libertos e os enfermos eram curados. Seu poder é ilimitado e empático; Ele tomou nossas dores e carregou nossas doenças.

---

[1] HENDRIKSEN, William. *João*, p. 257
[2] Apud BARCLAY, William. *Juan I*, p. 193.
[3] BARCLAY, William. *Marcos*, p. 47.

CURA DA SOGRA DE PEDRO

Os milagres de Jesus não eram realizados para chamar a atenção para si, mas para demonstrar sua compaixão pelos outros. Sua motivação não era a vaidade, mas o amor. Na sinagoga, o milagre foi público, na casa de Pedro, longe dos holofotes. Ele não precisava de público para fazer uso do seu poder.

OS DISCÍPULOS LEVARAM SEUS PROBLEMAS A JESUS

Na sinagoga, os discípulos testemunharam o poder de Jesus, tanto ao ensinar como ao expulsar o demônio de um homem. Eles comunicam Jesus a respeito da enfermidade da sogra de Pedro: "logo lhe falaram a respeito dela" (Marcos 1:30). Lucas enfatiza o pedido, dizendo: "E rogaram-lhe por ela" (4:38). Isso nos mostra que eles criam que Jesus era compassivo e poderoso. Jesus se importa com os problemas das pessoas e tem poder para socorrê-las.

Não devemos deixar Jesus na igreja, mas devemos levá-lo também à nossa casa e repartir com Ele nossas alegrias e nossos fardos. Precisamos de Jesus em nossa casa. Há aflições dentro do nosso lar e, quando Jesus chega, chegam a cura, a libertação, a paz, a alegria, a salvação.

A expressão de Marcos: "e *logo* lhe falaram a respeito dela" dá-nos o senso de urgência para ir a Jesus com nossas necessidades e problemas. Geralmente, nós buscamos todos os outros recursos antes de irmos ao Senhor. Devemos buscá-lo em primeiro lugar. A Bíblia nos ensina a falarmos com Jesus sobre nossas necessidades. Todas as soluções para os nossos problemas devem começar pela oração.

A oração é um poderoso meio de mudanças. Ninguém é o mesmo depois que começa a orar. A oração transforma o nosso coração e muda as circunstâncias. Ela move montanhas. Orar é invadir o impossível. É triunfar com Deus e com os homens. É aliar-se com o mais forte. É entrar no reino da fé, pisar no solo dos prodígios, viver na dimensão das maravilhas divinas. Quando você ora, o céu se move, o inferno treme e coisas novas acontecem na terra. Por isso, precisamos nos colocar na brecha em favor dos nossos familiares e amigos. Deus olha do céu e busca na terra intercessores (Ezequiel 22:30). O profeta Samuel chegou a dizer: "Quanto a mim, longe de mim que eu peque contra o Senhor, deixando de orar por vós" (1Samuel 12:23).

A oração é eficaz para abençoar as pessoas. O caminho da restauração dos amigos de Jó passou pela sua intercessão (Jó 42:10). Tiago diz que devemos orar uns pelos outros para sermos curados (Tiago 5:16).

Quando ficamos doentes, procuramos um médico. Quando temos problemas com a lei, procuramos um advogado. Quando precisamos de ajuda, procuramos um amigo. Acima de tudo isso e em qualquer circunstância, devemos procurar primeiro o Senhor Jesus. Jacó clamou pelo socorro divino quando se viu com um problema (Gênesis 32:11). O rei Ezequias colocou a afrontosa carta de Senaqueribe diante de Deus e orou (2Reis 19:19). Quando Lázaro ficou doente suas irmãs procuraram a Jesus (João 11.3). A Bíblia nos ensina a lançar sobre Ele toda a nossa ansiedade (1Pedro 5:7)

Nós, de igual modo, devemos levar nossas causas e a de outros ao Senhor. Podemos cantar com o poeta sacro: "Quando tudo perante o Senhor estiver, e todo o teu ser Ele controlar, só então

CURA DA SOGRA DE PEDRO

hás de ver que o Senhor tem poder quando tudo deixares no altar".

AS NOSSAS CAUSAS IMPOSSÍVEIS SÃO POSSÍVEIS PARA JESUS

Quando Jesus chega à casa de Pedro, viu a sogra deste acamada e ardendo em febre (Mateus 8:14). A palavra grega "acamada" pode ser traduzida por "prostrada". Lucas, sendo médico, usa a expressão técnica que os antigos usavam para distinguir entre febres passageiras e febres crônicas: "achava-se enferma, *com febre muito alta*" (4:38).

Na Palestina havia três tipos de febres:

1. A febre de Malta, acompanhada de grande anemia e debilidade;
2. A febre tifoide, uma febre intermitente;
3. A febre malária.

Na região pantanosa ao redor de Cafarnaum, com seu clima subtropical, abundavam mosquitos e os casos de malária. O enfermo tinha acessos de febre e calafrios. É provável que a sogra de Pedro tivesse sido acometida de malária. Essa não era uma enfermidade simples. Era chamada de febre mortal (João 4:52).[4]

O cristão está exposto aos mesmos problemas que atinge todas as outras pessoas. O cristianismo não é uma apólice de seguro contra as intempéries da vida. Não vivemos numa bolha, numa estufa espiritual. A vida cristã não é um parque de diversões nem

---

[4] POHL, Adolf. *Evangelho de Marcos*, p. 83.

uma colônia de férias. A piedade não torna saudáveis os lugares insalubres. A santidade não garante imunização contra a enfermidade. Os crentes também ficam doentes. Os salvos também enfrentam terríveis sofrimentos.

Jesus disse que a diferença entre o ímpio e o crente não são as circunstâncias que os cercam, mas o fundamento sobre o qual cada um edifica a sua vida. O crente constrói sua casa sobre a rocha; o ímpio a edifica sobre a areia. Na tempestade uma fica em pé, e a outra entra em colapso. A casa edificada sobre a rocha sobrevive à tempestade; a casa edificada sobre a areia desaba. A um observador desatento, as casas são semelhantes. Contudo, sobre ambas as casas cai a mesma chuva no telhado, sopram os mesmos ventos contra a parede e batem os mesmos rios no alicerce. O crente está sujeito a doença, acidente, pobreza e desemprego da mesma forma que um não crente.

Equivocam-se os que trombeteiam um cristianismo sem cruz, sem sofrimento e sem as agruras da vida presente. Estão absolutamente enganados os que dizem que o crente precisa necessariamente ser rico. Estão completamente destituídos de verdade aqueles que insinuam ou mesmo ensinam que o crente não pode ficar doente. Esse não é o ensino das Escrituras.

Há coisas na vida que são verdadeiros montes no nosso caminho. São obstáculos intransponíveis. No entanto, aquilo que é impossível para o braço da carne é possível para Deus, quando exercitamos nossa fé nele. Os discípulos estavam diante de uma causa impossível, mas eles levaram-na a Jesus. Eles contaram para Jesus e confiaram nele e o milagre aconteceu.

Aquilo que o ser humano não pode fazer com sua inteligência, com sua força e com o seu poder, Deus pode fazer quando nele confiamos. Uma pequena fé no grande Deus é a força mais poderosa do mundo, a força que move montanhas, que transforma corações, que cura doenças, que expulsa demônios, que leva o pobre pecador a tomar posse das riquezas insondáveis de Deus.

NENHUMA ENFERMIDADE PODE RESISTIR AO PODER DE JESUS

Ao ver a mulher deitada, enferma, Jesus "tomou-a pela mão" (Mateus 8:14; Marcos 1:31). Lucas indica ainda: "Inclinando-se ele para ela" (4:39). A sogra de Pedro experimentou a aproximação cuidadosa e o toque amoroso de Jesus.

No mesmo instante, a febre a deixou. Lucas, por sua vez, diz que Jesus "repreendeu a febre, e esta a deixou" (4:39). O fato de Jesus ter repreendido a febre leva alguns estudiosos a pensarem que a causa da febre tenha sido um espírito maligno, ou que a doença seja uma entidade. No entanto, não devemos julgar que Lucas quis dizer que Jesus tivesse tomado aqui a posição de um exorcista e estivesse repreendendo uma personalidade maligna. Jesus mandou que a febre a deixasse, da mesma maneira que falou ao vento e às ondas.[5] O que podemos inferir com segurança é que o poder de Cristo sobre a doença é tão grande que basta uma palavra sua para que esta cesse imediatamente.

Em seguida, a sogra de Pedro se levantou. Ela não ficou debilitada na cama, com sequelas da febre. O mesmo poder que repreendeu a febre fortaleceu-a para que se levantasse. Todos os sintomas da febre desapareceram imediatamente. Não houve

---

[5] ROBERTSON, A. T. *Comentário de Lucas à luz do Novo Testamento grego*, p. 96.

nenhum truque, nenhum engodo, nenhuma palavra mágica nem expediente para impressionar os circunstantes. A cura foi completa e instantânea.

Nenhuma enfermidade pode resistir ao poder de Jesus. Não havia necessidade de período de convalescença. O cego imediatamente passava a ver, o surdo passava a ouvir, o mudo passava a falar, o aleijado passava a andar. A doença ouve sua voz. O vento obedece a sua voz. O mar atende à sua voz. Os anjos obedecem às suas ordens. Os demônios batem em retirada à autoridade de sua voz. Nada pode resistir ao seu poder. Febre, ventos, as ondas, as tempestades, nada disso fazia diferença para Jesus. Ele exercia completo controle sobre tudo isso.

O bispo inglês John Charles Ryle tem razão quando diz: "Jesus é o verdadeiro antídoto e remédio para todos os enganos de Satanás que arruínam a alma do homem. Cristo é o Médico ao qual todos os filhos de Adão devem recorrer se desejam ficar curados. Em Cristo há vida, saúde e libertação".[6]

A CURA LEVA AO SERVIÇO

A sogra de Pedro não apenas se levantou, mas, imediatamente depois da cura, ela passou a servir. Mateus aponta que ela se levantou e passou a servi-lo (8.15). Marcos e Lucas informam que ela passou a servi-*los* (Marcos 1:31; Lucas 4:39). Ela foi restituída não apenas à plena saúde, mas também ao pleno trabalho. Ela percebeu que havia recobrado sua saúde a fim de usá-la no serviço a outros. Faremos bem em nos lembrar que se Deus nos

---

[6] RYLE, John Charles. *Meditações no Evangelho de Lucas*, p. 65.

CURA DA SOGRA DE PEDRO

concede o inestimável dom da força física e da saúde, devemos utilizá-lo em prol de outros.

A vida nos é cedida para que cuidemos dela e a usemos para servir aos outros, e não a nós mesmos. A felicidade não está em explorar o próximo, mas em servi-lo. O propósito da vida é servir. Aquele que não cumpre a missão para a qual foi criado é inútil.

O MINISTÉRIO DE CURA DE JESUS

A notícia da expulsão do demônio na sinagoga e da cura da sogra de Pedro correu célere e muitas pessoas renovaram as suas esperanças de cura para os seus entes queridos. No fim do sábado, depois da cura familiar dentro da casa de Pedro, uma multidão vai a Jesus. Quando o sol já declinava, o povo da cidade de Cafarnaum afluiu em massa para o local onde Jesus estava.

Mesmo estando já tarde e com o esgotamento de uma intensa agenda, Jesus não afrouxa as mãos. Ele veio libertar os cativos e desfazer as obras do Diabo. A Palavra de Deus retrata os demônios como ativamente hostis ao ser humano, atormentando homens e mulheres com doenças e loucura.

Com um toque hiperbólico, Marcos diz que "toda a cidade estava reunida à porta" (1:33). A palavra grega "reunida à porta" literalmente significa "ir com outros e permanecer junto em um grupo".[7]

Havia nessa multidão três grupos: aqueles que eram necessitados de ajuda; aqueles que trouxeram seus amigos doentes e endemoninhado; e aqueles que eram apenas curiosos e estavam ali para observar o que ia acontecer.

---

[7] BARTON, Bruce B. "Mark", p. 36.

Muitas pessoas enfermas e endemoninhadas foram trazidas a Jesus; doutra sorte jamais poderiam vir. A palavra grega "trouxeram", utilizada por Marcos (1:32-33), significa "carregar um fardo".[8] Eram levadas por seus amigos e familiares, ou iriam perecer sem esperança.

Destacamos a seguir alguns pontos.

Em primeiro lugar, *os endemoninhados eram trazidos.* Essas pessoas estavam prisioneiras do Diabo. Viviam no cabresto do inimigo. Eram capachos do destruidor. Não tinham forças nem disposição de virem a Jesus. Por isso, eram levadas a Jesus.

Em segundo lugar, *os endemoninhados eram muitos.* Aquela região, chamada de Galileia dos gentios, era um reduto de trevas e paganismo. Muitas pessoas eram oprimidas e possuídas pelos demônios.

Em terceiro lugar, *os endemoninhados eram libertos.* Jesus não usou mandingas para expulsar demônios. Expulsou-os apenas com a palavra. Nada de misticismo. Sua autoridade não decorria de fontes externas. Nem mesmo os demônios podiam resistir à sua autoridade.

Lucas faz um registro importante deste texto: "Ao pôr-do-sol, todos os que tinham enfermos de diferentes moléstias lhos traziam; e ele os curava, impondo as mãos sobre cada um" (4:40). Jesus não apenas curou toda sorte de enfermidade, mas teve um cuidado especial com cada pessoa. Ao impor as mãos, Jesus visa estabelecer um laço pessoal com o enfermo, pois não quer meramente curá-lo, mas o conduzir de volta para Deus. Ele nunca tratou as pessoas como um número numa massa. Ele impôs as

---

[8] BARTON, Bruce B. "Mark", p. 35.

CURA DA SOGRA DE PEDRO

mãos sobre cada pessoa. Ele sentia profunda compaixão pelas pessoas oprimidas. Ele se dedicou de forma especial a cada um. Não realizava curas em massa. Jesus falou diante de milhares, mas seu alvo era a salvação da alma pessoal.

Três verdades são destacadas a seguir.

Em primeiro lugar, *o poder de Jesus é ilimitado*. Jesus curou todos os que estavam doentes. Havia, como há até hoje, doenças curáveis e incuráveis. A ciência tem suas limitações. Porém, Jesus desconhece impossibilidades. Ele pode tudo quanto quer.

Em segundo lugar, *o poder de Jesus é prometido*. O ministério de cura de Jesus foi anunciado pelos profetas e, quando Ele cura os enfermos, está chancelando suas credenciais como o Messias. Seus milagres são sinais de sua messianidade.

Em terceiro lugar, *o poder de Jesus é empático*. Jesus tomou as nossas dores e carregou as nossas doenças. A compaixão de Jesus era tão intensa que Ele realmente sentia as enfermidades e dores das outras pessoas. Em nossos fardos, Jesus se põe debaixo da carga junto conosco e nos ajuda a carregar.[9]

Ainda hoje Jesus é assim. Seu olhar vê o todo e pousa sobre cada um dos seus. Ele se dedica a cada alma individualmente como se estivesse exclusivamente à disposição dela. Ele está disponível para cada um e também para todos. Dois mil anos depois, e as tensões da nossa casa permanecem as mesmas. A enfermidade ainda nos aflige. Satanás ainda nos ataca. Mas Jesus é o mesmo. Tem o mesmo poder e a mesma autoridade. Ele cura os enfermos, liberta os cativos e restaura a alegria e a paz dentro da família. Para Ele, não existe causa perdida, problema insolúvel,

---

[9] ROBERTSON, A. T. *Mateus*, p. 100.

doença incurável. Ele pode tudo quanto quer. Nunca desista de esperar uma intervenção extraordinária de Jesus em sua vida e em sua família.

capítulo 6

CURA DE UM LEPROSO

Mateus 8:1-4; Marcos 1:40-45; Lucas 5:12-16

ESSA CURA É registrada pelos três Evangelhos Sinóticos. Trata-se de uma das curas mais esplêndidas de Jesus. O tempo e o lugar são indefinidos. Mateus é o evangelista que faz o mais sucinto relato do episódio. Também é o único que põe esse acontecimento imediatamente depois do Sermão do Monte. Somente Marcos conta que Jesus se sentiu "profundamente compadecido" à vista desse homem aflito; todos os Evangelhos Sinóticos, contudo, afirmam que Jesus, desafiando as regulamentações, "estendendo a mão, tocou-lhe" (Mateus 8:3; Marcos 1:41; Lucas 5:13). Jesus deixou que o constrangimento do amor divino tomasse precedência sobre a injunção que proibia tocar um leproso.[1]

Aqui encontramos um problema humanamente insolúvel, uma causa perdida. Esse texto pinta com cores vivas a dolorosa situação a que um ser humano pode chegar. Certo homem na Galileia começou a ter sintomas estranhos no seu corpo. Um dia, verificou que sua pele estava ficando escamosa e cheia de manchas. Sua esposa, assustada, recomendou-o ir ao sacerdote. Ele foi e recebeu o sombrio diagnóstico: "Você está com lepra, está

---

[1] TASKER, R. V. G. *Mateus*, p. 69.

impuro, imundo". Aquele homem voltou cabisbaixo, vestiu-se de trapo e, sem poder abraçar sua família, retirou-se para uma caverna ou uma colônia de leprosos, fora da cidade.

Os anos se passaram, sua doença agravou-se. Agora, desenganado, coberto de lepra, corpo deformado, ele aguarda em total ostracismo social a chegada da morte. Até que, um dia, fica sabendo que Jesus de Nazaré estava passando pela cidade. A esperança reacendeu no seu coração. Ele rompeu o bloqueio da aldeia, esgueirou-se pelas ruas e prostrou-se aos pés de Jesus.

A atitude natural de qualquer judeu seria escorraçar aquele leproso e atirar pedras nele. Ele infringia a lei, pois era impuro e não podia sair do seu isolamento. Mas Jesus sente compaixão por aquele homem chagado, toca-o, cura-o e devolve-o à sua família, restaurando-lhe a dignidade da vida.

Esse milagre nos ensina que jamais devemos perder a esperança. Por maior que seja nosso problema, por mais grave que seja a circunstância, por mais tenebrosos que sejam nossos sentimentos, Jesus pode reverter a situação.

UMA DOENÇA HUMANAMENTE INCURÁVEL

A lepra, causada pelo bacilo de Hansen, era a pior doença daquele tempo: a mais temida, a mais sofrida, a de consequências mais graves. A palavra "lepra" vem do verbo grego *lepo,* que significa "descascar, descamar". Um leproso é alguém com a pele descascando. A palavra grega para lepra era usada para designar uma variedade de doenças similares; algumas delas contagiosas, degenerativas e mortais.[2] Em Israel, várias doenças de pele eram

---

[2] BARTON, Bruce B. "Mark", p. 41.

CURA DE UM LEPROSO

classificadas como lepra, inclusive aquilo que chamamos hoje de hanseníase.[3] Os rabinos haviam catalogado 72 dessas doenças, tanto curáveis como incuráveis.[4]

Os infectados pela lepra eram isolados e ficavam de quarentena (Levítico 13–14). Os leprosos eram considerados mortos (Números 12:12). Uma pessoa com lepra era paulatinamente deformada pela doença. As cartilagens do corpo eram devastadas. A pessoa apodrecia viva, a ponto de se tornar uma carcaça humana malcheirosa. A lepra descrita no texto em apreço era deste tipo: uma doença insidiosa, lenta, progressiva, grave e incurável. Ela transformava o enfermo numa carcaça repulsiva. O leproso era considerado um morto-vivo. A cura da lepra era considerada como uma ressurreição. Só Deus podia curar um leproso (veja 2Reis 5:7).

O leproso era considerado cerimonialmente imundo (Levítico 13:45-46). Por isso, a lepra era a única doença em Israel que envolvia não somente um parecer médico, mas também um parecer sacerdotal.[5] Essa infecção terrível obrigava a vítima a viver separada dos outros, a carregar um sino no pescoço e gritar sempre que alguém se aproximasse: "Imundo! Imundo!".[6] Tudo isso visava evitar que as demais pessoas fossem contaminadas fisicamente e também cerimonialmente. Naquela época nenhuma enfermidade convertia o ser humano em uma ruína tão grande e por tanto tempo como a lepra.[7]

---

[3] WIERSBE, Warren W. *Comentário bíblico expositivo*. vol. 5, p. 240.
[4] POHL, Adolf. *Evangelho de Marcos*, p. 91.
[5] SPROUL, R. C. *Mateus*, p. 189.
[6] BARCLAY, William. *Marcos*, p. 56.
[7] Idem. *Mateo I*, p. 310.

A lepra era um símbolo da ira divina contra o pecado (Isaías 1:5-6). Os rabinos a consideravam castigo de Deus.[8] Era também símbolo da maldição divina, tendo sido infligida por Deus, na história de Israel, para punir rebelião (Miriã; Números 12:1-15), mentira (Geazi; 2Reis 5:19-27) e orgulho (Uzias; 2Crônicas 26:16-23).

O pecado é simbolizado pela lepra porque ambos possuem várias características em comum.[9]

Em primeiro lugar, *a lepra é mais profunda que a pele* (Levítico13:3). A lepra não é apenas uma doença dermatológica. Ela não ataca meramente a pele, mas, também, o sangue, a carne e os ossos, até o paciente perder as extremidades do corpo.[10] Semelhantemente, o pecado não é algo superficial. Ele procede do coração e contamina todo o corpo. O ser humano está em estado de depravação total, ou seja, todos os seus sentidos e faculdades foram afetados pelo pecado. O pecado atinge a mente, o coração e a vontade. Ele atinge os pensamentos, as palavras, os desejos, a consciência e a alma.

Em segundo lugar, *a lepra isola*. O impacto social da lepra era ainda maior do que seus problemas físicos. Além do sofrimento infligido por tal doença, a pessoa deveria ficar isolada da comunidade. A lepra afligia física e moralmente, pois os leprosos tinham de enfrentar a separação de seus queridos e o isolamento da sociedade. O leproso precisava ser isolado, separado da família e da comunidade. Ele não podia frequentar o templo nem

---

[8] RICHARDS, Larry. *Todos os milagres da Bíblia*, p. 212.
[9] GIOIA, Egidio. *Notas e comentários à harmonia dos Evangelhos*, p. 96.
[10] RYLE, John Charles. *Mark*, p. 15.

CURA DE UM LEPROSO

a sinagoga. Precisava viver numa caverna ou numa colônia de leprosos. Todo contato humano era proibido. Assim é o pecado. Ele separa o pecador de Deus (Isaías 59:2); do próximo, gerando ódio, mágoas e ressentimentos; e de si mesmo, com complexos, culpa e achatada autoestima.

Em terceiro lugar, *a lepra insensibiliza*. Havia dois tipos de lepra no período do Novo Testamento: a lepra nodular ou tubercular, e a lepra anestésica. O primeiro tipo começava com dores nas juntas e nódulos avermelhados e escuros na pele. A pele tornava-se rugosa e as cartilagens necrosavam. Os pés e as mãos ficavam ulcerados e o corpo se deformava. O segundo tipo comprometia as extremidades nervosas. A área afetada perdia completamente a sensibilidade. O paciente só descobria que estava doente quando sofria uma queimadura e não sentia dores. Com o avanço da doença, as cartilagens necrosavam e o paciente perdia os dedos das mãos e dos pés.[11]

A lepra atinge as células nervosas e deixa o doente insensível. De forma semelhante, o pecado anestesia e calcifica o coração, cauteriza a consciência e mortifica a alma. Como a lepra, o pecado é progressivo. Um abismo chama outro abismo. É como um sapo em um caldeirão de água. Levado ao fogo, o sapo vai se adaptando à temperatura da água e morre queimado.

Em quarto lugar, *a lepra deixa marcas*. A lepra degenera, deforma, deixa terríveis marcas e cicatrizes. Quando a lepra atinge seu último estágio, o doente perde os dedos, o nariz, os lábios, as orelhas. A lepra atinge os olhos, os ouvidos e os sentidos. O

---

[11] BARCLAY, William. *Marcos*, p. 54-55.

pecado também deixa marcas no corpo (como doenças), na alma (como culpa e medo), na família (como divórcio e violência).

Em quinto lugar, *a lepra contamina*. A lepra é contagiosa, ela se espalha. O leproso precisava ser isolado, do contrário, transmitiria a doença para outras pessoas. O pecado também é contagioso. Um pouco de fermento leveda toda a massa (1Coríntios 5:6). Uma maçã podre em um cesto apodrece as outras.

O pecado é como o rio Amazonas: até uma criança pode brincar na cabeceira desse rio. Contudo, na medida em que avança para o mar, novos afluentes se juntam a ele e, então, transforma-se no maior rio do mundo em volume de água. Nenhum nadador, por mais audacioso, se aventuraria a enfrentá-lo. O pecado é como uma jiboia que o domador domesticou: um dia essa serpente venenosa vai esmagar os seus ossos. A Bíblia diz que quem zomba do pecado é louco (Provérbios 14:9). O pecador será um dia apanhado pelas próprias cordas do seu pecado.

Em sexto lugar, *a lepra deixa a pessoa impura*. A lepra era uma doença física e social. Ela deixava o doente impuro. O leproso era banido do lar, da cidade, do templo, da sinagoga, do culto. Os dez leprosos curados por Jesus gritaram de longe, pedindo ajuda (Lucas 17:13). Eles não ousaram se aproximar dele. O pecado também deixa o homem impuro. A nossa justiça aos olhos de Deus não passa de trapos de imundícia (Isaías 64:6).

Em sétimo lugar, *a lepra mata*. A lepra era uma doença que deformava e destruía as pessoas aos poucos. Elas perdiam os membros do corpo, ficando chagadas e malcheirosas, e morriam em total solidão. O pecado também mata. O salário do pecado é a morte (Romanos 6:23). O pecado é o pior de todos os males. Ele é pior que a lepra. A lepra só atinge alguns, o pecado atingiu

CURA DE UM LEPROSO

a todos; a lepra só destrói o corpo, o pecado destrói o corpo e a alma; a lepra não pode separar o homem de Deus, mas o pecado o separa de Deus no tempo e na eternidade.

UM DOENTE RESOLUTAMENTE ESPERANÇOSO

Jesus estava numa das cidades da Galileia quando um homem coberto de lepra, no estágio mais avançado de sua doença, sai do leprosário, rompe o isolamento e se aproxima de Jesus. Seu caso era perdido. Sua doença já havia tomado todo o seu corpo. O homem estava chagado, com a pele necrosada, cheirando mal. Era uma carcaça humana, uma ferida aberta e malcheirosa. O evangelista Lucas, que era médico, usando uma linguagem mais precisa, diz que ele estava "coberto de lepra" (5:12). Essa expressão, que pode ser traduzida por "coberto de lepra de alto a baixo", é um termo técnico da medicina. Quer dizer que a lepra havia atingido o último estágio. Completamente sem esperança, o infeliz estava entregue à morte.[12]

Mesmo à beira da morte, esse homem ouve falar sobre Jesus. Então, sai furtivamente do leprosário e se esgueira no meio da multidão, com a esperança da cura. Sua atitude enseja-nos algumas preciosas lições, como vemos a seguir.

Em primeiro lugar, *o leproso demonstrou grande determinação*. Esse homem já estava no estágio mais avançado de sua doença. Ele não podia se aproximar de ninguém. Era impuro! Não obstante já estar sentenciado à morte, não desistiu de receber um milagre de Jesus. Ele venceu o medo, o autodesprezo, os complexos e o

---

[12] RIENECKER, Fritz. *Evangelho de Lucas*, p. 136.

repúdio das pessoas. Ele venceu os embargos da lei e saiu do leprosário, da caverna da morte. Ele venceu a revolta, a dor, a mágoa, a solidão, a frustração e a desesperança. O teólogo alemão Adolf Pohl faz o seguinte comentário em relação à descrição do evangelista Marcos:

> Entende-se que o miserável leproso forçou a passagem até Jesus no meio de um povoado. Ele simplesmente rompeu a zona de proteção que os sadios se cercaram. Quando ele surgiu, para horror dos circundantes, num piscar de olhos os lugares ficaram vazios. Só Jesus não fugiu. Jesus o deixou aproximar-se. Até aqui se falou que Jesus "veio" ([Marcos 1] v. 7,9,14,21,24,29,35,38); agora alguém vem a Ele (v. 10,45), demonstrando que entendeu a vinda dele.[13]

O leproso se aproximou de Jesus e levou sua causa perdida a Ele. Aproximou-se tanto de Jesus a ponto de o Senhor poder tocá-lo. Isso é digno de nota porque a lei ordenava: "habitará só; a sua habitação será fora do arraial" (Levítico 13:46). Esse leproso não se escondeu, mas correu na direção de Jesus.

Ele furou o bloqueio, transcendeu, fez o que não era comum fazer. Ele contrariou os clichês sociais e quebrou paradigmas. Dispôs-se a enfrentar o desprezo, a gritaria ou mesmo as pedradas da multidão. Ele rompeu com a decretação do fracasso imposto à sua vida. Ele estava fadado à morte, ao abandono, ao opróbrio, à caverna, ao leprosário. Contudo, ele se levantou e foi ao Salvador. Ele esperou contra a esperança e não desanimou.

---

[13] POHL, Adolf. *Evangelho de Marcos*, p. 92.

CURA DE UM LEPROSO

Não corra de Deus, corra para Ele. Não fuja de Jesus, prostre-se aos seus pés. Ninguém deve se sentir demasiadamente impuro para se aproximar de Jesus. Ele é o amigo dos pecadores. Todo aquele que vem a Ele com o coração quebrantando não é lançado fora. Ele convida: "Vinde a mim, todos os que estais cansados e oprimidos, e eu vos aliviarei" (Mateus 11:28).

Em segundo lugar, *o leproso demonstrou profunda humildade*. A lepra era o único mal para o qual a medicina rabínica não prescrevia remédio algum. Era uma doença incurável. Um problema insolúvel. Mas os impossíveis dos homens são possíveis para Jesus. Esse homem não foi com arrogância, mas com humildade. Ele se ajoelhou (Marcos 1:40), prostrou-se com o rosto em terra (Lucas 5:12) e adorou o Senhor (Mateus 8:2). Ele reconheceu a majestade e o poder de Jesus e o chamou de Senhor. Ele demonstrou que tinha necessidade não apenas de cura, mas do próprio Senhor.

Adorar ao Senhor é maravilhar-se com quem Ele é mais do que com o que Ele faz. Adoramos a Deus pelas suas virtudes e damos graças pelos seus feitos.

Em terceiro lugar, *o leproso demonstrou genuína fé*. Ele se aproximou de Jesus não com dúvidas, mas cheio de convicção. Ele sabia que Jesus podia todas as coisas. Ele sabia que, para Jesus, não havia impossíveis. Ele creu e confessou: "Se quiseres, podes purificar-me" (Mateus 8:2; Marcos 1:40; Lucas 5:13). O homem não pediu cura, mas purificação. A lepra era uma enfermidade imunda. Ser curado, portanto, significava ser purificado.[14]

---

[14] MORRIS, Leon L. *Lucas*, p. 109.

A fé vê o invisível, toca o intangível e torna possível o impossível. Pela fé pisamos o terreno dos milagres. Pela fé vivemos sobrenaturalmente. Pela fé podemos ver a glória de Deus. Corrie Ten Boon, passando pelas agruras indescritíveis de um campo de concentração nazista, dizia: "Não há abismo tão profundo que a graça de Deus não seja mais profunda". O limite do homem não esgota as possibilidades de Deus. Ele transforma o vale da ameaça em porta da esperança.

Em quarto lugar, *o leproso demonstrou plena submissão*. O leproso não exigiu nada, mas suplicou com fervor. Sabe que nada merece e, portanto, carece de misericórdia. Ele sabia que Jesus tinha poder para curá-lo, mas se submeteu humildemente ao seu querer. Ele não decretou, rogou. Ele não reivindicou direitos, mas clamou por misericórdia. Não fez exigências; antes, suplicou com humildade. Sabia que não estava diante de um homem comum, mas reconheceu que Jesus é o Senhor. Mesmo se sujeitando à sua soberana vontade, confessou sua plena confiança no poder de Jesus para curá-lo de sua enfermidade.

O próprio Jesus praticou esse princípio no Getsêmani. A vontade de Deus é sempre boa, perfeita e agradável. É a vontade dele que deve ser feita na terra e não a nossa no céu.

O SALVADOR ABSOLUTAMENTE COMPASSIVO E PODEROSO

Jesus não pegou em pedras para expulsar o leproso nem insuflou a multidão contra ele, chamando-o de maldito. Ao contrário, Jesus se aproximou ainda mais, tocando-o. Ele o curou e lhe deu perfeita saúde. Alguns pontos merecem destaque, como vemos a seguir.

CURA DE UM LEPROSO

Em primeiro lugar, *uma compaixão profunda*. Marcos nos leva até o coração de Jesus e revela o que o levou a agir. "Jesus, profundamente compadecido, estendeu a mão, tocou-o" (1:41). Literalmente, a tradução seria: "tocado em suas entranhas ou em seu íntimo".[15]

Jesus é a disposição poderosa de Deus para ajudar. Em Jesus, Deus fez uma ponte entre Ele e os excluídos. Jesus sentiu compaixão pelo leproso em vez de pegar em pedras para expulsá-lo de sua presença. Mesmo que todos rejeitassem o homem, Jesus se compadeceu. Ele sabia o seu nome, seu problema, sua dor, suas angústias, seus medos. Ele não o escorraçou. Jesus sentiu profundo amor por esse pária da sociedade em vez de sentir náuseas dele. Todos tinham medo dele e fugiam, mas Jesus se compadeceu e o tocou.

O real valor de uma pessoa está em seu interior e não em sua aparência. Embora o corpo de uma pessoa possa estar deformado pela enfermidade, o seu valor é o mesmo diante de Deus. Jesus não considerava ninguém indigno, quer leproso, cego, surdo, quer paralítico. Ele veio ao mundo para ajudar, curar e salvar. O bispo inglês John Charles Ryle diz que as pessoas não estão perdidas porque elas são muito más para serem salvas, mas porque não querem ir a Cristo para serem salvas.[16]

Em segundo lugar, *um toque generoso*. O toque de Jesus quebrou o sistema judaico em um lugar decisivo, porque o puro não ficou impuro; entretanto, o puro purificou o impuro. Segundo a lei, quem tocasse em um leproso ficava impuro, mas em vez de

---

[15] HENDRIKSEN, William. *Marcos*, p. 105.
[16] RYLE, John Charles. *Mark*, p. 16.

Jesus ficar impuro ao tocar o leproso, foi o leproso quem ficou limpo. A imundícia do leproso não pôde contaminar Jesus mas a virtude curadora de Jesus removeu todo o mal do leproso.

Há um lado psicológico tremendo nesse milagre, pois ninguém toca um leproso. Havia muito tempo que aquele enfermo não sabia o que era um toque, um abraço. Quando dava um passo para a frente, os outros davam um passo para trás. Aquele homem não sabia mais o que era um abraço, um toque no ombro, um aperto de mão. O teólogo escocês William Barclay diz que as mãos de Jesus se abriram para o homem de quem todos fugiam horrorizados.[17] Jesus não apenas tocou no leproso, mas o abraçou firmemente, pois a palavra traduzida por "tocar", aqui, significa "cingir, envolver e abraçar".[18]

Jesus poderia curá-lo sem o tocar. Ele, porém, viu que aquele homem tinha não apenas uma enfermidade física, mas também uma profunda carência emocional. Jesus tocou o homem porque se importou com ele. Jesus tocou a lepra. Mostrou sua autoridade sobre a lei e sobre a enfermidade.

Além da cura da lera, Jesus operou nesse homem uma cura emocional. Jesus curou as suas emoções antes de curar a sua enfermidade. O toque de Jesus curou a sua alma, a sua psiquê, a sua autoestima, a sua imagem destruída. Quando o tocou, mostrou àquele homem malcheiroso que ele tinha valor e dignidade. Embora seu corpo fosse um espetáculo horrendo, Jesus o tocou para curar suas emoções, para sarar sua alma, para restaurar sua dignidade e seu valor.

---

[17] BARCLAY, William. *Lucas*, p. 61.
[18] RIENECKER, Fritz. *Evangelho de Lucas*, p. 136.

CURA DE UM LEPROSO

Os Evangelhos falam do toque curador das mãos de Cristo. Algumas vezes era o doente que tocava em Jesus. Isso não era nenhuma mágica. O poder de curar não se originava dos dedos ou das vestimentas do Senhor. Ele vinha direto da sua poderosa vontade e do seu coração compassivo.

Ao tocar o leproso, o Redentor abraçou a humanidade impura, inserindo-se completamente nela. É o que também faz agora com cada indivíduo. Ele não somente toca nossa impureza pecaminosa com a ponta dos dedos, mas envolve os impuros com o braço de sua compaixão.[19] Jesus pode tocar você também. Basta um toque de Jesus e você ficará curado, liberto, purificado. Ele não se afasta de nós por causa das nossas mazelas.

Em terceiro lugar, *uma palavra extraordinária*. Jesus atendeu prontamente ao clamor do leproso, dizendo: "Quero, fica limpo!" (Mateus 8:3; Marcos 1:41; Lucas 5:13). O toque e a palavra trouxeram cura. A introdução condicional do leproso, "Se quiseres", é suplantada pela esplêndida prontidão do Mestre: "Eu quero". Aqui a vontade se junta ao poder, e transformam uma condição horrível de doença numa situação de saúde estável.[20]

A cura não foi a crediário, em doses homeopáticas, mas instantânea, imediata e eficaz. Não restou nenhuma sequela. Nenhum resquício. A pele do homem foi completamente regenerada. Sua carne ficou sã. Suas cartilagens carcomidas pela doença retornaram ao estado original. Tudo se fez novo no corpo daquele homem. Os milagres de Jesus sempre foram imediatos, completos

---

[19] RIENECKER, Fritz. *Evangelho de Lucas*, p. 137.
[20] HENDRIKSEN, William. *Marcos*, p. 107.

e permanentes. O sacerdote poderia *declará-lo* limpo, mas só Jesus poderia *torná-lo* limpo.

Jesus tem poder e compaixão. Poder sem compaixão é tirania; compaixão sem poder é fraqueza. Apenas em Jesus ambos se equilibram em harmonia.

UMA GRANDE ADVERTÊNCIA

Jesus dá duas ordens ao homem curado — uma negativa e outra positiva —, como vemos a seguir.

Em primeiro lugar, *a ordem negativa*. Jesus mandou o homem não dizer nada a ninguém. Por que Jesus deu essa ordem? Por duas razões.

Primeira, *porque sua campanha na Galileia era evangelística, e não uma cruzada de milagres*. Jesus estava percorrendo as cidades da Galileia com o propósito de pregar o evangelho. Ele acabara de fugir da multidão de Cafarnaum que o buscava para receber milagres. Jesus queria ser conhecido como portador das boas-novas, e não como um operador de milagres. Ele veio buscar o perdido, remir os homens de seus pecados e não apenas curar suas enfermidades. Jesus, doutra feita, denunciou esse interesse apenas temporal e terreno das pessoas que o buscavam: "Em verdade, em verdade vos digo que me buscais, não porque vistes sinais, mas porque comestes do pão e vos saciastes" (João 6:26).

Segunda, *porque não queria despertar precocemente a oposição dos líderes judeus*. Os líderes judeus tinham inveja de Jesus. O Senhor sabia que eles estavam se levantando contra Ele e não queria apressar essa oposição. Jesus não queria provocar uma crise prematura.[21] Havia entre os judeus a expectativa de um

---

[21] HENDRIKSEN, William. *Marcos*, p. 108.

CURA DE UM LEPROSO

messias libertador que haveria de quebrar o jugo de Roma. Jesus, porém, não queria alimentar esse sentimento dos judeus. Ele veio para quebrar o jugo espiritual.

Marcos nos diz, porém, que o homem curado não conteve sua alegria e entusiasmo: "Mas, tendo ele saído, entrou a propalar muitas cousas e a divulgar a notícia" (1:45). O tempo do verbo no grego evidencia que o homem estava propalando e divulgando continuamente acerca da sua cura.[22] Certamente tinha motivos para abrir a sua boca e falar das maravilhas que Jesus havia feito nele e por ele. Contudo, isso não lhe dava o direito de desobedecer a uma ordem expressa do Senhor que o libertara do cativeiro da morte.

Jesus mandou aquele homem ficar calado e ele falou. Hoje, Jesus nos manda falar e nós rebeldemente nos calamos. A desobediência do leproso purificado não é tão condenável quanto a nossa desobediência. Somos ordenados a falar as boas-novas do evangelho a todos e não falamos a ninguém.

A desobediência sempre produz resultados negativos. Diz o evangelista Marcos: "Mas, tendo ele saído, entrou a propalar muitas coisas e a divulgar a notícia, a ponto de não mais poder Jesus entrar publicamente em qualquer cidade, mas permanecia fora, em lugares ermos; e de toda parte vinham ter com ele" (1:45). O entusiasmo daquele homem foi um estorvo na campanha evangelística de Jesus. Era uma espécie de zelo sem entendimento. A apresentação de Jesus nas sinagogas da província foi interrompida. O Senhor não alimentou a curiosidade da multidão que o buscava apenas para ver ou receber os seus milagres, por isso

---

[22] BARTON, Bruce. "Mark", p. 44.

permaneceu fora das cidades em lugares afastados. O comentarista bíblico John Heading esclarece esse ponto:

> A fama produz curiosidade, mas milagres não eram feitos para satisfazer nenhuma curiosidade. O Senhor desejava afastar as multidões curiosas. Em João 6:26 o povo o seguiu simplesmente porque [foi saciado]; a ressurreição de Lázaro fez com que muitos ficassem curiosos (Jo 12:18. Herodes estava curioso para ver algum milagre do Senhor (Lc 23:8). Marcos 1:45 diz que este leproso "começou a apregoar muitas coisas", contrariando assim as instruções do Senhor, portanto o Senhor permaneceu nos lugares desertos e não entrava na cidade. A desobediência pode afastar a presença do Senhor.[23]

UM TESTEMUNHO PÚBLICO NECESSÁRIO

A segunda ordem que o Senhor dá é positiva: "vai, mostra-te ao sacerdote e oferece pela tua purificação o que Moisés determinou, para servir de testemunho ao povo" (Mateus 8:4; Marcos 1:44; Lucas 5:14).

Essa ordem tinha o propósito de respeitar as normas de saúde estabelecidas, uma vez que o sacerdote era a autoridade religiosa e sanitária que fornecia o atestado de saúde e pronunciava a purificação do leproso (Levíticos 14:1-32). O sacerdote deveria atestar a legitimidade do milagre, reintegrando aquele homem à sociedade.

O homem deveria ir ao sacerdote para dar testemunho ao povo. Precisamos anunciar o que Deus fez por nós. O testemunho

---

[23] HEADING, John. *Mateus*, p. 158.

CURA DE UM LEPROSO

desse milagre poderia gerar fé no coração dos líderes religiosos de Israel. Isso era um testemunho para eles. Contudo, no caso de persistente incredulidade, esse milagre seria um testemunho contra eles. Os mesmos líderes religiosos que estavam entre os mais duros críticos de Jesus foram forçados a examinar o leproso curado e afirmar que ele estava limpo. Além disso, Jesus estava protegendo o homem de quaisquer suspeitas ou acusações. Ele não precisaria mais se esgueirar nas sombras, com medo de ser apedrejado. Sua volta para casa, para a sua família, para o seu convívio social e religioso estava legitimada.

Com isso, Jesus também estava dizendo que seus milagres são verificáveis. A obra de Jesus em nós não é apenas uma experiência subjetiva; pode ser verificada e atestada objetivamente. Hoje, há muitos milagres sendo divulgados que não resistem a uma meticulosa investigação. Mas quando Jesus cura, a restauração plena é imediata e pública. Não há embuste nem propaganda enganosa.

Concluindo, Jesus curou o leproso física, emocional, social e espiritualmente. Aquele homem recobrou sua saúde e sua dignidade. Ele foi reintegrado à sua família, à sinagoga e ao convívio social. Ele deixou de ser impuro e tornou-se aceito. Jesus ainda hoje continua curando os enfermos, limpando os impuros, restaurando a dignidade daqueles que estão com a esperança morta.

Venha hoje mesmo a Jesus. Coloque a sua causa aos seus pés. Ela pode estar perdida para os homens, mas Jesus é o Senhor das causas perdidas. Ele pode restaurar sua vida, seu casamento, sua família e fazer de você uma bênção.

capítulo 7

CURA DO PARALÍTICO DE CAFARNAUM

Mateus 9:1-8; Marcos 2:1-12; Lucas 5:17-26

JESUS CHEGOU A Cafarnaum, para sua própria casa (Mateus 9:1), vindo de sua cruzada evangelística, na qual pregara a Palavra pelas cidades e vilas da Galileia. Ele acabara de vir de um tempo de oração, e o poder do Senhor estava sobre Ele para curar (Lucas 5:16-17).

Em sua casa, uma multidão se amontoou para ouvi-lo, bloqueando até mesmo a porta de entrada (Marcos 2:2). Jesus é como um ímã irresistível. Aonde chegasse, a multidão logo o procurava pelo deslumbramento causado por suas palavras e obras. A casa em que estava se encheu de gente: uns atentos aos seus ensinos, outros movidos por curiosidade; alguns ainda motivados pela inveja, e certamente outros desejosos de serem por Ele curados.

AQUELES QUE LEVAM ALGUÉM A JESUS

Naquele momento, quatro homens levaram um paralítico a Jesus. Esse homem não poderia, por si mesmo, ir até Jesus. Ele estava impedido de se mover, pois era coxo e entrevado. Suas pernas não se movimentavam, seus músculos estavam atrofiados e sua coluna vertebral estava paralisada. A doença havia atingido as áreas motoras do seu cérebro. Ele jazia como um morto. O homem encontrava-se triste e paralisado; o peso do pecado em sua consciência, e seu corpo em prisão.[1] Aquele homem tinha de ser carregado; então, os seus amigos o ajudaram a chegar a Jesus. Ainda hoje há muitas pessoas que não irão a Deus a não ser que sejam levadas e colocadas aos pés de Jesus.

Vejamos quatro atitudes desses amigos, dignas de serem imitadas.

Em primeiro lugar, *eles tiveram visão*. Lucas nos informa que esses quatro homens queriam introduzir o paralítico dentro da casa e pô-lo diante de Jesus (5:18). Aquele coxo precisava de ajuda. Ele não poderia ir por si mesmo a Jesus. Ou era levado ou então estaria fadado ao desespero. Entretanto, esses quatro amigos tiveram a visão de levá-lo e colocá-lo diante de Cristo. Eles compreenderam que, se aquele paralítico fosse posto diante de Jesus, seria curado e liberto do seu mal.

A visão determina a maneira de viver. A visão nasce da pesquisa e da informação. Eles sabiam que Jesus era poderoso. Eles estavam informados das notícias que corriam em Cafarnaum a respeito de Jesus. Então, pensaram: "Nosso amigo ficará livre se estiver aos pés de Jesus".

A visão determina a ação. O homem sem Jesus está só, doente, perdido. Não há esperança para os aflitos a menos que os levemos a Jesus. Nós não podemos converter as pessoas, mas podemos levá-las a Jesus. Não podemos realizar milagres, mas podemos deixar as pessoas aos pés daquele que realiza milagres.

---

[1] SPURGEON, Charles H. *O Evangelho segundo Mateus*, p. 146.

CURA DO PARALÍTICO DE CAFARNAUM

Em 1958, Paul Yong Cho teve a visão de plantar uma igreja em um bairro pobre de Seul, Coreia do Norte. Essa igreja alargou suas fronteiras e chegou a ser a maior igreja local do mundo com mais de 700 mil membros.

William Wilberforce teve a visão de libertar os escravos da Inglaterra em 1789. Dedicou a sua vida a essa causa. Em 1833, quatro dias antes da sua morte, a escravidão foi abolida na Inglaterra.

Martin Luther King Jr., em 1963, nos degraus do memorial de Lincoln, em Washington, Estados Unidos, levantou sua voz diante de uma grande multidão e disse: "Eu tenho um sonho, de que um dia os meus filhos sejam julgados pela dignidade do seu caráter, e não pela cor da sua pele". Esse pastor batista morreu como mártir dessa causa, mas sua visão libertou milhões de negros da segregação racial nos Estados Unidos.

Billy Graham teve a visão de evangelizar o mundo e viu estádios lotados de pessoas sedentas do evangelho. Sua visão transformou-o no maior evangelista do século 20, e possivelmente nenhum homem na História comunicou a tantas pessoas o evangelho de Cristo.

Bob Pierson viu crianças famintas pelas ruas da cidade, e esse quadro triste deu-lhe a visão de fundar a Visão Mundial, que cuida hoje de milhares de crianças carentes ao redor do mundo.

Meu amigo Wildo dos Anjos, quando era adolescente, viu os mendigos da sua cidade, deitados ao relento, sem pão, sem teto e sem dignidade. Essa visão mudou sua vida e ele investiu seu dinheiro, seu futuro e sua alma em um dos mais extraordinários projetos sociais e missionários do Brasil. A Missão Vida tem resgatado centenas de mendigos, devolvendo-os às suas famílias,

completamente restaurados. Muitos desses mendigos tornaram-
-se pastores e missionários e, hoje, são obreiros da Missão Vida.

Precisamos pedir visão ao Senhor. Visão de ver os perdidos
salvos, de ver os famintos alimentados, de ver os presos resgata-
dos e devolvidos à família e à sociedade com dignidade, de ver a
igreja crescer.

Em segundo lugar, *eles agiram com determinação*. Aqueles
quatro homens tiveram várias dificuldades para levar o paralítico a Jesus. Mas eles não desistiram. Vejamos quais obstáculos
enfrentaram.

- *Primeiro*, o peso do paralítico. Se quisermos ajudar as pessoas a chegar a Jesus, precisaremos carregá-las na mente,
  no coração, na alma, nos braços.
- *Segundo*, a multidão. A multidão sempre se acotovelou dis-
  putando um lugar perto de Jesus. Sua motivação nem sempre era clara. Em muitas ocasiões, ela foi um empecilho
  para as pessoas irem a Jesus. Em Jericó, a mesma multidão
  que impediu Zaqueu de ver Jesus tentou calar a voz súplice
  de Bartimeu. Aqui em Cafarnaum, a multidão encheu a casa
  e postou-se junto à porta, formando uma espécie de cor-
  dão de isolamento que impedia as pessoas de serem levadas
  a Jesus. A multidão era uma muralha intransponível que
  impedia o projeto. Eles queriam levar o paralítico diante de
  Jesus, mas nem perto da porta conseguiam deixá-lo.
- *Terceiro*, a subida ao telhado da casa. Se carregar uma gela-
  deira escada acima já é complicado, quanto mais subir com
  um homem aleijado para um telhado. Eles foram ousados
  na determinação de levar aquele homem a Jesus. Fizeram

CURA DO PARALÍTICO DE CAFARNAUM

algo inédito e inesperado. Seu projeto era arriscado, difícil e engenhoso, mas não lhes faltou disposição. Isso revela a coragem, o esforço e os riscos do empreendimento. Estavam dispostos a tudo, menos a abandonar aquele homem ao seu desalento.

- *Quarto*, descer o paralítico onde Jesus estava. Além de abrir um buraco no telhado, tiveram de baixar, com cordas, o amigo imobilizado no leito. A maca ou leito em que o homem estava deitado era uma esteira, catre ou colchão de palha, fácil de enrolar e levar sob o braço.[2] Era uma espécie de colchão usado pelos pobres.[3] O homem deve ter alertado aos amigos: "Cuidado, gente! Eu não quero ter de ressuscitar!".

A persistência engenhosa daqueles homens nos ensina que quando um caminho está bloqueado, devemos buscar outro.[4] Eles não desistiram por nada. Eles nos ensinam que devemos ter perseverança na oração e na evangelização. Não podemos desistir nem afrouxar nossas mãos quando se trata de levar uma vida a Cristo. Nada deve nos deter de levar as pessoas aos pés de Jesus.

Em terceiro lugar, *eles tiveram criatividade*. O manual de como levar um paralítico a Jesus não dizia assim: "Quando não tiver jeito, faça isto ou aquilo". Eles estavam enfrentando um problema

---

[2] BRUCE, F. F. *João*, p. 115.
[3] RIENECKER, Fritz; ROGERS, Cleon. *Chave linguística do Novo Testamento*, p. 169.
[4] CHAMPLIN, Russell Norman. *O Novo Testamento interpretado versículo por versículo*. vol. 1, p. 672.

novo e precisavam achar uma solução. Então, pensaram: "Vamos subir, abrir o teto e descer nosso amigo aos pés de Jesus".

O telhado provavelmente era formado por vigas e pranchas, por cima das quais colocava-se esteiras, ramos, e galhos, cobertos por terra batida.[5] Eles desmontaram o telhado e desceram o homem no seu leito, parando-o onde Jesus estava. Eles mudaram de método, inovaram e foram ousados.

Cada geração precisa encontrar respostas para o seu tempo. Tem gente que diz: "Nós sempre fizemos assim. Isso não pode mudar". E aí, perde-se a geração. É preciso ter coragem para quebrar paradigmas. Deus é criativo. Precisamos ter criatividade na abordagem, na comunicação, nos métodos. A mensagem é sempre a mesma, mas os métodos podem e devem ser adaptados de acordo com as circunstâncias.

Em quarto lugar, *eles exercitaram uma fé verdadeira*. Esse texto diz que Jesus é poderoso para fazer algo extraordinário. Eles creram que Jesus faria o milagre, e isso os motivou. Apesar de nenhum desses homens ter falado coisa alguma, todos confiaram. E foi isso que realmente importou. A fé dos homens tocou o coração do Senhor, levando o evangelista a registrar: "Vendo-lhes a fé, Jesus disse ao paralítico: 'Filho, os teus pecados estão perdoados'"(Marcos 2:5). A fé do paralítico está aqui incluída. Eles não poderiam fazer o milagre nem salvar o homem, mas poderiam levá-lo a Jesus. Levar o paralítico a Jesus era tarefa deles, perdoar e curar o coxo era obra exclusiva de Jesus.

---

[5] RIENECKER, Fritz; ROGERS, Cleon. *Chave linguística do Novo Testamento grego*, p. 69.

CURA DO PARALÍTICO DE CAFARNAUM

A fé não é complacente nem inativa. O milagre é Jesus quem faz, mas nós somos cooperadores de Deus. Levar as pessoas aos pés de Jesus é nossa missão. Precisamos ter fé que Jesus vai salvá-las, curá-las, libertá-las. Precisamos evangelizar e ter fé que a igreja vai crescer.

AQUELES QUE BLOQUEIAM O CAMINHO PARA JESUS

No meio de toda essa gente que ouvia seus ensinamentos, estavam também escribas, fariseus e mestres da lei. Uma delegação constituída de rabinos da Galileia, Judeia e Jerusalém foi a Cafarnaum investigar os ensinos de Jesus. Eles eram uma comissão de inquérito enviada pelo Sinédrio, portanto estavam ali em caráter oficial.[6] O Sinédrio era o Supremo Tribunal dos judeus, e uma de suas funções era ser guardião da ortodoxia.[7] Eram os fiscais da religião, os farejadores de heresias. Ouviam Jesus não de coração aberto, mas para criticá-lo. Sua motivação não era aprender, mas apanhar Jesus em alguma contradição. Não obstante terem o melhor cabedal teológico, foram os inimigos mais hostis de Cristo. Ainda hoje há pessoas que vão à igreja e saem piores, pois vão como juízas do mensageiro, e não como servas da mensagem.

Logo que Jesus declarou que o homem estava curado, os escribas e fariseus disseram consigo: "Por que fala ele deste modo? Isto é blasfêmia! Quem pode perdoar pecados, senão um, que é Deus?" (Marcos 2:7). O ministro escocês Cunningham Geikie assim descreve a reação dos escribas e fariseus:

---

[6] POHL, Adolf. *Evangelho de Marcos*, p. 102-103.
[7] BARCLAY, William. *Marcos*, p. 60.

Os escribas e fariseus ficaram grandemente alvoroçados; cochichos, ameaçadores meneios de cabeça, olhares tenebrosos, e piedosos gestos de alarme mostravam que todos estavam sentindo-se incomodados, pois, ao declarar o paralítico perdoado, Jesus estava intrometendo-se nas prerrogativas exclusivas de Deus. Aquele que blasfemasse deveria ser condenado à morte por apedrejamento, seu corpo pendurado em uma árvore e depois queimado de forma vergonhosa. "Quem pode perdoar pecados senão um só, ou seja, Deus?"[8]

É estranho que os mais informados eram os mais céticos, mais duros e mais hostis a Cristo. As multidões ignorantes tinham mais discernimento espiritual que eles. Aqueles que mais conheciam teologia tornaram-se os maiores inimigos de Cristo. Sua cegueira os impedia de ver Deus na face de Cristo.

O pastor norte-americano Tom Hovestol nota que, ao examinarmos as Escrituras, é possível descobrir que os inimigos mais implacáveis de Jesus raramente são as pessoas "mundanas". Os principais inimigos dos justos são, muitas vezes, as pessoas religiosas. Os principais oponentes de Jesus foram os fariseus; os de Paulo, os judaizantes; e a igreja primitiva tinha de contender constantemente com os falsos mestres.[9]

Esses críticos contumazes possuíam um conhecimento limitado da pessoa de Jesus. Jesus, que havia visto a fé dos quatro amigos que levaram o paralítico, agora conhece os pensamentos

---

[8] Apud RICHARDS, Lawrence O. *Comentário histórico-cultural do Novo Testamento*, p. 150.
[9] HOVESTOL, Tom. *A neurose da religião*, p. 42.

CURA DO PARALÍTICO DE CAFARNAUM

dos críticos. Eles estavam certos e errados. Certos porque, na verdade, só Deus pode perdoar pecados. Errados porque não haviam entendido ainda que Jesus era o próprio Deus feito carne. Porque não entendiam que Ele era o próprio Deus entre os homens, perseguiram-no enquanto deveriam estar adorando-o. Aquilo que entendiam ser blasfêmia de Jesus era, na verdade, blasfêmia na boca deles, pois negavam a divindade de Cristo.

Visto que só Deus pode perdoar pecados (Isaías 43:25), o ponto de vista dos escribas, de que Jesus cometera blasfêmia ao declarar perdoados os pecados do paralítico, parecia irrefutável. A única alternativa à blasfêmia seria Jesus ser verdadeiramente Deus, conclusão que os escribas decidiram rejeitar.

Jesus, percebendo seus pensamentos, propôs-lhes uma prova: "Que arrazoais em vosso coração? Qual é mais fácil, dizer: 'Estão perdoados os teus pecados' ou: 'Levanta-te e anda'?" (Lucas 5:22-23). Embora eles não tenham respondido à pergunta de Jesus, certamente devem ter pensado que ambas as coisas eram impossíveis, pois só Deus poderia perdoar e curar.[10] O raciocínio cético dos escribas os tornou inimigos não só de Jesus, mas também do paralítico. Esse é um raciocínio anticristão e profundamente anti-humano.[11]

A prova que Jesus propôs considerava a premissa de que as enfermidades eram resultado do pecado. No mundo antigo havia uma crença generalizada de que a doença era resultado imediato do pecado (veja João 9:1-3). Primeiro viria o perdão, depois, a cura. O perdão é subjetivo, mas a cura é objetiva. O

---

[10] MCGEE, J. Vernon. *Mark*, p. 37.
[11] POHL, Adolf. *Evangelho de Marcos*, p. 104.

perdão só é visto por Deus, mas é impossível que a cura não seja vista pelas pessoas. Assim, se alguém tivesse o poder de curar, então essa pessoa também teria autoridade para perdoar os pecados que levaram àquela enfermidade. Dessa forma, Jesus lhes diz: "Mas, para que saibais que o Filho do Homem tem sobre a terra autoridade para perdoar pecados — disse ao paralítico: 'Eu te ordeno: Levanta-te, toma o teu leito e vai para casa'"(Lucas 5:22-24).

Os escribas foram apanhados pela sua própria teologia, porque a cura era a prova insofismável do perdão. Curando, Jesus provou que não era um charlatão, mas o próprio Filho de Deus, pois fez as duas coisas que só Deus poderia fazer: perdoar e curar. Os professores da lei estavam presos na armadilha, pois quando Jesus deu movimento àquele corpo paralisado, ficou evidente que Ele, antes, movera o coração de Deus e colocara a graça em movimento.

AQUELES QUE SÃO LEVADOS A JESUS

Sempre que levamos alguém a Jesus, algo extraordinário acontece. Não foi diferente com esse paralítico.

Em primeiro lugar, *o paralítico foi cativo e voltou livre*. Aquele paralítico era doente, pobre, desamparado e oprimido. Ele vivia em completo ostracismo social, abandonado à sua triste sorte. O seu corpo estava surrado pela doença, e sua alma, assolada pela culpa. A debilidade e a imobilidade eram as marcas da sua vida. Era um homem cativo da doença, prisioneiro de esperança. Vivia na prisão do seu leito, vítima de sua triste enfermidade física, emocional, existencial e espiritual. Mas ao ser levado a Jesus, ficou livre, perdoado e curado. A obra de Jesus foi completa: Ele perdoou e curou; cuidou da alma e do corpo; resolveu as questões do tempo e da eternidade.

- *Primeiro*, Jesus curou o paralítico emocionalmente. A primeira palavra que Jesus disse ao paralítico foi: "Tem bom ânimo" (Mateus 9:2). Escondidos atrás da paralisia estavam a depressão, o desespero, a autoimagem destruída, as emoções amassadas, os sonhos quebrados. Jesus diagnosticou que as emoções estavam mais enfermas que o corpo. Antes de aprumar o corpo, Jesus restaurou as emoções do homem. Jesus sempre nos dá o que precisamos!
- *Segundo*, Jesus curou o paralítico psicologicamente. Ele chamou o paralítico de "filho" (Marcos 2:5). Jesus levantou sua autoimagem. Aquele pobre paralítico era como uma cana quebrada, que vivia no desalento, dependendo de esmolas para sobreviver. Ele se julgava sem valor e sem prestígio. Não se sentia amado. Mas seus amigos investiram nele, e Jesus, o Senhor do universo, o chamou de "filho". Não é pouca coisa ser amado por Deus!
- *Terceiro*, Jesus curou o paralítico espiritualmente. Ele lhe disse: "os teus pecados estão perdoados" (Marcos 2:5). O pecado é a pior tragédia. Ele é a causa primária de todas as nossas mazelas. O pecado não perdoado é o maior amigo de Satanás e o pior inimigo do ser humano. O pecado é a pior doença. É o veneno doce que mata o corpo e a alma. O pecado é pior do que a solidão, que a pobreza, que a doença, que a própria morte. Todos esses males não podem nos separar de Deus, mas o pecado nos separa de Deus agora e na eternidade.

- *Quarto*, Jesus curou o paralítico fisicamente. Os pés do homem se firmaram, seus artelhos ganharam força, seus nervos atrofiados voltaram a funcionar, seus músculos explodiram com nova vitalidade e o homem entrevado saltou da sua cama cheio de vigor. A cura do paralítico foi imediata, completa, perfeita e gratuita.

Em segundo lugar, *o paralítico foi carregado e voltou carregando*. O paralítico precisou ser carregado, pois não tinha saúde, nem força nem ânimo. Contudo, recebeu ânimo, perdão, cura, força e dignidade. Jesus o restaurou publicamente, libertando-o física, emocional e espiritualmente. Jesus devolveu-o à sua família, à vida, à sociedade. Deixou de ser um peso para as pessoas e poderia carregar seu próprio leito.

Em terceiro lugar, *o paralítico foi buscar uma bênção e recebeu duas*. Aquele homem foi buscar cura e encontrou também salvação. Ele foi a Jesus para resolver um problema imediato e achou a solução para a eternidade. Ao ser colocado aos pés de Jesus, estava doente e perdido. Ao sair, estava curado e salvo.

Muitos são levados a Jesus por causa da enfermidade, depressão, desemprego, conflito conjugal e problema com os filhos. Mas quando chegam buscando uma bênção temporal, recebem de Jesus também o perdão dos pecados, a libertação e a salvação eterna.

RESULTADOS DO MILAGRE

Esse estupendo milagre produziu alguns resultados. Vejamos:

- Primeiro, *ele calou a boca dos críticos*. Jesus silenciou a objeção capciosa dos escribas. Ninguém pode se interpor no

CURA DO PARALÍTICO DE CAFARNAUM

caminho de Jesus e prevalecer. A voz dos críticos emudece diante do poder de Jesus para perdoar e curar.

- Segundo, *ele promoveu a glória de Deus*. Todos exaltaram a Deus, exceto os escribas. Quando a mão onipotente de Jesus age com poder, o nome de Deus é glorificado. Quando as obras de Deus são feitas na terra, o nome de Deus é glorificado no céu.

- Terceiro, *ele produziu temor nas multidões*. Quando Jesus operou esse milagre, houve grande admiração entre as pessoas. Mateus e Lucas dizem que as multidões ficaram "possuídas de temor" (Mateus 9:8; Lucas 5:26). A multidão ficou atônita, assombrada, fora de si.

- Quarto, *ele gerou alegria na família*. Jesus disse ao homem: "Levanta-te, toma o teu leito e vai para casa" (Lucas 5:24). Aquele que fora motivo de sofrimento em seu lar, agora volta para sua casa curado, restaurado, perdoado e salvo. Concordo com Charles Spurgeon quando ele escreve: "A restauração de um homem pela graça é mais comemorada em sua própria casa".[12]

---

[12] SPURGEON, Charles H. *O Evangelho segundo Mateus*, p. 149.

capítulo 8

CURA DO PARALÍTICO DE BETESDA

João 5:1-15

ERA FESTA EM Jerusalém. A cidade estava apinhada de gente. Caravanas de todas as cidades chegavam para celebrar. Enquanto a festa se desdobrava nas ruas da cidade, Jesus foi ao tanque de Betesda, onde havia uma multidão de enfermos, cegos, coxos e paralíticos, jogados em cinco pavilhões e alimentados por uma pálida esperança de cura. Andando no meio dessa gente amassada emocionalmente, sucateada pela dor, definhada física e espiritualmente, Jesus identificou um paralítico que estava enfermo havia trinta e oito anos.

O tanque de Betesda era uma espécie de hospital público da cidade. Conhecido como "Casa de Misericórdia", abrigava uma multidão de pacientes sem perspectiva de cura. Essa multidão era alimentada pela crença de que um anjo desceria em algum momento para agitar a água do tanque, e o primeiro que se lançasse na água seria curado.

Jesus caminha no meio dessa multidão e distingue um homem, um paralítico, entrevado em sua cama. A palavra grega usada para descrever os paralíticos significa literalmente "ressequidos;

paralisados; secos". Aparentemente, o homem curado por Jesus era um desses "ressequidos".[1]

Destacamos aqui alguns pontos importantes.

Em primeiro lugar, *o divino conhecimento de Jesus*. "Vendo-o deitado e sabendo que vivia assim havia muito tempo..." (João 5:6). Jesus distinguiu esse enfermo no meio da multidão. Aquele homem era a maquete da desesperança. Ele já não tinha mais sonhos para embalar. Sua causa estava totalmente perdida. Não foi ele quem viu a Jesus; foi Jesus quem o viu. Diferentes de outros que pediram para serem curados, esse homem não sabia quem Jesus era (João 5:13). Ele tampouco pediu ao Senhor que o curasse. Mesmo assim, Jesus o viu. Jesus viu o seu passado, a sua condição e o seu futuro. Viu que a causa da sua tragédia era o pecado da juventude. Viu que ele estava colhendo o que havia plantado. Viu uma triste história de pecado (João 5:14). Aquele homem não estava apenas preso à sua cama, mas também preso ao seu passado, às suas memórias amargas, à sua culpa.

Jesus olhou para a mulher samaritana e viu que ela estava vivendo em adultério. Jesus olhou para Zaqueu na árvore e viu que havia sede de Deus no seu coração. Jesus viu o amor às riquezas no coração do jovem rico. Viu a hipocrisia nas atitudes dos fariseus. Viu falsidade no beijo de Judas Iscariotes. Viu o arrependimento sincero no coração do ladrão na cruz. Jesus também está vendo a sua vida. Ele sabe qual é a sua doença. Nada pode ficar oculto aos olhos dele. Caim tentou fugir de Deus. Acã tentou encobrir o seu roubo. Davi tentou esconder o seu adultério. Mas o Senhor estava vendo.

---

[1] HENDRIKSEN, William. *João*, p. 253.

CURA DO PARALÍTICO DE BETESDA

Jesus sabia que aquele homem estava enfermo havia trinta e oito anos. Conhecia a causa do seu sofrimento. De igual forma, Jesus conhece a sua dor, a sua angústia, o seu vazio, a sua crise. Ele tem nas mãos o diagnóstico da sua vida. Jesus sabe há quanto tempo você vem sofrendo. Conhece a dor dos abandonados. Conhece a dor dos que carecem de esperança. Conhece os sonhos frustrados. Conhece a virulência do pecado que assola a vida, o peso da culpa que esmaga a consciência.

Esse texto mostra que o pecado é malianíssimo, porque esse homem sofria por causa do seu pecado. Jesus diz ao homem: "Olha que já estás curado; não peques mais, para que não te suceda coisa pior" (João 5:14). O comentarista bíblico William Hendriksen diz que os judeus relacionavam cada infelicidade a um pecado em particular. Foi assim que agiram os amigos de Jó, relacionando as aflições dele a supostos pecados de crueldade para com viúvas e órfãos (veja Jó 4:7; 8:20; 11:6; 22:5-10). No tempo de Jesus esse tipo de raciocínio ainda prevalecia. Concordo com o pastor Charles Swindoll quando ele diz que, nesse caso, existe sim uma relação entre pecado e doença. Teria se dado algo semelhante à quando uma mulher grávida abusa de álcool ou faz uso de drogas durante a gravidez: bebês nascem com problemas físicos não apenas porque Deus pune o pecado, mas porque as decisões insensatas da mãe geraram consequências negativas.[2]

O paralítico encontrava-se sem amigos, sem ajuda e sem esperança. Os anos passavam e ele continuava entregue à sua desventura, sem nenhum socorro. Esse é o preço do pecado. Muitos hoje ainda se apegam ao pecado que Deus abomina. Mas o pecado

---

[2] SWINDOLL, Charles. *Insights on John*, p. 112.

é uma fraude: promete prazer e paga com o desgosto; promete liberdade e escraviza; aponta um caminho de vida, mas seu fim é a morte!

Jesus nunca tratou a questão do pecado com leviandade. Ele não lidou com o pecado apenas como um tênue sentimento de culpa ou como um trauma psicológico. Para Jesus, o pecado é um desvio indesculpável da santa lei de Deus, que tem um efeito drástico sobre a alma, entranhado no coração, e não apenas verificável nas obras exteriores. Jesus ofereceu o único remédio eficaz para essa questão do pecado: seu perdão completo e restaurador. O perdão é a maior força curadora do mundo, ele cura as feridas do corpo e lanceta os abcessos da alma. Enquanto o pecado adoece e a culpa esmaga, o perdão cura e restaura.

Só Jesus tem poder para perdoar pecados. Só Jesus, mediante o seu sacrifício, pode libertar as pessoas. O perdão é algo que só Deus pode dar. Nenhum anjo no céu, nenhuma pessoa na terra, nenhuma igreja ou concílio, nenhum ministro ou denominação podem apagar da consciência do pecador o peso da culpa e dar a ele paz com Deus. Jesus tem autoridade para perdoar e para curar ainda hoje. Ele é o mesmo ontem, hoje e o será para sempre. Ele é o Jeová Rafá, aquele que sara. Ele levou sobre si as nossas dores e as nossas enfermidades. Pelas suas pisaduras nós somos sarados. Hoje, você pode ser liberto, perdoado, salvo e experimentar a alegria da salvação por meio de Jesus.

Em segundo lugar, *a divina compaixão de Jesus*. Jesus viu aquele homem com uma doença incurável. Era uma causa perdida. Por isso, Jesus foi ao encontro dele. Jesus o viu. Tomou a iniciativa. Abordou-o. Jesus abriu para ele a porta da esperança. Sentiu sua dor, seu drama.

CURA DO PARALÍTICO DE BETESDA

Talvez também você já não tenha mais forças para clamar. Talvez você já tenha desistido de esperar uma cura. Talvez você tenha encontrado apenas incompreensões e lutado sozinho por uma cura que não acontece. Jesus se importa com você e se compadece de sua vida. Talvez você pense que foi longe demais, e agora já não tem mais volta. Talvez já tenha batido em todas as portas e esteja cansado de esperar. Jesus vê você. Ele sabe o que está acontecendo com você e se importa com sua vida.

Oh, divina misericórdia! Jesus nos vê quando estamos prostrados, sozinhos, abandonados, sem ajuda, sem saída. Jesus nos vê quebrados, desanimados, conformados com o caos. Ele nos distingue no meio da multidão e se importa conosco. Há prazer na misericórdia! É o caminho para os pés perdidos. É a verdade para a mente inquieta. É a vida para os que estão mortos. É a luz para sua escuridão. É o pão para sua fome e a água para sua sede. É a paz para o seu tormento. Quando os nossos recursos acabam, somos fortes candidatos a um milagre de Jesus.

Aquele homem estava só. Não havia ninguém por ele. Não tinha saúde. Não possuía paz. A solidão era a marca da sua vida. Ele havia chegado ao fim da linha, ao fundo do poço. Quando se viu desamparado, Jesus lhe estendeu a mão.

O teólogo John MacArthur faz uma oportuna aplicação do texto em tela:

> Esse incidente ilustra perfeitamente a soberana graça de Deus em ação. De todos os enfermos presentes no tanque de Betesda, Jesus escolheu apenas esse paralítico. Não havia nada nesse homem que o fizesse mais merecedor do que os outros. Ele jamais havia procurado Jesus, mas mesmo assim Jesus se aproxima dele. Jesus não o escolheu porque

previu que ele teria fé para ser curado. Ele jamais demonstrou acreditar que Jesus iria curá-lo. A salvação acontece da mesma forma. Da multidão de pessoas mortas em seus delitos e pecados, Deus escolheu redimir seus eleitos não porque merecessem isso, nem porque previu que haveriam de crer, mas por causa de sua soberana graça.[3]

REQUISITOS PARA A CURA

Destacamos aqui duas verdades importantes.

Em primeiro lugar, *precisamos reconhecer nossas próprias doenças*. Jesus faz-lhe uma pergunta maravilhosa: "Queres ser curado?" (João 5:6). Essa pergunta parece óbvia demais. É natural que um doente queira ser curado. Mas por que Jesus perguntou? Para que o paralítico pudesse expor suas angústias.

Para ser curado, aquele homem precisava entender qual era seu problema. É preciso identificar quais as áreas de sua vida precisam de cura. Muitas pessoas não querem se apresentar como fracas. Querem fazer de conta que não existe nada de errado. Mas todos nós somos feridos. Ninguém vem de uma família perfeita. Todos possuímos feridas emocionais que precisam ser curadas: na área da família, dos relacionamentos, das perdas significativas.

Quando não saram de forma apropriada, as feridas emocionais são como as físicas: como farpas no coração, se não forem tiradas, produzem "pus emocional". Muita gente tem medo de tirar as farpas. Tem medo de enfrentar a doença. Tem medo de voltar ao passado. Mas as cicatrizes da cura são cicatrizes de vitória — como as cicatrizes das mãos e dos pés de Jesus.

---

[3] MACARTHUR, John. *John 1 – 11*, p. 175.

CURA DO PARALÍTICO DE BETESDA

Aquele enfermo precisava lidar com os dramas da sua consciência, com o abandono da família, a solidão, a amargura e a rejeição. À pergunta do Senhor, ele responde: "Senhor, não tenho ninguém" (João 5:7). Sua resposta foi uma declaração de abandono e de desesperança total. Pior do que a paralisia que prendia seu corpo a uma cama malcheirosa era a mágoa que corroía seu coração. Além de uma intransponível limitação física, o paralítico tinha profundos traumas emocionais.

Estes são os passos necessários para a cura:

1. admitir que você foi ferido e que há uma ferida no seu coração;
2. identificar a ferida;
3. perdoar as pessoas envolvidas nas suas feridas;
4. entregar sua causa a Jesus.

Jesus sabia qual era a doença daquele homem. Ele queria curá-lo, mas, antes disso, Jesus o tornou consciente da sua doença.

Em segundo lugar, *precisamos remover as farpas do coração*. Quando Jesus perguntou ao homem do tanque de Betesda se ele queria ser curado, esse homem lhe respondeu com uma evasiva: "Senhor, não tenho ninguém que me ponha no tanque, quando a água é agitada; pois, enquanto eu vou, desce outro antes de mim" (João 5:7). Ele poderia ter dito simplesmente sim ou não. Se a cura traz tantos benefícios, por que as pessoas apresentam tantas desculpas para serem curadas? Existem muitas razões.

- *Primeiro*, "Eu não tenho ninguém". "Sou vítima do esquecimento, abandono e ingratidão da família e dos amigos", dizem. Aquele homem de Betesda despejou a sua mágoa diante de Jesus. Além de doente do corpo, estava também com a alma enferma. Ele atribuía a sua falta de cura às pessoas. Os outros eram os responsáveis. Ele disse algo como: "Não fui curado porque não há ninguém que se interesse realmente por mim".

- *Segundo*, "Eu tenho medo". Será muito doloroso remexer o passado. O que passou, passou. O processo de cura dói. Muitas vezes significa olhar para trás e reparar danos, recordar experiências dolorosas: um abuso sexual, a falta de amor do pai ou da mãe, as cenas de violência, o abandono. Cada pessoa tem farpas que causam dor, e é preciso recordá-las para haver cura. Não adianta tapar uma ferida. É preciso limpá-la.

- *Terceiro*, "Eu não posso perdoar". "Perdoar? Mas eu fui a vítima!" O perdão liberta e cura. A mágoa adoece. A falta de perdão torna a vida um inferno. Quem não perdoa não tem paz. Quem não perdoa não ora, não adora, não é perdoado. Quem não perdoa adoece. Quem não perdoa é entregue aos verdugos. Não espere a pessoa que o feriu mudar. Perdoe essa pessoa. Fique livre!

- *Quarto*, "Eu não posso esquecer". Esquecer? Deus tem um lugar específico para colocar as nossas lembranças: o mar do esquecimento (Miqueias 7:19). Esquecer não significa fazer de conta que nada aconteceu. Significa viver além do que aconteceu. Esquecer é não sofrer nem cobrar mais a dívida da pessoa que o feriu. Perdoar é lembrar sem sentir dor.

CURA DO PARALÍTICO DE BETESDA

Você quer ser curado? Deus nos chama para viver em sanidade e em santidade. A única diferença entre sanidade e santidade é um "T", que é um símbolo da cruz de Cristo. Se não sararmos, ainda que vamos para o céu (como aleijados emocionais), não viveremos tudo o que Deus tem para nós aqui na terra.

JESUS CURA O PARALÍTICO

Quatro verdades devem ser destacadas aqui.

Em primeiro lugar, *uma pergunta maravilhosa*. Jesus pergunta ao paralítico: "Queres ser curado?" (João 5:6). Há uma promessa embutida nessa pergunta. A própria pergunta torna-se um chamado à fé. É como se Jesus estivesse dizendo: "Em tua precariedade, confia-te a mim, que tenho o poder de te ajudar".[4] Essa pergunta nos enseja algumas reflexões.

- *Primeiro*, não importa há quanto tempo você está sofrendo. A mulher hemorrágica sofreu doze anos. A mulher encurvada andou dezoito anos corcunda. Esse homem estava doente havia trinta e oito anos. Jesus viu um homem cego de nascença. Jesus levantou um morto da sepultura. Ele curou a todos. Ele pode curar você também.
- *Segundo*, não importa a gravidade do seu problema. Trinta e oito anos de sofrimento. Mas Jesus pergunta: "Você quer ser curado?" Lázaro já cheirava mal. Mas Jesus ordenou: "Vem para fora!" (João 11:43).
- *Terceiro*, não importam as desastradas consequências do seu problema. Sua saúde acabou, seu nome foi jogado na lama,

---

[4] BOOR, Werner de. *Evangelho de João*. vol. 1, p. 125.

112 OS MILAGRES DE JESUS

sua família está arrebentada. Jesus pode pegar os cacos e fazer tudo novo. Ele transformou uma mulher possessa, Maria Madalena, e fez dela a primeira missionária da sua ressurreição. Ele transformou a mulher samaritana, com cinco casamentos fracassados, e fez dela uma embaixadora de boas-novas.

- *Quarto*, não importa quão desesperançado você esteja. O homem paralítico disse a Jesus: "Não tenho ninguém". Mas Jesus estava presente. Ele pode tudo. Ele é o Senhor das causas perdidas.

- *Quinto*, não importam quantas tentativas fracassadas você já tenha experimentado. Todo ano aquele homem via gente sendo curada, e ele continuava mofando em seu leito. Jesus não veio lhe oferecer outra tentativa. Jesus foi até ele com a cura.

Em segundo lugar, *uma ordem maravilhosa*. "Levanta-te, toma o teu leito e anda" (João 5:8). Jesus não pregou. Não corrigiu a teologia do paralítico. Não fez uma palestra sobre a graça. Pessoas que têm falta de esperança não precisam de mais conhecimento; precisam de compaixão. Jesus deu ao homem o que lhe faltava e aquilo de que ele desesperadamente necessitava. Deu a ele graça em forma de uma ordem: "Levanta-te, pega a tua maca e anda".[5]

A primeira palavra, "Levanta-te", sugere a necessidade de resolução e ação imediatas. "Pega a tua maca" lembra o paralítico que ele não precisará pensar em recaída, nem fazer provisão para uma volta ao velho gênero de vida, nem temer o futuro, mas

---

[5] SWINDOLL, Charles. *Insights on John*, p. 110.

CURA DO PARALÍTICO DE BETESDA

apenas confiar em Cristo. "Anda" declara a necessidade de passar logo a experimentar a nova vida que Cristo outorga.[6]

Jesus dá a ordem e também o poder para cumpri-la. Jesus dá o que ordena, e ordena o que Ele quer. Nas palavras do teólogo Werner de Boor, "é uma ordem criadora, que torna possível o impossível que exige".[7] Uma ordem de Cristo sempre encerra uma promessa. Ele sempre nos capacita a executar suas ordens. A Palavra de Jesus tem poder. A natureza lhe obedece, os ventos ouvem sua voz, o mar escuta suas ordens, os anjos obedecem a seu comando, os demônios batem em retirada diante de sua autoridade. Ele tem toda a autoridade no céu e na terra.

Em terceiro lugar, *um resultado maravilhoso*. William Hendriksen diz que, quando Jesus emitiu sua ordem, uma força e um vigor renovados tomaram conta do corpo daquele homem; e ele, tomando o seu leito, pôs-se a andar.[8]

O milagre de Jesus foi imediato, completo e público. A cura que Jesus oferece não é parcial nem gradual. Jesus não apresenta meias soluções. Ele não usa artifícios para enganar.

Em quarto lugar, *uma advertência maravilhosa*. O homem não conhecia aquele que o havia curado. Um pouco depois, encontra-se com Jesus no templo, que o adverte: "não peques mais, para que não te suceda coisa pior" (João 5:14). O ministro presbiteriano Charles Erdman coloca essa advertência nas seguintes palavras:

---

[6] ERDMAN, Charles. *O Evangelho de João*, p. 50-51.
[7] BOOR, Werner de. *Evangelho de João*. vol. 1, p. 126.
[8] HENDRIKSEN, William. *João*, p. 256.

> Trinta e oito anos de padecimentos, ocasionados pelo pecado, podiam parecer bastantes para fazer o homem acautelar-se de, outra vez meter-se debaixo do seu jugo. A triste verdade, porém, é que, por mais que o pecado faça sofrer, ninguém por isso o detesta; entretanto, não deixa de sentir as agonias das suas consequências. Nossa única segurança está na submissão de nossa vontade ao Salvador.[9]

Não há doença incurável para o Médico dos médicos. Não há vida irrecuperável para Jesus. Ele cura, liberta, perdoa e salva. Talvez você esteja vivendo o drama do abandono, com a esperança morta, amassado emocionalmente, à espera de um milagre que se adia. Hoje mesmo Jesus pode mudar a sua sorte e dar a você paz e salvação eterna.

---

[9] ERDMAN, Charles. *O Evangelho de João*, p. 51.

capítulo 9

CURA DO HOMEM DE MÃO ATROFIADA NA SINAGOGA

Mateus 12:9-14; Marcos 3:1-6; Lucas 6:6-11

HÁ DOIS TIPOS de religião no mundo: a religião da vida e a religião da morte. A primeira tem como finalidade adorar a Deus e salvar o ser humano; a segunda, é prisioneira de ritos e escraviza as pessoas. A primeira adora a Deus e serve aos indivíduos; a segunda, centraliza-se em regras humanas e oprime os aflitos. Jesus nos ensina sobre a verdadeira religião, a religião da vida.

Para Jesus, a religião consistia em servir a Deus e ao próximo; para o fariseu, era um ritual que consistia em obedecer a certas leis e normas.[1] A religião judaica havia transformado a vida em um fardo pesado, e os ritos sagrados, em instrumentos de tristeza e opressão. Um desses ritos era o sábado. O sábado judaico se tornara uma ferramenta de opressão nas mãos dos legalistas. Em vez de ser um deleite, o sábado se tornara o carrasco das pessoas. Tornara-se um fardo insuportável em vez de um elemento terapêutico. Ele era um fim em si mesmo em vez de ser um instrumento de bênção para o ser humano. Os escribas e fariseus

---

[1] BARCLAY, William. *Marcos*, p. 82-83.

tinham acrescentado regras sobre a maneira correta de guardar o sábado, tornando sua observância um fator escravizante e opressor.

Jesus não aboliu a lei do sábado. Tão somente Ele a liberou das interpretações incorretas, purificando-a de adições inventadas pelos homens. Jesus não arrancou do Decálogo o quarto mandamento. Apenas o desnudou das miseráveis tradições com as quais os fariseus haviam incrustado o dia, transformando-o em uma carga insuportável, em vez de ser uma bênção.[2]

Deus deu a lei do sábado a Israel no Sinai (Neemias 9:13-14) e fez desse dia um sinal entre Ele e a nação (Êxodo 20:8-11; 31:12-17). O sábado é uma lembrança da conclusão da "antiga criação", enquanto o dia do Senhor lembra a obra consumada de Deus em sua "nova criação". O sábado refere-se ao descanso depois do trabalho e é relacionado à lei, enquanto o dia do Senhor se refere ao descanso antes do trabalho e é relacionado à graça.[3]

Os Evangelhos registram sete confrontos entre Jesus e os fariseus a respeito do sábado. Da mesma forma, registram sete casos de curas milagrosas de Jesus em dia de sábado. Jesus foi categórico ao afirmar que o sábado foi criado para o homem, e não o homem para o sábado (Marcos 2:27). No propósito de Deus, o sábado é uma instituição da misericórdia, que deve servir ao ser humano para o bem, para repouso e restauração, para bênção e santificação. Deus deseja abençoar, presentear e alegrar por intermédio do sábado. O ser humano não foi criado por Deus para ser vítima e escravo do sábado, mas o sábado foi criado para

---

[2]RYLE, John Charles. *Meditações no Evangelho de Mateus*, p. 83.
[3] WIERSBE, Warren W. *Comentário bíblico expositivo*. vol. 5, p. 245.

que a vida do ser humano fosse mais plena e feliz. Na verdade, o sábado foi instituído para ser uma bênção para o homem: para mantê-lo saudável, útil, alegre e santo, dando-lhe condições de meditar calmamente nas obras do seu Criador, podendo deleitar-se em Deus (Isaías 58:13-14) e olhar adiante, com grande expectativa, para o repouso que resta para o povo de Deus (Hebreus 4:9).[4]

Os fariseus, porém, distorciam o benefício de Deus, transformando-o em flagelo. Concordo com William Hendriksen quando ele diz que, por meio de seu legalismo excessivamente minucioso, esses homens estavam constantemente sepultando a lei de Deus debaixo do pesado fardo de suas tradições.[5] As leis que cresceram em volta do sábado eram volumosas. Essas leis oprimiam as pessoas em vez de oferecer a elas um descanso para a alma. As cercas do sábado, conforme construídas pelos fariseus, evoluíram de tal forma que impediam atos de misericórdia e até mesmo condenavam aqueles que realizavam esses atos, enquanto Deus sempre colocou a compaixão acima do ritual.[6]

JESUS NA SINAGOGA

Jesus não veio quebrar a lei, mas a cumprir (Mateus 5:17). Por isso, frequentava as sinagogas aos sábados. Ali as pessoas se reuniam para orar e estudar a lei. Três fatos merecem destaque acerca da presença de Jesus nessa sinagoga.

---

[4] HENDRIKSEN, William. *Marcos*, p. 144.
[5] Idem. *Mateus*. vol. 1, p. 13-14.
[6] HOVESTOL, Tom. *A neurose da religião*, p. 148, 156.

Em primeiro lugar, *Jesus vai à sinagoga para ensinar*. Jesus é o Mestre dos mestres. Não é um alfaiate do efêmero, mas o escultor do eterno. Ele ensina a Palavra de Deus, e não a tradição dos homens. Ele ensina a verdade, e não arranjos jeitosamente preparados para manter as pessoas numa prisão legalista.

Em segundo lugar, *Jesus vai à sinagoga para sondar os pensamentos*. Os escribas e fariseus, como fiscais da vida alheia, foram à sinagoga não para orar a Deus e nem mesmo para ouvir a Palavra de Deus. Foram para observar se Jesus faria uma cura no sábado. Esses fiscais da vida alheia o seguiam por onde quer que Ele fosse a fim de encontrar um motivo para acusá-lo. Eles eram detetives, e não seguidores de Jesus. Eram acusadores, e não adoradores. Eles não estavam na sinagoga para adorar a Deus nem para aprender a sua Palavra. Eles não estavam na sinagoga para buscar a Deus nem para ajudar o próximo. Eles foram à Casa de Deus para criticar e acusar em vez de alegrar-se com a libertação dos cativos. Esses espiões da fé só conseguem olhar para os outros, e não para si mesmos. Transformam a verdade em mentira e atacam aqueles que não se enquadram dentro de sua míope cosmovisão. Seus pensamentos foram devassados por Jesus. Aquele que tudo vê, tudo conhece e a todos sonda tirou-lhes a máscara e expôs a intenção maligna deles.

Há muitas pessoas que ainda hoje lotam as igrejas não para adorar a Deus, mas para observar a vida alheia e criticar o pregador. Muitos vão à igreja e saem libertos, salvos e perdoados; outros, vão e saem piores, mais duros e mais culpados.

Em terceiro lugar, *Jesus vai à sinagoga para curar o enfermo*. Os escribas e fariseus estavam preocupados com rituais; Jesus, com a vida de um homem. Eles se importavam com o dia. Jesus,

CURA DO HOMEM DE MÃO ATROFIADA NA SINAGOGA **119**

com a prática do bem nesse dia. Na sinagoga estava um homem doente, encolhido, machucado pela vida, com a mão direita seca. O melhor que ele tinha estava seco e mirrado. Ele vivia rendido ao complexo de inferioridade, incapacitado de trabalhar. Possivelmente aquele homem foi levado pelos próprios fariseus, com o objetivo de criar uma armadilha para acusarem Jesus.[7]

Jesus não apenas ensinava a Palavra, Ele também socorria aos aflitos. Ele não via as pessoas apenas como um auditório, mas como vidas que precisavam ser socorridas em suas aflições. Jesus curou o homem da mão ressequida, ainda que isso tenha despertado a fúria dos fariseus contra Ele.

O ministério de ensino não pode ser separado do ministério de socorro. Precisamos falar e fazer, ensinar e agir. Há pessoas mirradas ainda hoje no meio da congregação, gente com deformidades físicas, emocionais e morais. Gente que carrega o peso dos traumas e das avassaladoras deficiências.

QUANTO VALE UMA VIDA PARA OS FARISEUS?

O texto nos mostra que os fariseus não valorizavam a vida humana. Destacamos três fatos.

Em primeiro lugar, *eles davam mais valor aos rituais que à vida humana*. Jesus já havia ensinado que o sábado fora criado por causa do homem e que Ele era o Senhor do sábado, mas os fariseus se importavam mais com suas tradições que com a vida humana. Os fariseus não viram a carência do homem doente na

---

[7] MCGEE, J. Vernon. *Mark*, p. 44.

sinagoga, mas encontraram nele uma oportunidade de acusar Jesus de violar o sábado. Era mais importante para eles proteger suas leis do que libertar um homem do sofrimento.[8]

É importante enfatizar que o zelo deles não era pela Palavra de Deus, mas pela tradição dos homens. Eles haviam acrescentado 39 regras ao que não poderia ser feito no sábado, e entre elas estava a cura de um enfermo. Só o que colocava a vida em risco seria uma exceção.[9] Os fariseus estavam valorizando muito mais os rituais criados pelos rabinos do que a ordem divina de amar e zelar pelo bem-estar do próximo.

O entendimento embotado dos fariseus, ao verem Jesus curando um homem no sábado, levou-os à conclusão de que a autoridade de Jesus não procedia de Deus. Mas Jesus revelou que suas tradições eram ridículas. Deus é Deus de pessoas, não de tradições engenhosamente fabricadas pelos homens. O melhor tempo para socorrer alguém é quando este está passando por uma necessidade.

Antes de defendermos nossas tradições, precisamos perguntar: elas servem aos propósitos de Deus? Revelam o caráter de Deus? Ajudam as pessoas a entrar na família de Deus ou as mantêm fora dessa relação? Têm fortes raízes bíblicas? Tradições saudáveis precisam passar por esses testes.

Em segundo lugar, *eles davam mais valor à aparência do que à verdade*. Eles estavam de espreita para acusar Jesus caso Ele curasse o enfermo. Consideravam isso um pecado mortal. Eles atacaram Jesus por fazer o bem, mas saíram da sinagoga para tramarem a

---

[8] BARTON, Bruce B. "Mark", p. 70.
[9] POHL, Adolf. *Evangelho de Marcos*, p. 126.

CURA DO HOMEM DE MÃO ATROFIADA NA SINAGOGA **121**

sua morte. Eles achavam que Jesus estava quebrando o sábado ao fazer o bem, mas não se viam transgressores do sábado ao praticarem o mal.

Eles coavam um mosquito e engoliam um camelo. Eram mais leais ao seu sistema religioso do que a Deus. O que era pior: restaurar a saúde de uma pessoa enferma no dia do sábado, como Jesus fez, ou tramar a morte e alimentar ódio por uma pessoa inocente, como os fariseus estavam para fazer? Deveria Jesus se envergonhar por fazer o bem? E eles, não deveriam se envergonhar por planejarem o mal?

Jesus apanhou os fariseus com uma pergunta perturbadora: "É lícito nos sábados fazer o bem ou fazer o mal? Salvar a vida ou tirá-la?" (Marcos 3:4; Lucas 6:9). Diante dessa situação, eles nada responderam, mas saíram para agir com maquinação diabólica contra Jesus. Nenhum cristão deve hesitar em fazer o bem no dia do Senhor. O exercício da misericórdia, a cura do enfermo e o alívio da dor do aflito devem ser praticados sem receio.

Em terceiro lugar, *eles davam mais valor a um animal do que ao ser humano* Os fariseus haviam perguntado a Jesus se era lícito curar no sábado (Mateus 12:10), ao que Jesus respondeu: "Qual dentre vós será o homem que, tendo uma ovelha, e, num sábado esta cair numa cova, não fará todo o esforço, tirando-a dali? Ora, quanto mais vale um homem que uma ovelha? Logo, é lícito, nos sábados, fazer o bem" (v. 11-12).

Os fariseus socorriam uma ovelha, mas não um homem. Eles davam mais valor a um animal que a um homem doente. Eles tinham mais compaixão de uma ovelha do que de uma pessoa. Valorizavam mais os ritos, os animais e o dinheiro do que o ser humano.

QUANTO VALE UMA VIDA PARA JESUS

Destacamos três aspectos da valorização de Jesus à vida humana.

Em primeiro lugar, *uma vida vale mais do que o legalismo religioso*. Os escribas e fariseus estavam preocupados com leis e ritos sagrados engendrados por eles mesmos, e não com a salvação dos perdidos. A religião deles oprimia em vez de libertar. Quanto mais zelosos da religião, mais longe de Deus e das pessoas. Eles se julgavam melhores do que os outros mortais. Eles tinham medo de se envolver com as pessoas necessitadas.

Jesus tocou no âmago da questão quando perguntou aos fariseus: "É lícito nos sábados fazer o bem ou fazer o mal? Salvar a vida ou tirá-la?" (Marcos 3:4). Jesus não revogou a lei, mas a interpretou com autoridade. Jesus traz o sábado para a sua luz, enfatizando que o bem sempre deve ser feito no sábado, e o mal, proibido. O teólogo alemão Adolf Pohl comenta:

> Para Jesus, o sábado é para fazer o bem. O sábado pretende ser uma festa de amor a Deus e aos outros [...]. O essencial do descanso objetivado por Deus não consiste em estar livre do fazer, mas em estar livre do fazer sob a pressão da produtividade [...]. Quem está preocupado só em não fazer nada no dia de descanso é culpado de parar de fazer o bem. Contudo, onde se para de fazer o bem, não surge um espaço sem ação, mas o mal entra desfilando.[10]

---

[10] POHL, Adolf. *Evangelho de Marcos*, p. 126-127.

CURA DO HOMEM DE MÃO ATROFIADA NA SINAGOGA **123**

Os fariseus transformaram o lícito em transgressão e o ilícito em liturgia. A intenção de Jesus de curar confronta a intenção dos fariseus de matar. O sábado deles não tem mais poder para curar, só para matar. Na defesa do sábado, eles o transgrediam da forma mais gritante.

Em segundo lugar, *uma vida vale mais do que os bens materiais*. Os escribas e fariseus estavam prontos a resgatar uma ovelha que caísse em um buraco no sábado, mas não aceitavam que aquele homem fosse curado no mesmo dia. Para eles, uma ovelha valia mais que um ser humano. Hoje, muitos valorizam mais as coisas que as pessoas. Usam as pessoas e amam as coisas. Hoje, a sociedade valoriza mais o ter do que o ser. Temos mais pressa em ganhar dinheiro do que em ver os perdidos alcançados. Temos mais pressa em cuidar dos animais do que das almas que perecem. Tem gente que ama mais um cachorrinho de estimação do que as pessoas doentes, necessitadas e aflitas.

Em terceiro lugar, *uma vida vale a sua própria vida*. Jesus sabia que a cura daquele homem da mão mirrada desencadearia uma perseguição a Ele, que culminaria em sua morte na cruz. A partir daquele sábado, os fariseus começaram a perseguir Jesus e a orquestrar com os herodianos a sua morte (Marcos 3:6). Os herodianos eram um partido político judeu radical que esperava restaurar ao trono a linhagem de Herodes, o Grande. Eles apoiavam o domínio de Roma sobre a Palestina e, assim, estavam em direto conflito com os líderes judeus. Os fariseus e herodianos não tinham nada em comum até Jesus ameaçá-los. Jesus ameaçou a autoridade dos fariseus sobre o povo, e ameaçou os herodianos ao falar do seu reino eterno. Desse modo, esses inimigos historicos se uniram para tramarem a morte de Jesus.[11] As rivalidades foram esquecidas momentaneamente, e unidas por seu ódio contra o Senhor.

Adolf Pohl diz que o amor de Jesus pelo ser humano deformado é maior que a preocupação com sua própria segurança.[12] Jesus se dispôs a morrer para salvar aquele homem. Jesus estava dizendo que valia a pena dar a sua vida para que aquele homem fosse liberto. Jesus deu a sua vida por você. Ele se entregou por você. A fim de trazer liberdade e vida, Ele tinha de morrer. Morrendo, Ele realizou sua missão.

Sua morte nos trouxe vida. Ele não poupou a sua própria vida. Ele foi perseguido, preso, açoitado, cuspido, surrado, humilhado, crucificado por amor a você. Ele suportou a cruz com alegria, não levando em conta sua ignomínia para salvá-lo.

O MÉTODO USADO POR JESUS PARA CURAR O HOMEM

Destacamos cinco aspectos do método usado por Jesus.

Em primeiro lugar, *Jesus relevou os motivos secretos do coração dos críticos*. Jesus não apenas está presente na sinagoga, Ele também está examinando os corações. Seus olhos são como chama de fogo (Apocalipse 1:14; 2:18). Jesus não vê apenas nossa presença, mas investiga nossas motivações. Ele sonda nosso coração, perscruta nossa consciência. Ele discerne, no meio da assembleia, o crítico e o atrofiado.

O conhecimento de Jesus o levou a ter dois sentimentos:

---

[11] BARTON, Bruce B. "Mark", p. 74.
[12] POHL, Adolf. *Evangelho de Marcos*, p. 126.

- Primeiro, *indignação*. Jesus sentiu-se indignado com aqueles que não valorizavam a vida nem a salvação dos perdidos. Ele sentiu indignação com a dureza do coração dos fariseus. A ira de Jesus sempre indica a presença do satânico. Jesus usou sua ira para encontrar soluções construtivas e corrigir o problema, curando o enfermo,[13] em vez de usá-la para destruir as pessoas.
- Segundo, *compaixão*. Jesus sentiu compaixão por aquele homem que tinha a mão direita mirrada, e também se condoeu da dureza do coração dos seus críticos. De acordo com os tempos verbais usados no texto em grego, o olhar irado ou indignado de Jesus foi momentâneo, enquanto sua profunda tristeza foi contínua.[14]

Em segundo lugar, *Jesus encorajou o homem da mão atrofiada a assumir publicamente sua condição.* Esse homem tinha um defeito físico notório. O médico Lucas nos informa que sua mão direita estava ressequida (6:6). A palavra "ressequida", no grego, traz a ideia de "secar, ficar seco; murchar, ficar murcho". Isso talvez demonstre que a doença não era de nascimento, mas resultado de lesões causadas por acidente ou por enfermidade.[15]

Esse homem sofria não apenas fisicamente, mas, também, emocionalmente. Seu problema era uma causa perdida para a medicina, um problema insolúvel para os homens. Aquele homem estava prostrado, caído, cabisbaixo, derrotado, vencido

---

[13] BARTON, Bruce B. "Mark", p. 74.
[14] HENDRIKSEN, William. *Marcos*, p. 155.
[15] RIENECKER, Fritz; ROGERS, Cleon. *Chave linguística do Novo Testamento grego*, p. 70.

sem se expor no meio da sinagoga. Então Jesus lhe disse: "Levanta-te" (Lucas 6:8).

Antes da cura, é preciso assumir a condição de doente. Não se esconda, rompa com os embaraços, saia da caverna, do anonimato. Reconheça suas necessidades e declare-as publicamente.

Em terceiro lugar, *Jesus encorajou o homem da mão atrofiada a vencer os seus complexos*. Jesus lhe disse ainda: "Vem para o meio". Aquele homem vivia se escondendo. Tinha vergonha da sua mão seca. Tinha complexos de inferioridade. Tinha vergonha do seu corpo. Tinha traumas não curados. Ele vivia na periferia, escanteado, se escondendo por causa de suas emoções amassadas e de uma autoestima achatada. Antes de nos curar, Jesus quer que nos despojemos de toda máscara.

Em quarto lugar, *Jesus encorajou o homem da mão atrofiada a exercitar sua fé*. Ele ordenou: "Estende a mão" (Marcos 3:5). Aquela era uma causa perdida, mas Jesus lhe dá uma ordem. Aquele homem deveria exercitar sua fé e fazer o impossível mediante a Palavra de Jesus. A fé precisava ser exercida. Aquilo que ele nunca conseguira fazer, agora fará em obediência à ordem expressa de Jesus. A fé crê no impossível, toca o intangível e toma posse do impossível!

Em quinto lugar, *Jesus realizou na vida do homem da mão atrofiada um grande milagre*. À semelhança do que aconteceu com o leproso da Galileia e com os paralíticos de Cafarnaum e Betesda, Jesus devolveu a esse homem sua vida. O evangelista Marcos nos informa que no mesmo momento que o homem atendeu à ordem de Jesus, a sua mão foi restaurada: "[...] disse ao homem: 'Estende a mão'. Estendeu-a e a mão lhe foi restaurada" (3:5). À ordem de Jesus, o membro crispado relaxou-se, o que estava imóvel se moveu. Jesus curou sua autoestima e seu corpo. A cura foi instantânea e completa. Tratamentos subsequentes e outros exames não se fizeram mais necessários.

Jesus não mudou. Ele tem todo poder e autoridade para sondar corações e curar enfermidades. Sua palavra tem a mesma autoridade hoje. Se você crer, algo extraordinário pode acontecer com você. Talvez seu caráter esteja mirrado. Talvez sua vida emocional esteja amassada e atrofiada. Talvez seus relacionamentos estejam ressecados e sem vida. Talvez seu casamento tenha perdido a alegria e o entusiasmo. Talvez sua vida financeira esteja mirrada e seca. Jesus pode dar vida nova ao que está morto, e vitalidade ao que está ressecado. A obediência a uma ordem de Jesus ainda produz milagres.

Esse episódio na sinagoga de Cafarnaum revela duas reações, dois auditórios, duas atitudes de Jesus e dois resultados: daquela sinagoga em que Jesus ensinou, um homem saiu curado e outros saíram cheios de inveja e ódio. O mesmo sol que amolece a cera, endurece o barro. Aquele que reconheceu sua necessidade saiu salvo, aqueles que estavam cheios de prejulgamento saíram mais endurecidos e mais perdidos.

Quem é você: mirrado ou crítico? Necessitado ou julgador? Como você vai sair desse episódio: curado, perdoado e salvo ou mais endurecido?

capítulo 10

CURA DO HOMEM CEGO E MUDO

Mateus 12:22-34; Marcos 3:22-30; Lucas 11:14-23

ESTA PASSAGEM ESTÁ presente em todos os Evangelhos Sinóticos. Lucas é o mais sucinto dos evangelistas. Ele informa que o endemoninhado era mudo; Mateus acrescenta que, além de mudo, era também cego.

Tanto Mateus como Marcos tratam da blasfêmia contra o Espírito Santo neste episódio em que Jesus confronta seus acusadores. Destacamos alguns pontos para reflexão. Marcos nada fala da cura, chamando aqui a atenção à acusação que os escribas fazem contra Jesus. Destacamos alguns pontos para reflexão.

A LIBERTAÇÃO DO ENDEMONINHADO

Jesus acabara de curar um endemoninhado cego e mudo. Ao sair o demônio, o homem passou a falar e a ver. Jesus mais uma vez demonstra seu poder sobre os poderes malignos. Os demônios estão debaixo de sua autoridade. Não podem resistir ao seu poder nem desobedecer às suas ordens. Os demônios não podem resistir à autoridade de Jesus, e a enfermidade não pode resistir ao poder dele. Tasker diz que o poder de Satanás já estava sendo desfeito e que a sua panóplia seria destruída por Aquele que estava armado com o poder de Deus, irresistível, afinal. O fúnebre dobrar dos sinos pelo príncipe do mal passou a ser ouvido quando o reino de Deus, no ministério de Jesus, o Messias, foi se tornando realidade entre os homens.

Diante desse sinal evidente do poder de Jesus, a multidão ficou admirada e começou a ponderar sobre o fato de que Jesus era o Messias: "E toda a multidão se admirava e dizia: 'É este, porventura, o Filho de Davi?'" (Mateus 12:23). Os sinais operados por Jesus eram uma confirmação de seu messiado.

A ACUSAÇÃO DOS ADVERSÁRIOS

A admiração da multidão desencadeou a hostilidade dos escribas e fariseus. Eles, tomados de inveja diante da crescente popularidade de Jesus, deram mais um passo no projeto de difamá-lo e impedir que o povo o seguisse. Já haviam censurado Jesus de ser blasfemo pelo fato de haver perdoado pecados (Marcos 2:7). Consideraram-no um transgressor do sábado (Lucas 6:7). Eles aliaram-se com os herodianos para matá-lo (Marcos 3:6). Agora, acusam Jesus não apenas de estar possesso de um espírito imundo, mas de estar dominado por Belzebu, o maioral dos demônios. Em vez de os líderes religiosos se alegrarem por ter Deus enviado o Redentor, rebelaram-se contra o Cristo de Deus e difamaram sua obra, atribuindo-a a Satanás.

Belzebu é a contração de dois nomes: *baal*, que significa "senhor"; e *zebu*, que significa "mosca": o senhor das moscas. Os escribas atribuíram as obras de Cristo não ao poder do Espírito Santo, mas à influência de Satanás. A acusação contra Cristo foi a seguinte: Jesus, habitado por Satanás e em parceria com o

CURA DO HOMEM CEGO E MUDO

maligno, estava expulsando demônios pelo poder derivado desse espírito mau.

Dizer que Jesus expulsava demônios em nome desse monstro horrível era de fato um pecado imperdoável contra o Espírito Santo. Os escribas estavam transformando a encarnação do Deus misericordioso, que visa redimir seu povo, em encarnação do maligno. Transformam Jesus em um Diabo que faz o bem, um Diabo ainda mais ardiloso.[1]

Os escribas e fariseus ouviram muitos ensinamentos e viram muitos milagres, mas a perversidade persistia. Queriam sinais. Desejavam provas. Buscavam evidências. Eles, porém, não estavam vendo por falta de luz, mas por falta de olhos espirituais. Eram cegos. Estavam perdendo a grande oportunidade de ouvir com os ouvidos da alma e ver com os olhos da fé. O Filho de Deus estava entre eles, mas permaneciam agarrados à incredulidade. O Messias havia chegado, e eles ainda queriam mais sinais. A lei e os profetas apontavam para Jesus, que estava entre o povo fazendo o bem e libertando os oprimidos do Diabo.

Para os escribas e fariseus, a expulsão de demônios não era uma legitimação divina suficiente de condição messiânica de Jesus. Eles queriam um sinal do céu. A exigência do sinal, porém, era tão somente um pretexto para justificar sua incredulidade. Jesus já tinha curado enfermos, purificado leprosos, ressuscitado mortos e eles ainda se mantinham reféns de seu coração endurecido. Até mesmo quando Jesus estava dependurado no madeiro, disseram: "Desça da cruz e creremos nele" (Mateus 27:42). O

---

[1] POHL, Adolf. *Evangelho de Marcos*, p. 142.

problema deles, assim, não era evidência suficiente, mas cegueira incorrigível.

Quão terrivelmente desastroso é o pecado da incredulidade! Ela rouba do povo as maiores bênçãos. Onde se rejeita o doador, a dádiva é sem sentido, talvez até prejudicial. Como um princípio geral, o poder segue a fé. Na maioria das vezes, Jesus operou maravilhas em resposta e em cooperação com a fé.

Jesus não estava disposto a fazer milagres onde as pessoas o rejeitavam por preconceito e incredulidade. Na ausência da fé, Jesus não poderia fazer obras poderosas, segundo o propósito de seu ministério, pois operar milagres onde a fé está ausente, na maioria dos casos, seria meramente agravar a culpa das pessoas e endurecer o coração delas contra Deus.

A incredulidade é o mais tolo e inconsequente dos pecados, pois leva as pessoas a recusarem a mais clara evidência, a fechar os olhos ao mais límpido testemunho, e ainda a crer em enganadoras mentiras. Pior de tudo, a incredulidade é o pecado mais comum no mundo. Milhões são culpados desse pecado por todos os lados.

A REFUTAÇÃO DE JESUS

Jesus refutou o argumento dos escribas contando-lhes duas parábolas com o mesmo significado: o reino dividido e a casa dividida. Com essas duas parábolas, Jesus mostra o quanto o argumento dos escribas era ridículo e absurdo. Satanás estaria destruindo sua própria obra e derrubando seu próprio império. Estaria havendo uma guerra civil no reino do maligno. Nenhum demônio pode ser expulso por outro demônio. O reino satânico

CURA DO HOMEM CEGO E MUDO

sucumbiria se Satanás guerreasse contra si mesmo e lutasse contra seus próprios ajudantes.[2] Não há poder onde há divisão.

O reino de Satanás é um sistema fechado. A aparência pluralista é ilusória. Contra Jesus, Pilatos e Herodes se uniram e se tornaram amigos (veja Lucas 23:12). Isso faz sentido: Satanás junta suas forças e não trabalha contra si mesmo. As forças do mal insurgem-se contra as do bem, e não umas contra as outras. O argumento dos adversários é desprovido de bom senso e prenhe de irracionalidade.

A improcedência das acusações contra Jesus tornou-se uma armadilha contra os próprios acusadores, pois Jesus argumenta: "E se eu expulso os demônios por Belzebu, por quem os expulsa vossos filhos? Por isso, eles mesmos serão os vossos juízes" (Lucas 11:19). Os filhos dos acusadores faziam o que Jesus estava fazendo, expelindo demônios. Se Jesus o fazia no poder de Belzebu, eles também o faziam. No entanto, ao expulsar demônios, Jesus não recorria aos meios e artifícios dos exorcistas judaicos, mas os expelia com o *dedo* de Deus (veja Êxodo 8:19), isto é, com o poder do Espírito Santo (Mateus 12:28). Basta que Jesus levante o dedo, e Satanás solta a sua presa. Esse modo de falar simboliza o reino e sua incondicional supremacia sobre Satanás. Assim, longe de aceitar a perversa e blasfema acusação dos escribas, Jesus explica que, em vez de ser aliado de Satanás e estar agindo na força dele, está saqueando sua casa e arrancando dele e de seu reino aqueles que estavam cativos. A libertação dos cativos pelo dedo de Deus é uma prova irrefutável da triunfal chegada do reino de Deus (Lucas 11:20).

---

[2] RIENECKER, Fritz. *Evangelho de Lucas*, p. 256.

A EXORTAÇÃO DE JESUS

Jesus explica sua vitória sobre Satanás e os demônios: "Quando o valente, bem armado, guarda a sua própria casa, ficam em segurança todos os seus bens. Sobrevindo, porém, um mais valente do que ele, vence-o, tira-lhe a armadura em que confiava e lhe divide os despojos" (Lucas 11:21-22). Jesus está ensinando algumas preciosas lições, como vemos a seguir.

- Primeiro, *Satanás é valente.* Jesus não nega o poder de Satanás nem subestima a sua ação maligna; antes, afirma que ele é um valente.
- Segundo, *Satanás tem uma casa.* Ele tem uma organização, e seus súditos estão presos e seguros nessa casa e nesse reino.
- Terceiro, *Jesus tem autoridade sobre Satanás.* Jesus é o mais valente. Ele tem poder para amarrar Satanás. Jesus venceu Satanás e rompeu o seu poder. Isso não significa que Satanás está inativo, mas sob autoridade. Por mais ativo e forte que seja Belzebu, ele não tem poder para impedir os acontecimentos, pois está amarrado. O seu poder foi seriamente diminuído pela vinda e obra de Cristo. Jesus venceu Satanás no deserto e triunfou sobre todas as suas investidas. Esmagou sua cabeça na cruz, triunfando sobre suas hostes (Colossenses 2:15). Satanás é um inimigo limitado e está debaixo da autoridade absoluta de Jesus.
- Quarto, *Jesus tem poder para libertar os cativos das mãos de Satanás.* Jesus não apenas amarra Satanás, mas, também, arranca de suas mãos os cativos. O poder que está em Jesus não é o de Belzebu, mas o do Espírito Santo. Satanás está sendo e continuará a ser progressivamente despojado dos seus "bens", ou seja, a alma e o corpo dos seres humanos.

CURA DO HOMEM CEGO E MUDO

Isso não somente por meio de curas e expulsões de demônios, mas principalmente por meio de um majestoso programa missionário (veja João 12:31-32; Romanos 1:16). Os milagres de Cristo, longe de serem provas do domínio de Belzebu, como se o maligno fosse o grande capacitador, são profecias de seu julgamento.

- Quinto, *o perigo da neutralidade*. É impossível ser neutro nessa guerra espiritual. Nessa tensão entre o reino de Deus e a casa de Satanás, não há campo neutro. Não há um reino intermediário entre o reino de Satanás e o reino de Deus. Ninguém pode ficar em cima do muro. A neutralidade representa uma oposição a Cristo. Há duas forças espirituais agindo no mundo, e devemos escolher uma delas. Satanás espalha e destrói, mas Jesus Cristo ajunta e constrói. Devemos fazer uma escolha e, se optarmos por não escolher um lado, já teremos decidido ficar contra o outro.

O ser humano está no reino de Deus ou no poder de Satanás (Atos 26:18). Está no reino da luz ou no império das trevas (Colossenses 1:13). É liberto por Cristo ou está na casa do valente (Lucas 12:29). Com respeito às coisas espirituais, não há neutralidade nem indecisão. O ser humano é escravo de sua liberdade. Ele não pode deixar de decidir. Até a indecisão é uma decisão, a decisão de não decidir. Quem não se decide por Cristo, decide-se contra Cristo. "Nesta luta contra as fortalezas de Satanás, só há dois lados, com Jesus ou contra Ele ou seja, ajuntar com Jesus ou espalhar com Satanás".[3]

---

[3] BARCLAY, William. *Mateo II*, p. 46-47.

capítulo 11

CURA DO SERVO DE UM CENTURIÃO

Mateus 8:5-13; Lucas 7:1-10

MATEUS RELATA DOIS milagres "gentios": a cura do servo de um centurião romano, que será tratada aqui, e a cura da menina siro-fenícia (15:21-28). Em ambos os casos, o Senhor ficou impressionado com a grande fé dos gentios. Além disso, nos dois milagres, o Senhor curou à distância.[1]

Lucas é o outro evangelista que relata este milagre. Mais do que os demais evangelistas, Lucas destaca o aspecto universal da salvação e deixa claro que Jesus veio não apenas para trazer salvação aos judeus, mas também aos gentios. Seguindo esse raciocínio, a cura do centurião aprofunda ainda mais o tema da salvação dos gentios na narrativa lucana. Previamente, a canção de Simeão descrevera o menino Jesus como "luz para revelação aos gentios" (2:32). Depois, João Batista disse: "toda carne verá a salvação de Deus" (3:6). A rejeição de Jesus na sinagoga de Nazaré

---

[1] WIERSBE, Warren W. *Comentário bíblico expositivo*. vol. 5, p. 40.

foi causada por sua referência aos gentios — a viúva de Sarepta e Naamã, o sírio (4:25-27).[2]

Em Mateus, esse é o segundo milagre que ocorre depois que Jesus desceu do monte das bem-aventuranças. Lucas o coloca após o sermão da planície. Jesus entra em Cafarnaum, o quartel-general de seu ministério, e tão logo chega, recebe o pedido veemente de um centurião em favor de um servo que estava em casa, sofrendo dores horríveis devido a uma paralisia. Jesus se dispõe a curá-lo, mas o centurião não se sente digno de receber Jesus em sua casa. Roga-lhe apenas que cure seu servo à distância. Jesus admira-se de sua fé e atende ao seu pedido. Imediatamente o servo fica curado.

A passagem em apreço ensina-nos sete lições, que passaremos a destacar.

UM HOMEM COM UMA GRANDE NECESSIDADE

O centurião era o capitão de uma corporação de cem soldados romanos. A centúria era a espinha dorsal do exército de Roma.[3] Em Cafarnaum havia um posto de fiscalização romano, pois essa cidade, situada na parte noroeste do mar da Galileia, estava na rota Damasco-Jerusalém.

Esse centurião não permitira que as demandas de seu trabalho endurecessem seu coração. Ele era amigo do povo que dominava, e amava o servo que estava a seu serviço. O amor desse centurião pelo seu escravo é digno de nota, pois, na lei romana, um escravo

---

[2] NEALE, David A. *Novo comentário bíblico Beacon*: Lucas 1—9, p. 206.
[3] BARCLAY, William. *Lucas*, p. 85.

era apenas uma ferramenta viva, sem nenhum direito. Seu dono poderia maltratá-lo e até sentenciá-lo à morte.[4]

Esse servo caiu gravemente enfermo. Estava à morte. Nenhum recurso da medicina da época pôde debelar sua doença. A morte o espreitava. Seu senhor, aflito, tem um problema urgente e sem solução.

A enfermidade sempre traz desconforto e sofrimento. Também revela a fragilidade e a impotência humanas. Há momentos em que nossas necessidades são tais que a ciência, o dinheiro e os recursos humanos são insuficientes para minorá-las e resolvê-las. É em um momento assim que esse centurião, despojando-se de qualquer vaidade, vai a Jesus, implorando em favor do seu criado.

UM HOMEM COM UMA GRANDE INICIATIVA

O centurião, reconhecendo sua impotência para socorrer o servo à beira da morte, ouve falar de Jesus. Escuta como Ele curava os enfermos, purificava os leprosos, dava vista aos cegos, audição aos surdos e voz aos mudos. Uma lâmpada de esperança se acende em sua alma e ele toma uma iniciativa imediata e urgente. Envia alguns anciãos judeus para pedir que Jesus vá à sua casa curar o servo. Ele não dá uma ordem, pede. Ele não exige, suplica. Reconhece que a única solução para o seu problema é Jesus e, por isso, recorre a Ele.

---

[4] BARCLAY, William. *Lucas*, p. 86.

UM HOMEM COM UMA GRANDE REPUTAÇÃO

Charles Spurgeon diz que há quem se tenha em baixa conta com razão, pois todos concordariam com essa avaliação. Outros se acham grande coisa, porém, quanto mais são conhecidos, menos são louvados; quanto mais inclinam a cabeça para o alto, mais o mundo se ri deles com desprezo. São bem poucos os que apresentam a feliz combinação da personagem do texto em foco.[5] Os anciãos dizem ser o centurião um homem digno. Ele, porém, afirma de si mesmo: "Não sou digno" (Lucas 7:6).

Os anciãos, pensando que Jesus era governado pelos mesmos preconceitos que os dominavam, suplicam-no com insistência para ir à casa do centurião. Argumentam com Jesus acerca da dignidade desse romano. Expõem diante dele dois argumentos eloquentes: ele é amigo do povo judeu e defende a religião judaica. O centurião havia construído a sinagoga de Cafarnaum com recursos próprios.

Isso contrasta com o sentimento comum daquela época, pois os romanos consideravam os judeus uma raça imunda. Esse centurião, embora fosse pagão e exercesse uma profissão odiada pelos judeus, era um homem piedoso, temente a Deus, que desfrutava de boa reputação entre o povo. Era um homem sinceramente religioso.

---

[5] SPURGEON, Charles H. *Milagres e parábolas do nosso Senhor*, p. 437.

UM HOMEM COM UMA GRANDE HUMILDADE

Jesus, ao ouvir a súplica do centurião, resolve imediatamente atender a seu pleito. Jesus nunca despreza um coração quebrantado. Aqueles que se achegam a Ele com humildade jamais são despedidos vazios.

Quando Jesus se aproxima da casa, o centurião envia amigos para lhe dizer: "Senhor, não te incomodes, porque não sou digno de que entres em minha casa. Por isso, eu mesmo não me julguei digno de ir ter contigo" (Lucas 7:6-7). Os anciãos disseram a Jesus que o romano era digno, mas ele mesmo não se sentia digno nem para ir a Jesus nem para recebê-lo em sua casa. Jesus, havia pouco, estendera a mão para tocar um leproso. Portanto, Ele jamais hesitaria em entrar na casa de um gentio.[6]

Um indivíduo humilde não promove sua própria dignidade nem ostenta suas virtudes. A grandeza da humildade não está em sua ostentação, mas no reconhecimento de sua insignificância. O autoelogio é uma negação da verdadeira humildade. A soberba cobre a cara de vergonha ao ser execrada pela humilhação, mas a humildade é elogiada e enaltecida pelo próprio Filho de Deus. O mesmo Deus que despreza os soberbos dá graça aos humildes, pois aquele que se exaltar será humilhado, mas o que se humilhar será exaltado.

UM HOMEM COM UMA GRANDE FÉ

O centurião ainda manda dizer ao Senhor: "[...] apenas manda com uma palavra, e o meu rapaz será curado. Pois também eu sou

---

[6] MOUNCE, Robert H. *Mateus*, p. 83.

homem sujeito à autoridade, tenho soldados às minhas ordens e digo a este: vai, e ele vai; e a outro: vem, e ele vem; e ao meu servo: faze isto, e ele o faz" (Mateus 8:8-9).

Ele era uma autoridade sobre os soldados de sua centúria e sobre os servos de sua casa. Ele dava ordens, e suas ordens precisavam ser cumpridas. Mas agora reconhece que Jesus possui uma autoridade maior que a sua. Sabe que Jesus tem autoridade sobre a doença que aflige seu servo. Dessa forma, ele demonstra uma fé simples, mas vigorosa, uma fé que não exige sinal, que não precisa de provas. O centurião não precisa ver para crer, como Tomé. Ele crê para ver. Ele sabe que Jesus pode curar à distância, e que uma ordem sua e a realidade são a mesma coisa. Sendo homem que exercia autoridade, ele se coloca debaixo da autoridade de Jesus, reconhecendo sua majestade e soberania.

O centurião tinha plena convicção de que tudo quanto Jesus quer, Ele pode. O homem sabia que a ordem era final e irrevogável. Tinha certeza de que os impossíveis humanos eram possíveis para Jesus.

UM HOMEM COM UM GRANDE ELOGIO

A humildade singela e a fé robusta do centurião produziram dois efeitos em Jesus. O primeiro foi surpresa e admiração; o segundo foi um elogio singular. Mesmo entre o povo de Israel, Jesus não identificou fé tão grande. O teólogo alemão Fritz Rienecker destaca:

> Ainda que diversos outros aspectos no oficial gentio fossem dignos de elogio, como, por exemplo, o amável cuidado

CURA DO SERVO DE UM CENTURIÃO

> com seu servo, o seu amor por Israel, a modéstia incomum para um romano e a comedida reserva, Jesus elogia, antes de tudo, única e exclusivamente, sua grande fé.[7]

As únicas duas vezes que Jesus destacou a grandeza da fé de alguém foi no caso desse centurião e da mulher siro-fenícia. Ambos eram gentios. Os Evangelhos informam somente duas ocasiões em que o Senhor se admirou: com a grande fé deste gentio em Cafarnaum e com a grande incredulidade dos judeus em Nazaré (Marcos 6:6). Ao dizer que "nem mesmo em Israel achei fé como esta" (Lucas 7:9), Jesus não está fazendo uma crítica a Israel. Ele achara, entre seu povo, pessoas que criam. Surpreendente, porém, era o fato de este gentio ter uma fé maior do que aquela que se achava entre os israelitas, o povo de Deus.[8]

Jesus aproveitou o ensejo para ensinar aos circunstantes que: "Digo-vos que muitos virão do Oriente e do Ocidente e tomarão lugares à mesa com Abraão, Isaque e Jacó no reino dos céus. Ao passo que os filhos do reino serão lançados para fora, nas trevas; ali haverá choro e ranger de dentes" (Mateus 8:11-12). Concordo com Spurgeon quando ele diz que o céu será preenchido. Se os prováveis não virão, os improváveis virão. Que inversão! O mais próximo é lançado fora, e o mais distante é aproximado. O centurião vem do campo até Cristo, e o israelita vai da sinagoga para o inferno.[9]

---

[7] RIENECKER, Fritz. *Evangelho de Lucas*, p. 173.
[8] MORRIS, Leon L. *Lucas*, p. 131.
[9] SPURGEON, Charles H. *O Evangelho segundo Mateus*, p. 129-130.

UM HOMEM COM UM GRANDE MILAGRE

A fé honra a Jesus, e Jesus honra a fé. Os emissários enviados pelo centurião, ao chegarem na casa deste, constataram o milagre da cura do servo. A cura foi imediata e completa. Ela se deu no momento que Jesus disse: "Vai-te, e seja feito conforme a tua fé" (Mateus 8:13). A cura foi em resposta à fé daquele gentio que, mesmo não se sentindo digno de receber Jesus em sua casa, foi achado digno de recebê-lo em seu coração. Fé não é apenas acreditar que Jesus pode, mas também, e sobretudo, que Jesus quer.

Jesus pode fazer o mesmo ainda hoje. Não desista de clamar em favor de sua família e de seus amigos. Não há problema insolúvel quando o entregamos aos pés do Senhor. Não há causa perdida quando a depositamos nas mãos de Jesus. O Senhor pode tudo quanto Ele quer. Cristo tem todo poder e autoridade no céu e na terra.

capítulo 12

RESSURREIÇÃO DO JOVEM DE NAIM

Lucas 7:11-17

NAIM ERA UMA pequena cidade da Galileia, próxima de Nazaré. Ali morava uma viúva, cujo filho único ficara doente e morrera. Uma multidão tomada de tristeza e dor acompanhava aquela mãe desolada rumo ao cemitério para sepultar o filho, seu consolo na vida e sua esperança de amparo na velhice. A morte havia colocado suas mãos geladas sobre o filho único de uma viúva. A dor lancinante enfiou seus tentáculos no coração daquela mãe, e lágrimas copiosas, como torrentes caudalosas, desabotoavam de seus olhos. Uma noite trevosa caiu sobre sua alma. Um sofrimento atroz a assolou. Ela chegara ao fim da linha. Sua causa estava perdida. Foi nesse momento que um grande milagre irrompeu em sua história.

Vemos nesse episódio o encontro de dois grupos: a caravana da vida e a caravana da morte; de dois filhos únicos: Jesus, o Unigênito do Pai, vivo, destinado a morrer, e o filho único da viúva, morto, destinado a viver; de dois sofredores: a viúva enlutada e Jesus, o homem de dores; e de dois inimigos: a morte, o último inimigo a ser vencido, e Jesus, aquele que matou a morte e arrancou seu aguilhão.[1]

O texto em tela fala sobre a caravana que saía de Naim, liderada pela morte, o rei dos terrores, e sobre a caravana que entrava em Naim, liderada por Jesus, o Autor da vida. Nessa pequena cidade, a aproximadamente 10 quilômetros ao sul de Nazaré e a 34 quilômetros de Cafarnaum,[2] a caravana da morte e a caravana da vida se encontram. Diante do coral da morte, o solo da ressurreição prevalece. A esperança brota do desespero, e o cenário mais doloroso se converte em cenário de exultante alegria. O Príncipe da paz é maior do que o rei dos terrores, e embora a morte, o último inimigo a ser vencido, seja poderosa, não é tão poderosa quanto o Amigo dos pecadores.[3]

Este é o milagre mais marcante de Jesus até esse ponto de seu ministério. É o primeiro milagre de ressurreição operado por Jesus. Algumas verdades devem ser destacadas no texto em apreço.

JESUS ENXERGA A NOSSA DOR

Este episódio registra três tragédias:

1. A morte de um jovem. Morrer na juventude era considerado uma grande tragédia;
2. A morte de um filho único. Essa tragédia é ainda maior;

---

[1] WIERSBE, Warren W. *Comentário bíblico expositivo*. vol. 5, p. 253.
[2] NEALE, David A. *Novo comentário bíblico Beacon*: Lucas 1—9, p. 214.
[3] RYLE, John Charles. *Meditações no Evangelho de Lucas*, p. 103.

3. A morte do filho único de uma viúva. Esse é o ponto culminante da tragédia.

A viúva sai para enterrar seu filho único. Deixa para trás sua esperança e tem pela frente apenas a solidão. Aquele esquife carrega não apenas o corpo de seu filho, mas também o seu futuro. O mundo dessa mulher desaba. É nesse momento que Jesus a distingue das demais pessoas que choram. Jesus sabe que a dor que ela está sentindo é diferente e avassaladoramente maior do que a dor de todas as demais pessoas.

Ainda que aquela mulher não conhecesse Jesus, ela se encontra no melhor lugar para derramar suas lágrimas: diante do Salvador. Ele conhece nossa dor e tem poder para enxugar nossas lágrimas.

JESUS SE COMPADECE DE NÓS EM NOSSA AFLIÇÃO

Essa viúva enlutada não pede nada, não espera nada. Está apenas mergulhada em sua dor, naufragando nas ondas revoltas de suas lágrimas. O luto é uma das aflições mais profundas da vida. Ninguém passa por esse vale com sorriso nos lábios ou festas na alma. É um cálice amargo, e não uma iguaria fina.

Jesus a enxerga na sua dor e se compadece dela. As entranhas de Jesus se movem, e Ele inclina seu coração cheio de ternura para ela. Ainda hoje, Jesus nos vê em nossa aflição e nos consola em nossa dor. Ele sabe o que estamos passando. Conhece nossa realidade e se identifica conosco em nosso sofrimento. O vale do luto é escuro e profundo, mas não o atravessamos sozinhos. O Senhor caminha conosco, acolhendo-nos em seus braços eternos, pois Ele é o Deus e Pai de toda consolação (2Coríntios 1:3-4).

JESUS ESTANCA AS NOSSAS LÁGRIMAS

O Senhor viu aquela mãe aflita. As lágrimas que escorriam por sua face inundavam também seu coração de grande desespero. Então Jesus lhe diz: "Não chores!" (Lucas 7:13).

Não há frase mais insensata para se proferir em um funeral do que esta: "Não chores". Como não chorar diante da morte? Como não chorar diante de perda tão radical? Como não chorar diante de dor tão cruel? Funeral é lugar de choro. A morte traz sofrimento e dor. As lágrimas são esperadas numa hora do luto.

Todos nós sabemos o que é viver numa masmorra de lágrimas. Choramos amargamente, e isso desde que entramos no mundo. Nossa jornada é uma jornada de lágrimas. Só Deus tem poder para enxugar nossas lágrimas e estancar a dor que as provoca.

Porém, aquele queque nos ordenou — "Não chores" — é o que tem poder para estancar as lágrimas. Seu poder não é apenas para consolar nossa dor, mas também para colocar um ponto final na causa do nosso choro. Jesus é maior que a nossa dor. Mesmo que nosso peito seja surrado por um sofrimento avassalador, Ele é poderoso para nos consolar. Ele é nosso refúgio na tribulação. Na tempestade, temos em Jesus uma âncora firme, um porto seguro.

JESUS TRIUNFA SOBRE A MORTE QUE NOS ESPREITA

Jesus não se afasta; Ele chega mais perto. Jesus toca o esquife. Ele para os que conduziam o enterro e carregavam o morto. Jesus chama o morto e lhe dá uma ordem: "Levanta-te" (Lucas 7:14). Aquele que é a ressurreição e a vida tem poder sobre a morte. A morte escuta a sua voz. Quando Jesus chega, a morte precisa bater em retirada. O mesmo Jesus que ressuscitou esse jovem trará à vida todos os mortos no último dia (João 5:28-29).

Quando Jesus está conosco, não existe causa perdida. Quando Jesus está conosco, não precisamos nos impressionar com os sinais da morte. Quando Jesus vai conosco, a morte não tem a última palavra.

JESUS NOS DEVOLVE A ESPERANÇA

A vida entrou no jovem e ele se assentou. O silêncio da morte foi vencido, e o jovem que estivera morto passou a falar. Então, Jesus o restituiu à sua mãe, em cujo coração a esperança voltou a brilhar. O impossível tornou-se realidade. A vida desfraldou suas bandeiras. O choro doído foi trocado pela alegria indizível. As vestes mortuárias foram deixadas para trás.

A esperança é o combustível que nos alimenta em nossa jornada rumo ao futuro. Sem esperança, tombaremos vencidos nas estradas da vida. Sem esperança, nossa alma murcha sob o calor tórrido da existência. Sem esperança, o sorriso apaga em nossos lábios, e o choro amargo embaça nossa visão. Sem esperança, a vida se torna um fardo pesado, um grito de dor, uma sinfonia de gemidos. A esperança é o óleo que unge nossa cabeça, a força que tonifica a nossa alma, a motivação que impulsiona a nossa caminhada.

Nós temos uma viva esperança. Sabemos que o nosso Redentor vive. Caminhamos para uma eternidade de glória, na qual receberemos um corpo de glória e seremos coroados com uma coroa de glória. Nossa esperança jamais morre. Mesmo atravessando todos os desertos tórridos, mesmo cruzando os vales mais escuros, mesmo gemendo sob o látego da dor, mesmo descendo à tumba, surrados pela doença mais atroz, não perdemos a esperança, pois nossa esperança não está apenas nesta vida. Nossa esperança está em Cristo.

JESUS É ACLAMADO PUBLICAMENTE COMO O PROFETA DE DEUS

Diante desse milagre extraordinário, o povo relembrou a profecia de Moisés citada no Evangelho de Lucas: "Grande profeta se levantou entre nós; e: Deus visitou o seu povo" (7:16). Deus havia prometido enviar um profeta semelhante a Moisés (Deuteronômio 18:15). Este seria o Messias de Deus.

As obras de Jesus testificam quem Ele é. O poder de Jesus sobre a morte trouxe temor ao povo na terra e promoveu a glória de Deus no céu. A notícia gloriosa da ressurreição do jovem percorreu não apenas a Galileia, onde a cidade de Naim estava situada, mas chegou também às distantes regiões da Judeia.

Aquele que é a ressurreição e a vida tem poder para levantar os mortos, consolar os tristes e trazer esperança onde outrora só reinava a desesperança. Jesus devolve o filho à mãe, enxuga suas lágrimas e coloca nos lábios do povo um cântico de júbilo. Ainda hoje, Jesus pode visitar sua cidade, sua casa e sua vida. Aonde Ele chega, a morte não tem a última palavra, pois Ele transforma a dor em refrigério, o choro em folguedo, e os trapos em vestes de louvor.

capítulo 13

A TEMPESTADE ACALMADA

MATEUS 8:23-27; MARCOS 4:35-41; LUCAS 8:22-25

DEUS É BOM, sempre bom. Às vezes não conseguimos ver a bondade de Deus nas circunstâncias da vida, mas, mesmo assim, Deus continua sendo bom. Havia um súdito que dizia a seu rei que Deus é bom. Um dia saíram para caçar. Um animal feroz atacou o rei e ele perdeu o dedo mínimo. O súdito ainda lhe disse: "Deus é bom". Furioso, o rei mandou prendê-lo. Noutra caçada, o rei foi capturado por indígenas canibais. Na hora do sacrifício, o chefe da tribo percebeu que o rei era imperfeito, porque lhe faltava um dedo. Então, mandou soltar o prisioneiro. O rei foi imediatamente procurar o súdito na prisão e disse-lhe: "Verdadeiramente, Deus é bom! Mas se isso é verdade, por que você está preso?" O súdito respondeu: "Porque se eu estivesse contigo, eu seria sacrificado".

As tempestades da vida não anulam a bondade de Deus. Não haveria o arco-íris sem a tempestade, nem o dom das lágrimas sem a dor. Só conseguimos enxergar a majestade dos montes quando estamos no vale. Só enxergamos o brilho das estrelas quando a noite está escura. É das profundezas da nossa angústia que nos erguemos para as maiores conquistas da vida.

Jesus passara todo o dia ensinando à beira-mar sobre o reino de Deus. Ao final da tarde, Ele deu uma ordem para os discípulos entrarem no barco e passarem para a outra margem, para a região de Gadara. Enquanto atravessavam o mar, Jesus, cansado da faina, dormiu. Nisso, uma tempestade terrível os surpreendeu, enchendo d'água o barco. Os discípulos apavorados clamaram a Jesus. Ele repreendeu o vento, o mar e os discípulos. Aqueles homens, apavorados com a fúria dos ventos, ficaram maravilhados diante do milagre.

COMO SÃO AS TEMPESTADES DA VIDA?

Jesus acalmou duas tempestades no mar da Galileia. Esse mar é chamado também de lago de Genesaré ou mar de Tiberíades. É um lago de água doce, de 166 quilômetros quadrados. É encurralado pelas montanhas de Golã ao leste e pelas montanhas da Galileia ao oeste. As elevadas montanhas que o rodeiam são cortadas por profundas ravinas que funcionam como enormes funis pelos quais sopram ventos violentos, que agitam o mar de repente, sem prévia advertência. O bote que leva Jesus é apanhado numa tempestade desse tipo.[1]

Aprendemos aqui algumas lições importantes.

Em primeiro lugar, *as tempestades da vida são inesperadas*. Como seguidores de Cristo devemos estar preparados para as tempestades que certamente virão. Os discípulos haviam passado o dia ouvindo o Mestre e fazendo a obra, mas isso não os isentou da tempestade. Eles amavam a Jesus e tinham deixado tudo para

---

[1] MOUNCE, Robert H. *Mateus*, p. 86.

A TEMPESTADE ACALMADA

segui-lo, mas isso não os poupou do mar revolto. As aflições e as tempestades da vida fazem parte da jornada de todo cristão.

As tempestades da vida são inesperadas: é um acidente, uma enfermidade, uma crise no casamento, um desemprego. As tempestades não mandam telegrama. Elas chegam à nossa vida sem mandar recado e sem pedir licença. As tempestades, algumas vezes, nos colhem de surpresa e nos deixam profundamente abalados. Colocam no chão aquilo que levamos anos para construir. É um casamento edificado com abnegação e amor, que se desfaz pela tempestade da infidelidade conjugal. É um sonho nutrido na alma com tanto desvelo que se transforma em pesadelo. De repente, uma doença incurável abala a família, um acidente trágico ceifa uma vida cheia de vigor, um divórcio traumático deixa o cônjuge ferido e os filhos amargurados. Uma amizade construída pelo cimento dos anos naufraga pela tempestade da traição.

Em segundo lugar, *as tempestades da vida são perigosas*. Mateus diz que "sobreveio no mar uma grande tempestade, de sorte que o barco era varrido pelas ondas" (8:24). Marcos diz que se levantou grande temporal de vento, e as ondas se arremessavam contra o barco, de modo que ele estava a se encher de água (4:37). Lucas diz que sobreveio uma tempestade de vento no lago, correndo eles o perigo de soçobrar (8:23). A expressão "grande tempestade", em grego, poderia ser traduzida ao pé da letra por "grande terremoto". As tempestades da vida também são ameaçadoras. Elas são perigosas. São verdadeiros abalos sísmicos e terremotos na nossa vida.

Eu morei nos Estados Unidos com minha família nos anos de 2000 e 2001. Estava no meu ano sabático, fazendo doutorado no Seminário Reformado de Jackson, Mississippi. Durante todo o tempo que lá vivemos, ficamos encantados com a pujança da nação e a segurança de que seus cidadãos desfrutavam. Chegou, enfim, nossa hora de voltar ao Brasil. As passagens estavam marcadas para regressarmos no dia 12 de setembro de 2001. No dia 11 de setembro, fui ao seminário para entregar minha tese e concluir todos os meus compromissos acadêmicos. De repente, assisti pela televisão uma cena alarmante. As torres do World Trade Center ardiam em chamas. Pensei que fosse um filme de ficção. Quando cheguei em casa, minha esposa estava alarmada. Não era um filme, mas uma cena real e dramática de um atentado terrorista. O símbolo maior da pujança econômica da nação tinha sido golpeado de morte e entrava em doloroso colapso. Jamais poderia imaginar que o país mais poderoso do mundo pudesse ser tão vulnerável. A tempestade havia chegado repentinamente e de forma avassaladora.

Em terceiro lugar, *as tempestades da vida não são administráveis*. Elas são maiores do que nossas forças. Os discípulos se esforçaram para contornar o problema, para saírem ilesos da tempestade. Mas não puderam enfrentar a fúria do vento. Seus esforços não venceram o problema. Eles precisaram clamar a Jesus. O problema era maior do que a capacidade que tinham para resolvê-lo.

Em quarto lugar, *as tempestades da vida são surpreendentes*. Elas podem transformar cenários domésticos em lugares ameaçadores. O mar da Galileia era um lugar muito conhecido daqueles discípulos. Alguns deles eram pescadores profissionais e conheciam cada palmo daquele lago. Muitas vezes cruzaram o mar, lançando as suas redes. Ali era o lugar do seu ganha-pão. Mas

A TEMPESTADE ACALMADA

agora, eles estavam em apuros. O comum tornou-se um monstro indomável. O que parecia administrável tornou-se uma força incontrolável.

Muitas vezes, as tempestades mais borrascosas que enfrentamos na vida não vêm de horizontes distantes nem trazem coisas novas, mas apanham aquilo que era ordinário e comum em nossa vida e vira tudo de cabeça para baixo. É o cônjuge, fiel por tantos anos, que se transforma numa pessoa amarga, agressiva e abandona o casamento para viver uma aventura com outra pessoa. É o filho obediente que resvala os pés e se transforma numa pessoa agressiva, irreverente, dissimulada e insolente. Ainda hoje, há momentos em que as crises maiores que enfrentamos nos vêm daqueles lugares onde nos sentíamos mais seguros.

OS CONFLITOS QUE ENFRENTAMOS NAS TEMPESTADES DA VIDA

Jesus é o primeiro a entrar no barco. Seus discípulos seguem-no. Nenhuma tempestade à vista. A viagem parecia segura. Mas, subitamente, o mar se agita, o vento encrespa as ondas, e o barco começa a ser varrido de um lado para o outro. Nesse momento, Jesus dormia! Esse texto nos apresenta algumas tensões que enfrentamos nas tempestades da vida.

Em primeiro lugar, *como conciliar a obediência a Cristo com a tempestade*. Os discípulos entraram no barco por ordem expressa de Jesus e, mesmo assim, enfrentaram a tempestade. Eles estavam no centro da vontade de Deus e ainda enfrentaram ventos contrários. Eles estavam onde Jesus os mandou estar, fazendo o que Jesus os mandou fazer, indo para onde Jesus os mandou ir e enfrentaram uma terrível borrasca.

Jonas enfrentou uma tempestade porque desobedeceu a Deus; os discípulos, porque obedeceram. Você tem enfrentado tempestade pelo fato de andar com Deus, de obedecer aos mandamentos de Jesus? Você tem sofrido oposição e perseguição por ser fiel a Deus? Tem perdido oportunidade de negócios por não transigir? Tem perdido concorrências em seus negócios por não dar propina? Tem sido considerado um estorvo no seu ambiente de trabalho por não se envolver no esquema de corrupção? Há momentos que sofremos, não por estarmos na contramão, mas por andarmos pelo caminho direito. O mundo odiou Cristo e também vai nos odiar. Seremos perseguidos por vivermos na luz.

Em segundo lugar, *como conciliar a tempestade com a presença de Jesus*. O fato de Jesus estar conosco não nos poupa de certas tempestades. Ser cristão não é viver numa redoma de vidro, numa estufa espiritual. O céu não é aqui. Jesus foi a uma festa de casamento e mesmo Ele estando lá, faltou vinho. Um crente que anda com Jesus pode e, muitas vezes, enfrenta também terríveis tempestades. Jesus passara todo aquele dia ensinando os discípulos as parábolas do reino. Mas agora viria uma lição prática: Jesus sabia da tempestade; ela estava no currículo de Jesus para aquele dia. A tempestade ajudou os discípulos a entenderem que podemos confiar em Jesus nas crises inesperadas da vida.

Em terceiro lugar, *como conciliar a tempestade com o sono de Jesus*. Talvez o maior drama dos discípulos não tenha sido a tempestade, mas o fato de Jesus estar dormindo durante a tempestade. Na hora do maior aperto dos discípulos, Jesus estava dormindo. Às vezes, temos a sensação de que Deus está dormindo. O Salmo 121 fala sobre o sono de Deus. Aquele que não dormita nem dorme, às vezes, parece não estar atento aos dramas da nossa vida e isso gera uma grande angústia em nossa alma.

AS GRANDES PERGUNTAS FEITAS NAS TEMPESTADES DA VIDA

Esse texto apresenta-nos três perguntas. Todas elas são instrutivas. Elas nos apresentam a estrutura do texto. As lições emanam dessas perguntas. Aqui temos a pedagogia da tempestade.

A primeira pergunta foi feita pelos discípulos: "Mestre, não te importa que pereçamos?" (Marcos 4:38). Essa pergunta nasceu do ventre de uma grande crise. Seu parto se deu em um berço de muito sofrimento. Os discípulos estavam vendo a carranca da morte. O mar embravecido parecia sepultar suas últimas esperanças. Depois de esgotados todos os esforços e baldados todos os expedientes humanos, eles clamaram a Jesus. O que esse grito dos discípulos sinaliza?

- Primeiro, *esse grito evidencia o medo gerado pela tempestade*. A tempestade nos provoca medo porque ela é maior que nós. Em tempos de doença, perigo de morte, desastres naturais, catástrofes, terremotos, guerras, comoção social, tragédias humanas, explode do nosso peito este mesmo grito de medo e dor: "Senhor, salva-nos! Perecemos!" (Mateus 8:25). Essas palavras expressaram mais uma crítica que um pedido de ajuda. Às vezes, é mais fácil reclamar de Deus do que depositar nossa ansiedade aos seus pés e descansar na sua providência.

  Um dos momentos mais comoventes que experimentei na vida foi a visita que fiz ao museu Yad Vasheim, na cidade de Jerusalém. Esse museu é um memorial das vítimas do holocausto. Seis milhões de judeus pereceram nos campos de concentração nazista, nos paredões de fuzilamento e nas câmaras de gás. Um milhão e meio de crianças foram mortas sem qualquer piedade. No jardim de entrada do museu há um monumento de uma mulher cuja cabeça é uma boca aberta com dois filhos mortos no colo. Essa mulher retrata o desespero de milhares de mães que ergueram seu grito de dor, sem que o mundo as ouvisse. Representa o sofrimento indescritível daquelas mães que marchavam para a morte e viam os seus filhos tenros e indefesos serem vítimas da mais brutal e perversa perseguição de todos os tempos. Ao entrar no museu, enquanto caminhava por uma passarela escura, sob o som perturbador do choro e gemido de crianças, vi um milhão e meio de velas acesas, refletidas nos espelhos. Enquanto cruzava aquele corredor de lembranças tão amargas não pude conter as lágrimas. Lembrei-me do medo, pavor e desespero que tomaram conta dos pais naqueles seis anos de barbárie e cruel perseguição. Quantas vezes, nas tempestades avassaladoras da vida, também encharcamos a nossa alma de medo. Os problemas se agigantam, o mar se revolta, as ondas se encapelam e o vento nos açoita com desmesurado rigor.

- Segundo, *esse grito evidencia alguma fé*. Se os discípulos estivessem completamente sem fé, eles não teriam apelado a Jesus. Eles não o teriam chamado de Mestre. Eles não teriam pedido a Ele para salvá-los. Naquela noite trevosa, de mar revolto, de ondas assombrosas que chicoteavam o barco e ameaçava engoli-los, reluz um lampejo de fé. Quantas vezes, nessas horas, também nos voltamos para Deus em forte clamor? Quantas vezes há urgência na nossa voz? Na hora da tempestade, quando os nossos recursos se esgotam

A TEMPESTADE ACALMADA

e a força se esvai, precisamos clamar ao Senhor. Quando as coisas fogem do nosso controle, continuam ainda sob o total controle de Jesus. Para Ele, não há causa perdida. Ele é o Deus dos impossíveis.

- Terceiro, *esse grito evidencia uma fé deficiente*. Se os discípulos tivessem uma fé madura, não se entregariam ao pânico e ao desespero. A causa do desespero não era a tempestade, mas a falta de fé. O perigo maior que enfrentavam não era a fúria do vento ao redor, mas a incredulidade no coração. Mesmo dormindo, Jesus sabia da tempestade e de suas necessidades. Havia deficiência de fé na convicção do cuidado de Cristo. Jesus já lhes havia provado que se importava com eles.

A segunda pergunta foi feita por Jesus: "Por que sois assim tímidos? Como é que não tendes fé?" (Marcos 4:40). Enquanto Marcos e Lucas situam o milagre antes do confronto, Mateus apresenta o confronto antes do milagre. Primeiro Jesus confronta os discípulos e depois Ele acalma os ventos e o mar. Para Charles Spurgeon, Jesus falou com os homens primeiramente porque eles eram os mais difíceis de lidar; o vento e o mar poderiam ser repreendidos depois.[2]

Os discípulos falharam no teste prático e revelaram medo onde deveria haver fé. Onde o medo prevalece, a fé desaparece. Ficamos com medo porque duvidamos que Deus esteja no controle. Enchemos nossa alma de pavor porque pensamos que as coisas estão fora de controle. Desesperamo-nos porque julgamos

---

[2] SPURGEON, Charles H. *O Evangelho segundo Mateus*, p. 138.

que estamos abandonados à nossa própria sorte. A palavra traduzida por "tímidos" significa, em grego, "medo covarde". Os discípulos estavam agindo covardemente, quando poderiam ter agido com plena confiança em Jesus.[3] Jesus repreendeu o mar pela sua fúria e depois repreendeu os discípulos pela sua falta de fé. Muitas vezes, a tempestade mais perigosa não é aquela que levanta os ventos e agita o mar, mas a tempestade do medo e da incredulidade. Aqueles discípulos deveriam ter fé e não medo, e isso por quatro razões.

- *Primeira*, a promessa de Jesus. Ele havia lhes dito: "Passemos para a outra margem do lago" (Lucas 8:22). O destino deles não era o naufrágio, mas a outra margem. Para Jesus, promessa e realidade são a mesma coisa. O que Ele fala, Ele cumpre. Jesus não promete viagem calma e fácil, mas garante chegada certa e segura. Jesus não nos promete ausência de luta, mas vitória. Essa palavra deveria ter encorajado e fortalecido os discípulos. Quando o medo assaltar a sua fé, agarre-se nas palavras e nas promessas de Jesus.
- *Segunda*, a presença de Jesus. É a presença de Jesus que nos livra do temor. Davi disse que, ainda que andasse pelo vale da sombra da morte, não temeria mal algum (Salmos 23:4). Não porque o vale seria uma estrada segura; não porque as circunstâncias seriam fáceis de se enfrentar, mas porque a presença de Deus era o seu amparo. A presença de Deus nas tempestades é nossa âncora e nosso porto seguro. O profeta Isaías ergue a sua voz em nome de Deus e diz

---

[3] BARTON, Bruce B. "Mark", p. 123.

A TEMPESTADE ACALMADA 161

que quando tivermos de passar pelas águas revoltas do mar da vida, Deus estará conosco. Quando precisarmos cruzar os rios caudalosos, eles não nos submergirão. Quando tivermos de entrar nas fornalhas acesas da perseguição e do sofrimento, a chama não arderá em nós, porque Deus estará conosco (Isaías 43:1-3). Jesus disse aos seus discípulos: "Eis que estou convosco todos os dias até a consumação do século" (Mateus 28:20). Os discípulos se entregaram ao medo porque se esqueceram de que Jesus estava com eles. O Rei do céu e da terra estava no mesmo barco, e por isso o barco não poderia afundar. O Criador do vento e do mar está conosco, não precisamos temer as tempestades.

- *Terceira*, a paz de Jesus. Enquanto a tempestade rugia com toda fúria, Jesus dormia. Jesus descansava certo de que o Pai cuidaria dele. Será que Jesus sabia que a tempestade viria? É óbvio que sim. Ele sabe todas as coisas, nada o apanha de surpresa. Aquela tempestade estava na agenda de Jesus; ela fazia parte do currículo de treinamento dos discípulos. Contudo, se Jesus sabia da tempestade, por que dormiu? Ele dormiu por duas razões: porque descansava totalmente na providência do Pai; e porque sabia que a tempestade seria pedagógica na vida dos seus discípulos. O fato de Jesus estar descansando na tempestade já deveria ter acalmado e encorajado os discípulos. Jesus estava descansando na vontade do Pai e sabia que o Pai cuidaria dele enquanto dormia. Isso é paz no vale. Jonas dormiu na tempestade com uma falsa segurança, visto que estava fugindo de Deus. Jesus dormiu na tempestade porque estava verdadeiramente seguro na vontade do Pai.

- *Quarta*, o poder de Jesus. Aquele que estava no barco com os discípulos é o Criador da natureza. As leis da natureza estão nas suas mãos. Ele controla o universo. A natureza ouve a sua voz e lhe obedece. Marcos insere o registro da tempestade em um contexto que enaltece e destaca o poder de Jesus, ao lado da libertação do gadareno, possuído por uma legião de demônios, da cura da mulher hemorrágica, e da ressurreição da filha de Jairo. Jesus tem autoridade sobre a criação, sobre os demônios, sobre as enfermidades e a morte.

Jesus repreendeu o vento e o mar e eles se aquietaram e se emudeceram. Adolf Pohl diz: "Não temos mais Jesus adormecido no rugido da tempestade, mas a tempestade adormecida aos pés do Senhor que dera a ordem".[4] Ele tem poder para repreender também os problemas que nos atacam, a enfermidade que nos assola, a crise que nos cerca, as aflições que nos oprimem. O Senhor é a nossa bandeira. É o nosso defensor. Ele é o nosso escudo. Não precisamos temer.

A terceira pergunta foi feita novamente pelos discípulos: "Quem é este que até o vento e o mar lhe obedecem?" (Marcos 4:41). As tempestades são pedagógicas. Elas são a escola de Deus para nos ensinar as maiores lições da vida. Aprendemos mais na tempestade do que nos tempos de bonança. Foi através do livramento da tempestade que os discípulos tiveram uma visão mais clara da grandeza singular de Jesus. Eles, que estavam com medo da tempestade, estão agora cheios de temor diante

---

[4] POHL, Adolf. *Evangelho de Marcos*, p. 176.

A TEMPESTADE ACALMADA

da majestade de Jesus. Em vez da timidez que os possuiu, eles se encontram cheios de "grande temor". Essa palavra não significa "medo covarde", mas "temor reverente".[5] Seu medo e a falta de fé vêm à tona por um único motivo: eles não sabem quem é Jesus. Quando passa o medo da tempestade e da morte, eles são acometidos por outro tipo de temor; uma sensação de assombro, porque Deus estava bem ali. Passaram a uma fé real e experimental, e não a uma fé de segunda mão.

A pergunta deles é respondida pelo próprio texto em apreço.

- *Primeiro*, Jesus é o mestre supremo que veio estabelecer o reino de Deus. Jesus ensinou por intermédio das parábolas do reino e através da tempestade. Seus métodos são variados, seu ensino, eficaz. Ele é o grande Mestre que nos ensina pela Escritura e pelas circunstâncias da vida. Devemos aprender com Ele e sobre Ele. O reino chegou com o Rei. Ele é o Rei. O reino já foi inaugurado. O reino já está entre nós e dentro de nós.

- *Segundo*, Jesus é perfeitamente humano. O sono de Jesus mostra-nos sua perfeita humanidade. O verbo se fez carne. Deus se fez homem. O infinito entrou no tempo. Aquele que nem o céu dos céus podem conter foi enfaixado em panos e deitado numa manjedoura. Aquele que é o criador e o dono do universo se fez pobre e não tinha onde reclinar a cabeça. Esse é um grande mistério. Quem pode crer na encarnação de Jesus não deveria mais duvidar de nenhum de seus gloriosos milagres.

---

[5] BARTON, Bruce B. "Mark", p. 123-124.

164   OS MILAGRES DE JESUS

- *Terceiro*, Jesus é perfeitamente Deus. Ele é o criador, sustentador e o interventor na natureza. O vento ouve a sua voz. O mar se acalma quando Ele fala. Todo o universo se curva diante da sua autoridade. Ele é o verdadeiro Deus. É Ele quem livra o seu povo e acalma as nossas tempestades. É Ele quem acalma os terremotos da nossa alma. De todos os milagres, esse é aquele em que vemos mais intimamente entrelaçadas a humanidade e a divindade do Senhor Jesus. O mesmo Jesus que dormiu exausto depois de um dia de ensino, levanta-se e repreende o vento e o mar.[6]

- *Quarto*, Jesus é o benfeitor desconhecido. Algumas pessoas que enfrentavam a mesma tempestade naquele mar, seguindo a caravana em outros barcos, foram beneficiadas sem saber que a bonança fora intervenção de Jesus. Há muitas pessoas que recebem milagres e livramentos, mas não sabem que esses prodígios vieram das mãos de Jesus.

- *Quinto*, Jesus é aquele que tem toda autoridade para libertar o aflito. O contexto mostra que Jesus é o Senhor sobre cada circunstância e o vencedor dos inimigos que nos ameaçam. A intervenção soberana de Jesus, às vezes, acontece quando todos os recursos humanos acabam. Nossa extremidade é a oportunidade de Deus. As provas não vêm para nos destruir, mas para nos fortalecer.

Na costa da Califórnia, há uma praia que se chama "Pebble Beach" — praia dos Seixos. Ela se encontra em uma reentrância cercada de muralhas. Ali, as pedras, impelidas pelas ondas,

---

[6] TRENCHARD, Ernesto. *Una exposición del Evangelio según Marcos*, p. 61.

A TEMPESTADE ACALMADA

se atiram umas contra as outras e também contra as saliências agudas dos penhascos. Turistas de todas as partes do mundo vão para a praia recolher aquelas pedras arredondadas e preciosas. Ali bem perto há outra enseada em que não se verifica a mesma tormenta. Também existem ali pedras em grande abundância, mas nunca são escolhidas pelos viajantes. Elas escaparam do alvoroço e da trituração das ondas. A quietude e a paz as deixam como são encontradas: toscas, angulosas e sem beleza. O polimento das outras, tão apreciadas, se verifica por meio do atrito constante.

Quando Jesus fez cessar o vento e o mar, que se acalmaram como uma criança diante da autoridade do pai, os discípulos se maravilharam e temeram grandemente. Antes eles tinham medo da natureza. Agora eles temem o criador da natureza. Antes eles estavam amedrontados pelo vento, agora estão cheios de temor pelo Senhor do vento. Agora eles estão cheios de temor e admiração diante do poder de Jesus.

capítulo 14

CURA DO ENDEMONINHADO DE GADARA

Mateus 8:28-34; Marcos 5:1-20; Lucas 8:26-39

A LIBERTAÇÃO DO endemoninhado gadareno está registrada nos três Evangelhos Sinóticos. Mateus é o que apresenta o relato mais sucinto, e Marcos, o mais extenso. Mateus diz que eram dois homens, e Marcos e Lucas dizem que era um homem. Não há contradição entre os evangelistas. Marcos e Lucas apenas colocam ênfase no homem que, certamente, era o mais problemático.

QUANTO VALE UMA VIDA?

Duas perguntas se tornam imperativas: quanto vale uma vida para Jesus? Quanto vale uma vida para Satanás? Consideremos essas duas perguntas.

Em primeiro lugar, *quanto vale uma vida para Jesus*? Depois de uma assombrosa tempestade, Jesus chegou a um lugar deserto, íngreme e cheio de cavernas. Ele desembarcou em um cemitério em que havia corpos expostos, alguns em decomposição. O espaço em si colocava medo nos mais corajosos. Desse lugar sombrio, saem dois homens endemoninhados e demasiadamente furiosos. Um deles, dizem Marcos e Lucas, estava nu, agia como um louco, ferindo-se com pedras. Tratava-se de um espectro humano, um aborto vivo, uma escória da sociedade.

Todos já haviam desistido deles, menos Jesus. Aquela viagem foi proposital. Jesus vai a uma terra gentílica depois de um dia exaustivo de trabalho, depois de uma terrível tempestade, para salvar dois homens possessos.

Jesus fez um alto investimento na vida desses homens gadarenos. Ele enfrentou a fúria do mar e depois a fúria do inferno. Ele vai de um mar *agitado* para homens *agitados*. Humanamente falando, tanto um como os outros eram *indomáveis*, mas Jesus os subjugou.

Em segundo lugar, *quanto vale uma vida para Satanás?* Satanás havia roubado tudo que aqueles homens possuíam: família, liberdade, saúde física e mental, dignidade, paz e decência. Neste texto, vemos duas verdades acerca da atuação dos demônios.

- *Primeiro*, os demônios desumanizam as pessoas. Aqueles homens viviam longe do convívio familiar e até mesmo do convívio social, pois estavam entre os sepulcros. Viviam entre os mortos.
- *Segundo*, os demônios brutalizam as pessoas. Os dois gadarenos estavam demasiadamente furiosos. Eram uma ameaça aos transeuntes. Eram agentes de violência, um poço de ódio, um transtorno para a sociedade.

O QUE SATANÁS FAZ PELAS PESSOAS?

Satanás nunca faz nada pelas pessoas, mas contra elas. Vejamos alguns exemplos.

CURA DO ENDEMONINHADO DE GADARA

Em primeiro lugar, *Satanás domina as pessoas através da possessão*. Um daqueles gadarenos estava possuído por uma legião de espíritos imundos (Marcos 5:9; Lucas 8:30). Legião era uma corporação de seis mil soldados romanos.[1] Era composta de cavalaria, flecheiros, estrategistas, combatentes, incendiários e aqueles que lutavam com espadas. Por onde uma legião passava, deixava um rastro de destruição e morte. Nada infundia tanto medo e terror quanto uma legião romana. Era um exército de invasão, crueldade e destruição. Aonde chegava, as cidades eram assaltadas, dominadas e seus habitantes arrastados como súditos e escravos. Uma legião era a mais poderosa máquina de guerra conhecida nos tempos antigos.[2]

Assim era o poder diabólico que dominava aquele pobre ser humano. Havia um poder de destruição descomunal dentro daquele homem, transformando sua vida em um verdadeiro inferno.

A possessão demoníaca não é um mito, mas uma triste realidade. A possessão não é uma mera doença mental ou neurológica. Ainda hoje, milhares de pessoas vivem no cabresto de Satanás. Quais são algumas características de uma pessoa endemoninhada?

- *Primeiro*, uma pessoa possessa é controlada por uma entidade maligna. Aquele homem não estava no controle de si mesmo. Suas palavras e suas atitudes eram determinadas pelos espíritos imundos que o possuíam. Ele era um

---

[1] TRENCHARD, Ernesto. *Una exposición del Evangelio según Marcos*, p. 62.
[2] MULHOLLAND, Dewey M. *Marcos*, p. 92.

capacho de Satanás, um cavalo dos demônios, um joguete nas mãos de espíritos assassinos.

- *Segundo*, uma pessoa possessa manifesta uma força sobre-humana. O gadareno não podia ser detido por cadeias. A força destruidora que despedaçava as correntes não procedia dele, mas dos espíritos malignos que nele moravam. Conheci o caso de uma moça possessa por espíritos malignos na cidade de Tanabi, interior de São Paulo, que levantava a carroceria de um caminhão, revelando assim uma força descomunal.

- *Terceiro*, uma pessoa possessa tem frequentes acessos de raiva. O evangelista Mateus diz que os endemoninhados estavam a tal ponto furiosos que ninguém podia passar por aquele caminho (8:28). Normalmente uma pessoa possessa revela uma fisionomia carregada de ódio e um olhar fuzilante. Tenho lidado com pessoas endemoninhadas e em todos os casos esse fato é notório. Há uma expressão de ira, de transtorno emocional e de ódio que provém de dentro delas.

- *Quarto*, uma pessoa possessa perde o amor-próprio. Aquele homem andava nu e feria-se com pedras. Em vez de se proteger, feria-se. Ele era o seu próprio inimigo. O ser maligno que estava dentro dele empurrou-o para as cavernas da morte. A legião de demônios que estava nele roubou-lhe o pudor e queria destruí-lo e matá-lo. O Diabo veio para roubar, matar e destruir. Ele é ladrão e assassino. Hoje, há pessoas que ceifam a própria vida quando são possuídas por espíritos imundos. Foi assim com Judas: Satanás entrou nele e o levou ao suicídio.

CURA DO ENDEMONINHADO DE GADARA

171

- *Quinto*, uma pessoa possessa pode revelar conhecimento sobrenatural por clarividência e adivinhação. Logo que Jesus desembarcou em Gadara, os dois endemoninhados correram na direção dele e lhe disseram: "Que temos nós contigo, ó Filho de Deus!" (Mateus 8:29). Eles sabiam quem era Jesus. Sabiam que Jesus é o Filho do Deus Altíssimo, que tem todo poder para atormentar os demônios e mandá-los para o abismo. Os demônios têm ciência da divindade de Cristo, na sua total autoridade. Eles clamam a Deus e creem nas penalidades eternas.

Em segundo lugar, *Satanás arrasta as pessoas para a impureza*. Gadara era uma terra gentílica em que as pessoas lidavam com animais considerados imundos pelos judeus. Os espíritos que estavam no gadareno eram espíritos imundos. Por isso, levaram-no a um lugar impuro, o cemitério, para viver no meio dos sepulcros. A impureza daquele homem era tríplice: vivia numa terra pagã; dormia entre os túmulos; e tinha o corpo possuído por demônios.[3]

Os espíritos malignos levam as pessoas a se envolver com tudo o que é imundo. Há pessoas chafurdando na lama. Quem pratica o pecado é escravo do pecado. Quem vive na prática do pecado é filho do Diabo. Há pessoas que entram em cemitérios e desenterram defuntos para fazerem despacho aos demônios. A promiscuidade está atingindo patamares insuportáveis. A pornografia tornou-se uma indústria poderosa. A promiscuidade presente na atual geração faz de Sodoma e Gomorra cidades puritanas.

---

[3] POHL, Adolf. *Evangelho de Marcos*, p. 181.

Em terceiro lugar, *Satanás faz com que as pessoas se tornem violentas*. Os endemoninhados constituíam-se em um problema para a família e para a sociedade. O amor familiar e a repressão da lei não puderam domesticar aquelas feras. Eram como animais selvagens. Os vivos não os suportaram mais e os expulsaram. Eles foram morar com os mortos, que não lhes faziam nenhum mal, mas também não os protegiam de si mesmos. O possuído pela legião resistia a qualquer tentativa de controle externo. Ele agora estava nu entre os demônios.[4]

Há um espírito que atua nos filhos da desobediência e torna as pessoas furiosas, violentas e indomáveis. Há seres humanos que se transformam em monstros celerados, em feras indomáveis. Nem o amor da família nem o rigor da lei são capazes de abrandar a avalanche de crimes violentos em nossos dias. São terroristas que enchem o corpo de bombas e explodem-se, espalhando morte. São vândalos que incendeiam ônibus nas ruas. São pistoleiros de aluguel que derramam sangue por dinheiro. São traficantes que matam e morrem para alimentar o vício execrado.

Em quarto lugar, *Satanás atormenta as pessoas*. Os endemoninhados gadarenos estavam perturbados mentalmente. Marcos diz que o pior deles "Andava sempre, de noite e de dia, clamando por entre os sepulcros e pelos montes, ferindo-se com pedras" (5:5). Vivia nu e ensanguentado, correndo pelos montes escarpados, esgueirando-se como um espectro de horror no meio de cavernas e sepulcros. Seu corpo emaciado refletia o estado deprimente a que um ser humano pode chegar quando está sob o domínio de Satanás.

---

[4] POHL, Adolf. *Evangelho de Marcos*, p. 181.

CURA DO ENDEMONINHADO DE GADARA

Há muitas pessoas hoje atormentadas, inquietas e desassosse-gadas, vivendo nas regiões sombrias da morte, sem família, sem liberdade, sem dignidade, sem amor-próprio, ferindo-se e espalhando terror aos outros.

O QUE A SOCIEDADE FAZ PELAS PESSOAS?

Consideremos três coisas.

Em primeiro lugar, *a sociedade afastou os endemoninhados do convívio social*. O máximo que a sociedade pôde fazer por aqueles homens foi tirá-los de circulação. Arrancaram-nos da família e da cidade. Desistiram do seu caso e consideraram-nos uma causa perdida. Consideraram-nos um caso irrecuperável e descarta-ram-nos como a um aborto asqueroso.

O máximo que a sociedade pode fazer por pessoas problemá-ticas é isolá-las, colocá-las sob custódia ou jogá-las numa prisão. A sociedade não tem poder para resolver o problema do pecado nem libertar as pessoas das garras de Satanás. Somente o evangelho transforma. Somente Jesus liberta. Não há esperança para o indivíduo nem para a sociedade à parte de Jesus.

Em segundo lugar, *a sociedade acorrentou o endemoninhado*. A prisão foi o melhor remédio que encontraram para deter o homem possuído pela legião. Colocaram cadeias em suas mãos e em seus pés. Mas a prisão não pôde detê-lo. Ele arrebentou as cadeias e continuou espalhando terror por onde andava.

Ainda hoje é mais fácil e mais cômodo lançar na caverna da morte, no presídio e no desprezo aqueles que caem nas garras do pecado e do Diabo. Embora o sistema carcerário seja um fato necessário, não é a solução do problema. As prisões não libertam as pessoas por dentro nem as transformam; ao contrário, tornam-nas ainda mais violentas. O índice de reincidência no crime daqueles que são apanhados pela lei e lançados em um cárcere é de mais de 70%.

Em terceiro lugar, *a sociedade deu mais valor aos porcos do que às pessoas*. A sociedade de Gadara não apenas rejeitou aqueles homens em sua desventura, mas também não valorizou sua cura nem sua salvação. A sociedade expulsou Jesus da sua terra, amando mais os porcos que a Deus e àqueles homens.

O QUE JESUS FAZ PELAS PESSOAS?

Observemos três coisas fundamentais que Cristo faz.

Em primeiro lugar, *Jesus libertou os homens da escravidão dos demônios*. Jesus se manifestou para destruir as obras do Diabo (1João 3:8). Até os demônios estão debaixo da sua autoridade. Mediante a autoridade da palavra de Jesus, a legião de demônios bateu em retirada e os homens escravizados ficaram livres.

Cristo é o atormentador dos demônios e o libertador das pessoas. Aonde Ele chega, os demônios tremem e os cativos são libertos. Alguns estudiosos entendem que a tempestade que Jesus enfrentara para chegar a Gadara havia sido provocada por Satanás. Seria uma tentativa desesperada para impedir Jesus de chegar àquele território pagão, onde ele mantinha tantas pessoas sob suas garras assassinas.[5] Mas Jesus, em vez de se intimidar com a legião de demônios, espalhou terror no exército demoníaco.

---

[5] WIERSBE, Warren W. *Be Diligent*, p. 49.

CURA DO ENDEMONINHADO DE GADARA

Em segundo lugar, *Jesus devolveu a dignidade da vida*. Após narrar a libertação do gadareno, Marcos destaca três coisas.

- *Primeiro*, o homem liberto estava assentado aos pés de Jesus. Aquele que vivia perturbado, correndo de dia e de noite, sem descanso para a mente e para o corpo, agora está quieto, sereno, assentado aos pés do Salvador. Jesus acalmou o mar revolto e também o homem atormentado.
- *Segundo*, o homem estava vestido. Esse homem havia perdido o pudor e a dignidade. Estava à margem não só da lei, mas também da decência. Agora, transformado por Jesus, o primeiro expediente é se vestir, é cuidar do corpo, é se apresentar com dignidade. A prova da conversão é a mudança. A conversão sempre toca em pontos nevrálgicos da conduta humana.
- *Terceiro*, o homem estava em perfeito juízo. Jesus restituiu ao homem sua sanidade mental. Aonde Jesus chega, Ele restaura a mente, o corpo e a alma. O homem não era mais violento. Ele não oferecia mais nenhum perigo à família nem à sociedade. Jesus continua transformando monstros em indivíduos santos; escravos de Satanás em pessoas livres, abortos vivos da sociedade em vasos de honra.

Em terceiro lugar, *Jesus dá ao homem uma gloriosa missão*. Jesus o envia como missionário para sua casa, para ser uma testemunha na sua terra. Ele, que espalhara medo e pavor, agora anuncia as boas-novas de salvação. Antes era um problema para a família, agora é uma bênção. Antes, era um mensageiro de morte, agora, um embaixador da vida.

Jesus revela-lhe que o testemunho deve começar na própria casa. O nosso primeiro campo missionário precisa ser nosso lar. Sua família precisa ver a transformação que Deus operou em sua vida. O que Deus fez por nós precisa ser contado aos outros.

O QUE JESUS FAZ ALÉM DO MILAGRE

Nesse episódio são feitos três pedidos. Os dois primeiros foram prontamente atendidos por Jesus, mas o último foi indeferido.

Em primeiro lugar, *Jesus atendeu o pedido dos demônios*. Os demônios pediram, e pediram encarecidamente. Havia intensidade e urgência no pedido deles. Eles não queriam ser atormentados "antes do tempo" (Mateus 8:29), não queriam ser enviados para o abismo (Lucas 8:31) nem para fora do país (Marcos 5:10), mas pediram para Jesus mandá-los à manada de porcos que pastava pelos montes. É intrigante que Jesus tenha atendido prontamente ao pedido dos demônios, e a manada de dois mil porcos tenha se precipitado despenhadeiro abaixo, para dentro do mar, onde se afogou. Por que Jesus atendeu aos demônios? Por cinco razões, pelo menos.

- *Primeiro*, para mostrar o potencial destruidor que agia naquele homem. O gadareno não estava fingindo nem encenando. Não se transfere esquizofrenia para uma manada de porcos. Os demônios não são seres mitológicos nem a possessão demoníaca, uma fantasia. O poder que agia naquele homem foi capaz de matar dois mil porcos.
- *Segundo*, para revelar àquele homem que o poder que o oprimia tinha sido vencido. Assim como a ação do mal não é uma simulação, a libertação também não é um efeito

CURA DO ENDEMONINHADO DE GADARA

psicológico, mas se trará de um fato perceptível. A Bíblia diz: "Se, pois, o Filho vos libertar, verdadeiramente sereis livres" (João 8:36).

- *Terceiro*, para mostrar à população de Gadara que, aos olhos de Satanás, um porco tem o mesmo valor que uma pessoa. De fato, Satanás tem transformado muitos indivíduos em porcos. Jesus alertou aquele povo sobre o perigo de ser escravo do pecado e do Diabo.

- *Quarto*, para revelar a escala de valores dos gadarenos. Eles expulsaram Jesus por causa dos porcos. O teólogo escocês William Barclay comenta que os gadarenos, ao expulsarem Jesus, estavam dizendo: "Não perturbe nossa comodidade, preferimos que deixe as coisas como estão; não perturbe nossos bens; não perturbe nossa religião".[6] O dinheiro era o deus daquela cidade.

- *Quinto*, para mostrar que os demônios estão debaixo da sua autoridade. Os demônios sabem que Jesus tem poder para expulsá-los e para mandá-los para o abismo. Alguém mais poderoso que Satanás havia chegado. Os demônios só poderiam ir aos porcos se Jesus lhes permitisse. Eles estão debaixo do comando e da autoridade de Jesus. Eles não são livres para agir fora da autoridade suprema de Jesus.

Em segundo lugar, *Jesus atendeu o pedido dos gadarenos*. Os gadarenos expulsaram Jesus da sua terra. Eles amavam mais aos porcos e ao dinheiro que a Jesus. Essa é a terrível cegueira materialista. Jesus não os constrangeu nem forçou sua permanência

---

[6] BARCLAY, William. *Marcos*, p. 136-137.

na terra deles. Sem qualquer questionamento ou palavra, entrou no barco e deixou a terra de Gadara. Os gadarenos rejeitaram Jesus, mas Jesus não desistiu deles. Eles expulsaram Jesus, mas Jesus enviou para o meio deles um missionário. O Senhor não nos trata em conformidade com nossos pecados.

Em terceiro lugar, *Jesus indeferiu o pedido do gadareno salvo*. O gadareno, agora liberto, curado e salvo, quer seguir a Jesus, mas o Senhor não permite. O mesmo Jesus que atendera a petição dos demônios e dos incrédulos, agora rejeita a petição do salvo. E por quê?

- *Primeiro*, porque a família precisa ser o primeiro campo missionário. A família do gadareno sabia como ninguém qual havia sido a situação dele, e agora pode testificar a profunda mudança. Não estaremos credenciados a pregar para os de fora se ainda não testemunhamos para os da própria família. Aquele homem tornou-se luz no meio da escuridão. Ele pregou não apenas para sua família, mas para toda a região de Decápolis. Ele não apenas anunciou uma mensagem teórica, mas contou o que Jesus lhe fizera, sua própria experiência. Ele era um retrato vivo do poder do evangelho, um verdadeiro monumento da graça.
- *Segundo*, porque Jesus sabe o melhor lugar para estarmos. Devemos submeter nossas escolhas ao Senhor. Ele sabe o que é melhor para nós. O importante é estar no centro da sua vontade. Aquele homem se tornou um dos primeiros missionários entre os gentios. Jesus saiu de Gadara, mas o homem permaneceu um vivo e poderoso testemunho da graça e do poder de Jesus ali.

capítulo 15

CURA DA MULHER COM HEMORRAGIA

**MATEUS 9:19-22; MARCOS 5:24-34;
LUCAS 8:42-48**

AO SER EXPULSO de Gadara, Jesus foi calorosamente recebido por uma multidão em Cafarnaum, do outro lado do mar. Muitas pessoas o comprimiam, mas apenas duas se destacaram: Jairo, cuja filha estava doente, e uma mulher com hemorragia. Jesus atendeu a ambos, mas primeiro a mulher. O milagre que ela recebeu não se restringiu ao alívio imediato do sofrimento físico, mas abrangeu uma bênção maior: a salvação de sua vida.

Esse episódio foi registrado pelos três Evangelhos Sinóticos. Mateus faz o registro mais sucinto. Os três evangelistas informam que a mulher sofria havia doze anos, mas apenas Marcos e Lucas dizem que ela despendera todos os seus bens com os médicos sem lograr nenhum êxito. Também são eles que relatam que Jesus interpela os discípulos acerca do toque, pois sentira que dele saíra poder, e que a mulher se prostrou aos pés de Jesus, reconhecendo sua cura.

A CONSCIÊNCIA DE UMA GRANDE NECESSIDADE

Destacamos quatro fatos sobre o sofrimento dessa mulher enferma.

Em primeiro lugar, *seu sofrimento era prolongado*. O nome da mulher não é mencionado, o destaque é dado ao seu sofrimento. A hemorragia crônica não apenas a deixara doente, mas também impura. Ela não poderia se casar, se fosse solteira, ou não poderia se relacionar com o marido, se fosse casada. Não poderia frequentar a sinagoga nem se relacionar com outras pessoas.

A mulher procurou remédio para a sua hemorragia durante doze anos. Foi um tempo de busca e esperança frustrada. Foram doze anos de enfraquecimento constante; anos de sombras espessas da alma, de lágrimas copiosas, de noites maldormidas, de madrugadas insones, de sofrimento sem trégua. Talvez você também esteja sofrendo há muito tempo, apesar de ter buscado solução em todos os caminhos.

Em segundo lugar, *seu sofrimento gerava desesperança*. Além de amargar dor tão atroz, a mulher via seus recursos financeiros desidratando-se sem nenhum sinal de melhora. Assim como o sangue escoava de seu corpo, seus bens escoavam em sua busca por uma cura que não vinha. Seu estado se agravava à medida que os anos avançam.

O Talmude, a coletânea de livros sagrados do judaísmo, prescrevia onze formas de curar uma hemorragia.[1] A mulher havia recorrido a todas. Procurou os médicos, gastando com eles tudo o que possuía. Era uma mulher batalhadora e incansável na

---

[1] BARCLAY, William. *Marcos*, p. 144.

busca da solução para sua vida. Ela não era passiva nem omissa. Não ficou amuada em um canto, reclamando. Bateu em várias portas. Correu atrás de uma solução. Contudo, apesar de seus esforços, perdeu não só o dinheiro, mas também a saúde, progressivamente. Ela ficava cada vez pior. Sua doença era crônica e grave. Tinha anemia profunda e fraqueza constante. A medicina não tinha resposta para o seu caso. Os médicos não puderam ajudá-la.

Em terceiro lugar, *seu sofrimento destruía sonhos*. A mulher perdia sangue diariamente. O sangue é símbolo da vida. Seu diagnóstico era sombrio; ela parecia morrer pouco a pouco; a vida parecia se esvair, aos borbotões, do seu corpo. Ela não apenas perdia vida: também não podia gerá-la. Seu ventre, em vez de ser um canteiro frutífero, tinha se tornado um deserto estéril. Essa mulher havia chegado à "estação desesperança".

Em quarto lugar, *seu sofrimento produzia terríveis segregações*. A mulher enferma enfrentou pelo menos três tipos de segregação por causa da sua doença.

- *Primeiro*, a segregação conjugal. De acordo com a lei judaica, uma mulher com fluxo de sangue não poderia se relacionar com o marido. Se ela fosse casada, possivelmente seu casamento já estava abalado. Se fosse solteira, não poderia se casar. A mulher menstruada era considerada *niddah* (impura), portanto, estava proibida de ter relações sexuais. Os rabinos ensinavam que se os maridos teimassem em se relacionar com elas nesse período, a maldição viria sobre os filhos. Alguns mestres ensinavam que o marido deveria se afastar de sua mulher antes mesmo de ela começar a menstruar. O rabino Shimon bar Yochai, ao comentar Levítico 15:31, afirmou que "ao homem que não se separa da sua mulher perto da sua menstruação, mesmo que tenha filhos, como os filhos de Arão, estes morrerão". Mulheres menstruadas transferiam sua impureza a tudo que tocavam, incluindo os utensílios domésticos e seus conteúdos, e a cama sobre que se deitasse. Os rabinos decretavam que até o cadáver de uma mulher que morreu durante a menstruação deveria passar por uma purificação especial com água.[2]

- *Segundo*, a segregação social. Uma mulher com hemorragia não poderia se relacionar com as pessoas; antes, deveria viver confinada, na caverna da solidão, no isolamento, sob a triste realidade do ostracismo social. Essa mulher era tratada quase como se fosse leprosa.[3] Por doze anos ela não pudera abraçar nenhum familiar sem causar dano. Ela vivia possuída de vergonha, com a autoestima amassada. Por isso, tocou Jesus anonimamente, com medo de ser rejeitada, pois quem a tocasse ficaria cerimonialmente impuro.

- *Terceiro*, a segregação religiosa. Uma mulher com fluxo de sangue não poderia entrar no templo nem na sinagoga para adorar. Ela estava proibida de participar das festas e dos cultos públicos, visto que se encontrava em constante condição de impureza ritual (Levíticos 15:25-33).

---

[2] RICHARDS, Larry. *Todos os milagres da Bíblia*, p. 233-234.
[3] BARTON, Bruce B. "Mark", p. 142.

A BUSCA POR UM GRANDE MILAGRE

Certo dia, a mulher ouviu falar de Jesus e das maravilhas que Ele fazia. Ela não tentou agendar um encontro, como fez Nicodemos. Nem sequer o procurou para pedir ajuda, como fez Jairo. Ela se escondeu no meio da multidão que seguia Jesus. Ela confiou que, se apenas tocasse na orla das vestes de Jesus, ficaria curada. Na mesma medida em que sua vida se debilitava por causa da hemorragia, sua fé se fortalecia. Ela tinha plena convicção de que bastava um toque. Mesmo que fosse sutil, anônimo, sem holofotes.

Destacamos três coisas importantes aqui.

Em primeiro lugar, *nossos problemas não apenas nos afligem, eles também nos arrastam aos pés de Jesus*. A mulher hemorrágica, depois de procurar vários médicos, sem encontrar solução para o seu problema, buscou Jesus. A Palavra diz que a fé vem pelo ouvir (Romanos 10:17). O que ela ouviu produziu tal espírito de fé que disse para si: "Se eu apenas lhe tocar a veste, ficarei curada" (Mateus 9:21). Ela não apenas falou, como se levantou e foi atrás do Senhor para tocá-lo.

Por providência divina, às vezes somos levados a Cristo por causa de um sofrimento, de uma enfermidade, de um casamento rompido, de uma dor que nos aflige. Aquela mulher rompeu todas as barreiras impostas por sua própria condição e foi tocar as vestes de Jesus.

Em segundo lugar, *quando nossos problemas parecem insolúveis, ainda podemos ter esperança*. A mulher ouviu sobre a fama de Jesus: Ele dava vista aos cegos e purificava os leprosos; libertava os cativos e levantava os coxos; ressuscitava os mortos e devolvia o sentido da vida aos pecadores que se arrependiam. O que ela ouviu acendeu sua fé e a encheu de esperança.

Em terceiro lugar, *quando tocamos as vestes de Jesus com fé, podemos ter a certeza da cura*. No meio da multidão que comprimia Jesus, a mulher tocou nas vestes do Mestre. Marcos conta que Jesus, "reconhecendo imediatamente que dele saíra poder, virando-se no meio da multidão, perguntou: 'Quem me tocou nas vestes?'"(5:30). O que houve de tão especial no toque dessa mulher? Podemos destacar quatro características:[4]

- *Primeiro*, foi um toque intencional. Ela não tocou Jesus acidentalmente; ela pretendia tocá-lo.
- *Segundo*, foi um toque proposital. Ela desejava ser curada do mal que a atormentava havia doze anos.
- *Terceiro*, foi um toque confiante. Ela foi movida pela fé, pois acreditava que Jesus tinha poder para restaurar a sua saúde.
- *Quarto*, foi um toque eficaz. Quando ela tocou Jesus, ficou imediatamente livre do seu mal. Sua cura foi completa e cabal.

O TOQUE DE UMA FÉ RESTAURADORA

Quatro fatos merecem destaque aqui.

Em primeiro lugar, *muitos comprimem a Cristo, mas poucos o tocam pela fé*. Jesus frequentemente estava em meio a uma multidão. Ele sempre a atraiu, não obstante a maioria das pessoas que o buscavam não ter um contato pessoal com Ele. Muitos seguem Jesus por curiosidade, mas não auferem nenhum benefício dele. Jesus conhece aqueles que, no meio da multidão, o tocam com fé.

---

[4] RICHARDS, Larry. *Todos os milagres da Bíblia*, p. 235.

CURA DA MULHER COM HEMORRAGIA

Agostinho, comentando essa passagem, disse que uma multidão aperta o Mestre, mas só essa mulher o toca.[5] Não foi um toque de superstição, mas de fé: "Foi o alcance de sua fé, e não o toque de sua mão, que lhe assegurou a cura que buscava".[6] Pela fé cremos, vivemos, permanecemos firmes, andamos e vencemos. Pela fé temos paz e entramos no descanso de Deus. A multidão vem e a multidão vai, mas só essa mulher o toca e só ela recebe a cura. Seu toque pode ser descrito de quatro formas:

- *Primeiro*, ela tocou em Jesus sob grandes dificuldades. Havia uma multidão embaraçando seu caminho. Ela mesma se encontrava enferma, fraca, impura e rejeitada.
- *Segundo*, ela tocou em Jesus secretamente. Vá a Jesus, mesmo que a multidão o ignore ou que sua família não saiba, pois Ele pode libertar você do seu mal.
- *Terceiro*, ela tocou em Jesus sob um senso de indignidade. Por ser cerimonialmente impura, estava coberta de vergonha e medo. Conforme o ensinamento judaico, o toque dessa mulher deveria ter tornado Jesus impuro, mas foi Jesus quem a purificou.[7]
- *Quarto*, ela tocou em Jesus humildemente. Ela o tocou por trás, sem fazer alarde. Ela prostrou-se trêmula aos seus pés. Quando nos humilhamos, Deus nos exalta.

---

[5] TRENCHARD, Ernesto. *Uma exposición del Evangelio según Marcos*, p. 67.

[6] LANE, William L. *The Gospel According to Mark*, p. 193.

[7] RIENECKER, Fritz; ROGERS, Cleon. *Chave linguística do Novo Testamento*, p. 76.

Aos domingos, a multidão vai à igreja. Muitas pessoas o fazem porque estão acostumadas. Acham errado deixar de ir à igreja. Alguns vão à igreja para orar, mas não tocam em Jesus pela fé. Outros se assentam ao redor da mesa do Senhor, mas não têm comunhão com Cristo. São batizados, mas não com o Espírito Santo. Comem o pão e bebem o vinho, mas não se alimentam de Cristo. Cantam, oram, ajoelham, ouvem, mas isso é tudo: eles não tocam o Senhor nem vão para casa em paz. Possivelmente estes perfaçam a maioria dos que vão à igreja: é como a multidão que comprime Jesus, mas não o toca pela fé.

Essas pessoas não esperam estar em contato real com Jesus. Vão por ir, e continuarão indo até Jesus voltar, e então despertarão tarde demais, quando estiverem diante do tribunal de Deus para darem conta de sua vida.

Não abra mão de tocar hoje as vestes de Jesus. Não se contente apenas em orar mecanicamente. Não se contente apenas em ouvir um sermão. Toque nas vestes de Jesus. A mulher hemorrágica não estava apenas no meio da multidão que apertava Jesus, ela tocou em Jesus pela fé e foi curada!

Em segundo lugar, *aqueles que tocam Jesus pela fé são totalmente curados*. Essa mulher experimentou três curas antes de receber a cura física. Vejamos.

Primeira, *a cura emocional*. Jesus diz à mulher para ter bom ânimo. Ela já estava desanimada com a medicina. Os recursos humanos não puderam ajudá-la. Mas agora Jesus ordena que ela se anime. Jesus cura suas emoções amassadas pelos dramas da vida.

Segunda, *a cura existencial*. Jesus chama-a de filha. Ela carregava muitos complexos. Era descartada. Não podia desfrutar da

CURA DA MULHER COM HEMORRAGIA

vida pública. Sentia-se sem valor, sem dignidade, sem prestígio. Sabendo das aflições de sua alma, Jesus restabelece em seu coração a dignidade da vida.

Terceira, *a cura espiritual.* Jesus lhe diz: "A tua fé te salvou" (Lucas 8:48). Ela tinha outra doença mais devastadora que a hemorragia: estava perdida. Seus pecados arruinavam sua alma. Ela recebe de Jesus o perdão, antes de receber dele a cura.

O toque de Jesus salvou essa mulher *fisicamente*, ao restaurar sua saúde; *socialmente*, ao restaurar sua convivência na comunidade; e *espiritualmente*, capacitando-a a participar novamente da adoração a Deus no templo e das festas religiosas de Israel.[8] Aqueles que tocam Jesus pela fé são totalmente curados. Dois fatos podem ser destacados sobre a cura física dessa mulher.

Fato 1: *a cura foi imediata*. A cura que ela procurou em vão durante doze anos foi realizada em um instante. A cura que os médicos não puderam lhe dar foi concedida instantaneamente. Muitas pessoas correm de lugar em lugar, andam de igreja em igreja, buscam paz com Deus, mas ficam ainda mais desesperadas. Em Cristo há cura imediata para todas as nossas enfermidades físicas, emocionais e espirituais.

Fato 2: *a cura foi completa*. Embora o seu caso fosse crônico, ela foi completamente restaurada. Há cura completa para o maior pecador. Ainda que uma pessoa seja rejeitada ou esteja afundada no pântano do pecado, há perdão e cura para ela. Ainda que uma pessoa esteja possessa de demônios, há cura para ela. Ainda que uma pessoa esteja com a mente cheia de dúvidas, elas serão dissipadas quando ela tocar Jesus pela fé. Ainda que você tenha

---

[8] RICHARDS, Larry. *Todos os milagres da Bíblia*, p. 235.

caído depois da cura, há restauração se tocar na pessoa bendita de Jesus. A fonte ainda está aberta.

Hoje, você pode tocar nas vestes de Jesus e ver estancada sua hemorragia existencial. Toque nas vestes de Jesus, pois Ele pode pôr um fim na sua angústia.

Em terceiro lugar, *aqueles que tocam em Jesus são conhecidos por Ele*. Quando a mulher encontrou Jesus, Ele estava atendendo a uma urgente necessidade: ia à casa de Jairo, um homem importante, para curar sua filha, que estava à morte. Jesus, porém, interrompe o que fazia para cuidar da mulher. Ela o tocou secretamente, mas Ele a faz vir a público. Ele lhe pede que conte sua história. Ele não quer apenas administrar uma cura física, Ele quer curar toda a sua existência. Ela talvez não fosse prioridade para a multidão, mas para Jesus ela tinha todo o valor do mundo.

Jesus perguntou: "Quem me tocou?" (Lucas 8:45). Você pode ser uma pessoa estranha para a multidão, mas não para Jesus. Seu nome pode ser apenas mais um na lista, mas Jesus sabe quem é você. Se você o tocar, duas pessoas saberão: você e Jesus. Se você tocar Jesus agora, talvez seus vizinhos não saibam, mas esse fato será registrado nas cortes do céu. Todos os sinos da Nova Jerusalém irão tocar e todos os anjos irão se regozijar. Talvez muitos não conheçam o seu nome, mas ele estará registrado no Livro da Vida. O sangue de Cristo estará sobre você. O Espírito de Deus estará em você. A Bíblia diz que Deus conhece os que são seus (2Timóteo 2:19). Se você tocar Jesus, o poder da cura o tocará também, e você será conhecido no céu.

Em quarto lugar, *aqueles que tocam em Jesus devem tornar isso conhecido aos outros*. Lucas registra: "Vendo a mulher que não podia ocultar-se, aproximou-se trêmula e, prostrando-se diante

CURA DA MULHER COM HEMORRAGIA

dele, declarou, à vista de todo o povo, a causa por que lhe havia tocado e como imediatamente fora curada" (8:47).

Você precisa contar aos outros tudo o que Cristo fez por você. Não se esgueire secretamente no meio da multidão. Não cale sua voz. Não se acovarde depois de ter sido curado. Talvez você já conheça o Senhor há anos e ainda não o fez conhecido aos outros. Rompa o silêncio e testemunhe! Vá e conte ao mundo o que Jesus fez por você. Saia do anonimato!

Por fim, Jesus disse à mulher: "Vai-te em paz e fica livre do teu mal" (Marcos 5:34). A bênção com que Jesus despediu a mulher é uma promessa para você agora. Talvez você tenha iniciado essa leitura com medo, angústia e uma hemorragia existencial. Contudo, agora, pode se tornar livre, curado, perdoado, salvo. Vá em paz e fique livre do seu mal!

capítulo 16

RESSURREIÇÃO DA FILHA DE JAIRO

Mateus 9:18-19,23-26; Marcos 5:21-24,35-43; Lucas 8:40-42,49-56

AQUI VEMOS O segundo milagre de ressurreição operado por Jesus e registrado nos Evangelhos. Depois de curar uma mulher que sofria de uma hemorragia crônica havia doze anos, Jesus ressuscita a filha de Jairo, de 12 anos. Assim, Jesus demonstra poder sobre a enfermidade e sobre a morte.

Esse episódio está registrado nos três Evangelhos Sinóticos. Mateus faz o mais breve dos registros. Diferentemente de Marcos e Lucas, Mateus começa seu registro dizendo que a menina já estava morta quando Jairo se aproxima de Jesus. Marcos e Lucas dizem que a notícia da morte da menina foi dada enquanto Jesus falava com a mulher curada da hemorragia.

Destacamos a seguir algumas lições oportunas.

JAIRO LEVA A JESUS UMA CAUSA DESESPERADORA

Em primeiro lugar, *o desespero de Jairo levou-o a Jesus com um senso de urgência*. Sua filhinha, de 12 anos, estava à morte. Segundo o costume da época, uma menina judia se convertia em mulher aos 12 anos. Essa menina estava precisamente no umbral dessa experiência.[1] Era como uma flor que estava secando antes mesmo de desabrochar plenamente. Dessa maneira, a linhagem de Jairo se extinguia.

Todos os outros recursos para salvar sua filha haviam chegado ao fim. Jairo, então, busca Jesus com um profundo senso de urgência. O sofrimento muitas vezes pavimenta o nosso caminho a Deus. As aflições tornam-se fontes de bênçãos quando elas nos levam a Jesus.

Jairo crê que se Jesus for com ele e impor as mãos sobre sua filhinha, ela será salva e viverá. Jairo crê na eficácia do toque das mãos de Jesus.[2] Ele confia que Jesus é a esperança para a sua urgente necessidade.

Em segundo lugar, *o desespero de Jairo levou-o a transpor barreiras para ir a Jesus*. Jairo precisou vencer duas barreiras antes de ir a Jesus:

- *Primeiro*, a barreira da sua posição. Jairo era chefe da sinagoga, um líder na comunidade. A sinagoga era o lugar em que os judeus se reuniam para ler a Lei, os Salmos e os Profetas, aprendendo e ensinando a seus filhos o caminho do Senhor.[3] Jairo era o responsável pelos serviços religiosos no centro da cidade no sábado, e pela escola e tribunal de

---

[1] BARCLAY, William. *Marcos*, p. 141.
[2] HENDRIKSEN, William. *Marcos*, p. 262.
[3] GIOIA, Egidio. *Notas e comentários à harmonia dos Evangelhos*, p. 161.

RESSURREIÇÃO DA FILHA DE JAIRO

justiça durante o restante da semana. Ele supervisionava o culto, cuidava dos rolos da Escritura, distribuía as ofertas, e administrava o edifício em que a sinagoga funcionava. O líder da sinagoga era um dos homens mais importantes e respeitados da comunidade.

A posição religiosa, social e econômica de um homem, entretanto, não o livra do sofrimento. Jairo era líder, rico, influente, mas a enfermidade chegou à sua casa. Seu dinheiro e sua influência não puderam manter a morte do lado de fora. Os filhos dos ricos também ficam doentes e morrem. Somente no céu a doença e a morte não podem entrar.

Cônscio da dramática realidade que estava vivendo, o desesperado Jairo despojou-se de sua posição social e se prostrou aos pés de Jesus, pois Ele era suficientemente grande para vencer todas as barreiras na hora da necessidade. Muitas vezes, o orgulho pode levar uma pessoa a perder as maiores bênçãos.

- *Segundo*, a barreira da oposição dos líderes religiosos. A essa altura, os escribas e fariseus estavam mancomunados com os herodianos para matarem Jesus (Marcos 3:6). As sinagogas estavam fechando as portas para o rabi da Galileia. Os líderes religiosos viam-no como uma ameaça à religião judaica. Jairo precisou romper com o medo da crítica ou mesmo da retaliação dos maiores líderes religiosos da nação para ir até Jesus.

Em terceiro lugar, *o desespero de Jairo levou-o a prostrar-se aos pés de Jesus*. Há três fatos marcantes sobre Jairo:

- *Primeiro*, Jairo humilhou-se diante de Jesus. Ele se prostrou e reconheceu que estava diante de alguém que era maior do que ele, do que os líderes judaicos, do que a própria sinagoga. Reconheceu o poder de Jesus, se prostrou e nada exigiu, mas pediu com humildade. Ele se curvou e não expôs seus predicados nem tentou tirar proveito da sua condição social ou posição religiosa. Não reivindicou seus direitos, mas clama por misericórdia. Não estadeia seus méritos, mas se prostra aos pés do Senhor. Cair aos pés de Jesus é estar em pé. Aqueles que caem aos seus pés, um dia estarão à sua destra.
- *Segundo*, Jairo clamou com perseverança. Jairo não apenas suplicou a Jesus, mas o fez com insistência. Ele perseverou na oração. Ele tinha uma causa e não estava disposto a desistir dela.
- *Terceiro*, Jairo clamou com fé. Não há nenhuma dúvida no pedido de Jairo. Ele crê que Jesus tem poder para levantar a sua filha do leito da morte. Ele crê firmemente que Jesus tem a solução para a sua urgente necessidade. A fé que Jairo possuía germinou no solo do sofrimento, foi severamente testada, mas também amavelmente encorajada.

Mateus registra: "E Jesus, levantando-se, o seguia, e também os seus discípulos" (9:19). Jesus nunca mandou embora aqueles que foram a Ele com o coração quebrantado. Ele caminha conosco em nossa dor. Ele não nos despreza nem nos desampara no dia da nossa aflição. Quando Jesus caminha conosco, não precisamos ter medo de más notícias. Quando Ele vai conosco, a morte nunca tem a última palavra.

JESUS VAI COM JAIRO LEVANDO ESPERANÇA PARA O SEU DESESPERO

Destacamos seis consoladoras verdades nessa passagem.

Em primeiro lugar, *quando Jesus vai conosco podemos ter a certeza de que Ele se importa com a nossa dor*. Jesus sempre se importa com as pessoas. Ele fez uma viagem através do mar revolto à região de Gadara para libertar um homem louco e possesso. Agora, Ele caminha espremido pela multidão para ir à casa do líder da sinagoga. No meio do caminho, se detém para conversar com uma mulher anônima e libertá-la do seu mal. Jesus se importa com você. Sua causa toca-lhe o coração.

Em segundo lugar, *quando Jesus vai conosco os imprevistos humanos não podem frustrar os propósitos divinos*. Enquanto a mulher hemorrágica recebia graça, o pai da menina moribunda vivia o inferno.[4] Jairo deve ter ficado aflito quando Jesus interrompeu a caminhada à sua casa para atender uma mulher no meio da multidão. Seu caso requeria urgência. Ele não podia esperar. Jesus não estava tratando apenas da mulher enferma, mas também de Jairo. A demora de Jesus é pedagógica.

Algumas vezes parece que Ele está atrasado, mas nada o apanha de surpresa. Os imprevistos dos seres humanos não frustram os propósitos divinos. Os impossíveis das pessoas são possíveis para Ele. Quando Jesus parece atrasado é porque está fazendo algo melhor e maior para nós.

Em terceiro lugar, *quando Jesus vai conosco não precisamos temer más notícias*. Enquanto falava com Jesus, Jairo recebeu um recado de sua casa: "Tua filha já está morta, não incomodes mais

---

[4] WIERSBE, Warren W. *Be Diligent*, p. 54-55.

o Mestre" (Lucas 8:49). Já era tarde. Na visão daqueles mensageiros, as esperanças haviam se esgotado.

Jairo ficou atordoado e abatido. A causa parecia perdida. A última faísca de esperança foi arrancada de seu coração. O mundo desabou sobre a sua cabeça. Uma solidão incomensurável abraçou a sua alma. Mas Jesus, sem acudir às palavras dos mensageiros, não reconheceu a palavra da morte como palavra final. Ele a contrapôs com a palavra da fé e disse a Jairo: "Não temas, crê somente" (Marcos 5:36; Lucas 8:50).

Talvez fosse mais fácil para Jairo crer em Jesus enquanto sua filha estava viva, mas agora a desesperança havia batido à porta do seu coração. Quando as circunstâncias fogem do nosso controle, também somos levados a desistir de crer. A fé não resulta dos milagres, mas os milagres vêm da fé, sim, do milagre da fé. "Exatamente quando a fé se torna ridícula é que se torna séria."[5]

Na hora que os nossos recursos acabam, Jesus nos encoraja a crer somente. As más notícias podem nos abalar, mas não abalam o nosso Senhor. Elas podem pôr um fim aos nossos recursos, mas não nos recursos de Jesus. As nossas causas irremediáveis e perdidas têm solução nas mãos de Jesus. A morte é o rei dos terrores, mas Jesus é mais poderoso do que a morte. As chaves da morte estão na sua mão. Um dia Ele tragará a morte para sempre (Isaías 25:8). A confiança na presença, na promessa e no poder de Jesus é a única resposta plausível para a nossa desesperança. Quando as coisas parecem totalmente perdidas, com Jesus elas ainda não estão perdidas. A palavra de Jesus ainda deve ecoar em

---

[5] POHL, Adolf. *Evangelho de Marcos*, p. 192.

RESSURREIÇÃO DA FILHA DE JAIRO

nossos ouvidos: "Não temas, crê somente!". No meio da crise, a fé tem de se sobrepor às emoções.

Há algo temível na morte. Ela nos infunde pavor (Hebreus 2:15). Quando Jairo recebeu o recado da morte da sua filha seu coração quase parou, seu rosto empalideceu e Jesus viu a desesperança tomando conta do seu coração. Jesus, então, o encorajou a crer, pois a fé ignora os rumores de que a esperança morreu.

Em quarto lugar, *quando Jesus vai conosco não precisamos nos impressionar com os sinais da morte*. O vozerio dos tocadores de flauta e o alvoroço do povo na casa de Jairo anunciavam o drama da morte de uma menina que era a alegria de seus pais e, ao mesmo tempo, a garantia do futuro deles. Quando chegou à casa, diz Marcos, "viu Jesus o alvoroço, os que choravam e os que pranteavam muito" (5:38). Ele, porém, disse: "Retirai-vos, porque não está morta a menina, mas dorme" (Mateus 9:24). Ele fez um prognóstico teológico e não um diagnóstico físico.

Muitos dizem que a morte é o fim. Mas a morte não é permanente. Do ponto de vista de Deus, a morte é um sono para o qual há um despertar. Para o cristão, a morte é passageira, quando o corpo descansa e o espírito sai do corpo (Tiago 2:26) para habitar com o Senhor (2Coríntios 5:8) e estar com Cristo (Filipenses 1:20-23). Não é a alma que dorme, mas o corpo que aguarda a ressureição na segunda vinda de Cristo (1Coríntios 15:51-58).

Mas Jesus promete mais do que isso para Jairo. Embora a menina estivesse morta, sua condição não é mais permanente do que o sono; Ele vai trazê-la de volta à vida.[6] O culto à morte é declarado sem sentido e a morte denunciada. "Ela morreu" é

---

[6] MULHOLLAND, Dewey M. *Marcos*, p. 98.

uma palavra à qual Deus não se curva. "Deus não é Deus de mortos, e sim de vivos; porque para ele todos vivem" (Lucas 20:38; Marcos 12:27).

Os que estavam na casa riram de Jesus. Nada sabiam do Deus vivo, por isso, riram o riso da descrença. Mas esse abuso não fez Jesus parar. Ao longo dos séculos, os incrédulos riram e escarneceram, mas Jesus continuou operando milagres extraordinários, trazendo esperança para aqueles que já tinham capitulado à voz estridente da desesperança. Aqueles que estão desprovidos de fé escancaram a boca para o riso da zombaria em vez de erguerem um cântico de vitória por causa da poderosa presença de Jesus, diante de quem a morte não pode erguer sua fronte altiva. Jesus ordena que os incrédulos sejam retirados da casa antes de o milagre acontecer (Mateus 9:24; Marcos 5:40). Aos que não creem, não lhes é permitido ver o milagre.

Nós olhamos para uma situação e dizemos: "Não tem jeito!". Colocamos o selo da desesperança e dizemos: "Impossível!". Com isso, somos tomados pelo desespero, e a única alternativa é lamentar e chorar. Mas Jesus olha para o mesmo quadro e diz: "É só mais um instante, é passageiro. Ainda não é o fim. Eu vou estancar suas lágrimas, aliviar sua dor, trazer vida a esse cenário de morte!".

Em quinto lugar, *quando Jesus vai conosco, a morte não tem a última palavra*. Os mensageiros que haviam ido a Jairo, bem como o povo que se reunia em sua casa, pensaram que a morte era o fim da linha, uma causa perdida, uma situação irremediável. Mas a morte também precisa bater em retirada diante da autoridade de Jesus. Diante do coral da morte, ergue-se o solo da ressurreição: "Ele, tomando-a pela mão, disse-lhe, em voz alta: Menina, levanta-te!' Voltou-lhe o espírito, ela imediatamente se levantou" (Lucas 8:54-55). Chamando-a "menina", Jesus demonstrou a ela não apenas seu poder, mas também sua simpatia e seu amor.

Toda descrença e dúvida foram vencidas pela palavra de poder de Jesus. A menina levantou-se não apenas da morte, mas também da enfermidade. Jesus não usou nenhum encantamento nem palavra mágica. Somente com sua palavra de autoridade, sem uma luta ofegante, sem métodos, Ele se impôs à morte.[7] Diante da voz do onipotente Filho de Deus, a morte curvou sua fronte altiva, dobrou seus joelhos e prostrou-se, vencida, perante o Criador!

Para Jesus não há causa perdida. Ele dá vista aos cegos, levanta os paralíticos, purifica os leprosos, liberta os possessos, ressuscita os mortos, quebra as cadeias dos cativos e levanta os que estão caídos. Hoje, Ele dá vida aos que estão mortos em seus delitos e pecados. Ele arranca do império das trevas os escravos do Diabo e faz deles embaixadores da vida. Ele arranca o ébrio, o drogado, o criminoso do porão da cadeia e faz deles arautos do céu. Ele apanha uma vida na lama da imoralidade e faz dela um facho de luz. Ele apanha uma família quebrada e faz dela um jardim engrinaldado de harmonia, paz e felicidade.

Em sexto lugar, *quando Jesus vai conosco, o choro da morte é transformado na alegria da vida*. Marcos registra que imediatamente a menina se levantou e pôs-se a andar (5:42). Lucas diz que Jesus ordenou que lhe dessem de comer (8:55). A ressurreição restaurou tanto a vida como a saúde. Nenhum resquício de

---

[7] POHL, Adolf. *Evangelho de Marcos*, p. 193.

mal, nenhum vestígio de preocupação. O milagre foi completo, a vitória foi retumbante, a alegria foi indizível.

Mateus informa que "a fama deste acontecimento correu por toda aquela terra" (9:26). O poder de Jesus sobre a morte tornou-se tão notório que a notícia desse acontecimento alastrou-se. Esses sinais confirmavam a messianidade de Cristo. Suas palavras eram irresistíveis, e suas obras, irrefutáveis. Aonde Jesus chega, entram a cura, a libertação e a vida. Onde Jesus intervém, o lamento e o desespero são estancados. Diante dele, tudo aquilo que nos assusta é vencido. A morte, com seus horrores, não tem mais a palavra final. A morte foi tragada pela vitória. Na presença de Jesus há plenitude de alegria. Só Ele pode acalmar os vendavais da nossa alma, aquietar nosso coração e trazer-nos esperança no meio do desespero.

Jesus é a esperança dos desesperançados. Coloque sua causa aos pés de Jesus, pois Ele ainda caminha conosco e tem todo o poder para transformar o cenário de desesperança em celebração de grande alegria.

capítulo 17

CURA DE DOIS CEGOS DE CAFARNAUM

Mateus 9:27-31

JESUS ACABARA DE partir da casa de Jairo, quando dois cegos o seguiram até sua casa. Eles clamavam sem cessar, rogando compaixão ao Filho de Deus. Jesus pergunta se eles tinham fé para crer que Ele era poderoso para realizar o milagre. Eles sem detença afirmam que sim. Então, Jesus atende-lhes o pedido, e seus olhos são abertos. Conquanto Jesus lhes tivesse alertado de não contar a ninguém esse prodígio, eles saíram a divulgar esse grande milagre, e a fama de Jesus continuou espalhando-se por toda aquela terra. Esse episódio enseja algumas lições, que vemos a seguir.

O CLAMOR DAQUELES QUE TÊM FÉ

Dois cegos seguem Jesus, da casa de Jairo até sua casa clamando: "Tem compaixão de nós, Filho de Davi!" (Mateus 9:27). A cegueira era uma das grandes maldições do Oriente. Eram provocadas por forte resplendor do sol e também por falta de higiene.[1] A cura

---

[1] BARCLAY, William. *Marcos*, p. 202.

de um cego era um evento extremamente raro no Antigo Testamento e estava ligada a circunstâncias extraordinárias (veja 2Reis 6:8-23).[2]

A cegueira não é apenas uma doença dos olhos, mas a morte deles. Os cegos rogam a Jesus para ressuscitar seus olhos, assim como Ele ressuscitara a filha de Jairo. Os dois estão mergulhados na escuridão. A não ser que Jesus opere neles o milagre, fecharão as cortinas da vida imersos em densas trevas.

Eles nada exigem; apenas suplicam. Eles não pedem justiça; apenas compaixão. Eles reconhecem que Jesus é o Messias prometido, o Filho de Davi. Esse era um título popular de Jesus, que lhe fora atribuído por causa de seus milagres. Assim, quando os dois cegos chamam Jesus de "Filho de Davi", faziam muito mais do que reconhecer sua linhagem. Eles o reconhecem como Messias. "Filho de Davi" é um título messiânico, usado mais frequentemente em Mateus (1:1; 9:27; 12:23; 15:22; 20:30-31; 21:9,15; 22:42,45) do que nos outros Evangelhos. Isso está consistente com o objetivo desse evangelista em mostrar a seus leitores que Jesus é o Messias, que veio ao mundo pela linhagem do maior rei do Antigo Testamento, Davi.

A CONFIANÇA INABALÁVEL DA FÉ

Os cegos clamaram pela compaixão de Jesus durante todo o deslocamento deste até sua casa. Jesus não lhes atendeu de imediato. Mesmo assim, os dois não se afastaram dele, pelo contrário: "Tendo ele entrado em casa, aproximaram-se os cegos" (Mateus 9:28).

---

[2] CARSON. D. A. *O comentário de João*, p. 375.

Os cegos não desistiram em sua oração, apesar da aparente indiferença de Jesus. Eles buscaram sem cansar. A oração tem a ver com humildade, perseverança e ousadia. A oração não é um ritual semipassivo, consistindo em partilhar, de vez em quando, nossos interesses com Deus. A oração exige vigor e persistência. Os que permanecem pedindo são os que recebem; os que permanecem buscando são os que acham. Deus abre a porta aos que permanecem batendo.[3]

Vendo que os cegos ainda clamavam por sua compaixão, Jesus lhes pergunta: "Credes que eu posso fazer isso?". Eles lhe respondem: "Sim, Senhor!" (Mateus 9:28). A fé vê o invisível, ouve o inaudível e toma posse do impossível. A fé não se concentra nas limitações intransponíveis dos homens, mas na onipotência absoluta de Jesus. A fé não é sugestionamento emocional. Seu objeto é o próprio Deus. Não se fundamenta em misticismo. Não é crendice. Não é fanatismo. A fé tem um alicerce sólido.

Devemos nos aproximar de Jesus com plena certeza de fé. Ele pode o impossível. Para Ele, não há doença incurável nem vida irrecuperável. Ele pode tudo quanto quer. Para Ele, não há impossíveis. Sua compaixão é sem limites, e seu poder é incomensurável.

A VITÓRIA RETUMBANTE DA FÉ

Mateus registra: "Então, lhes tocou os olhos, dizendo: 'Faça-se-vos conforme a vossa fé'"(9:27). A fé move as mãos de Jesus, e Jesus não apenas ressuscita os olhos desses cegos, mas toca neles com ternura. Jesus não apenas curou esses dois cegos, mas lhes

---

[3] MOUNCE, Robert H. *Mateus*, p. 74.

galardoou a fé. Os dois foram curados pela fé em Jesus. Não é fé na fé. Não é fé em um amuleto espiritual. Não é fé na confissão positiva. É fé em Jesus. A fé honra a Cristo, e Cristo honra a fé. Os cegos receberam a visão de Cristo, mas conforme a sua fé. Porque creram, eles viram. Porque confiaram, eles saíram da escuridão para a luz. Porque bateram, a porta se abriu.

O milagre aconteceu. As células mortas ganharam vida. A parte morta do corpo voltou a viver. A fé que clama também confia, e a fé que confia recebe o milagre. A cura foi instantânea e completa. A luz voltou aos olhos daqueles dois cegos e, mesmo sob severa advertência para não fazerem propaganda do milagre, os homens não calaram a sua voz. Jesus advertiu-os de terem cautela porque não queria atrair oposição das autoridades judaicas precocemente nem queria que o povo o visse apenas como um operador de milagres.

A fé confiante é o caminho da vitória, pois a fé é a certeza de coisas que se esperam e a convicção de fatos que se não veem. Tudo é possível ao que crê. Esses dois cegos foram curados, e curados pela fé. A fé move a mão daquele que move o mundo. A fé aciona o poder onipotente daquele para o qual não há coisa demasiadamente difícil. Aqueles que creem em Jesus têm suas orações atendidas e suas necessidades supridas. Dele emana todo poder, e Ele tem toda autoridade para nos socorrer em nossas angústias e nos trazer tempos de refrigério.

capítulo 18

CURA DO ENDEMONINHADO MUDO

Mateus 9:32-34

LOGO QUE OS dois homens curados de cegueira saíram da casa de Jesus, um mudo endemoninhado foi levado até Ele. Jesus expulsou o demônio do homem. Tendo sido curado, o homem passou a falar. Enquanto as multidões admiradas diziam nunca ter visto tal coisa em Israel, os fariseus murmuravam e blasfemavam, dizendo novamente que Jesus expelia os demônios pelo maioral dos demônios. Esse episódio enseja-nos algumas lições.

UM SOFRIMENTO DE ORIGEM ESPIRITUAL

A mudez do homem levado a Jesus não tinha uma causa física, mas espiritual. O que estava nele não era uma enfermidade, mas um demônio. O homem possuía língua, mas ela estava travada. Ele vivia no cativeiro do silêncio. Nenhum remédio podia aliviar-lhe o sofrimento. Jesus não lidou com os sintomas, mas com a fonte da doença. A mudez era o sintoma, mas a causa era um demônio. O demônio havia silenciado o homem. Tão logo Jesus expeliu o demônio, o homem passou a falar. Sua língua foi destravada.

Essa cura nos enseja duas lições.

Em primeiro lugar, *os demônios não são mitos*. Não são seres lendários. São seres espirituais malignos. Atormentam os seres humanos com sofrimento físico, emocional e espiritual. Não podemos ignorar os desígnios do Diabo. Satanás é descrito na Escritura como opositor e acusador. Ele é o deus deste século, o príncipe das potestades do ar, o pai da mentira. Satanás é ladrão e assassino. Ele é tentador e destruidor. Ele veio para roubar, matar e destruir. Ele não descansa, não dorme nem tira férias. Está rodeando a terra e passeando por ela, e isso não para fazer turismo, nem para se alegrar com a beleza da criação de Deus. Seu propósito é andar ao nosso derredor, como leão que ruge (1Pedro 5:8). O leão ruge para espantar a presa e assim capturá-la com mais facilidade. Ele é um inimigo cruel. Satanás tem uma corja demoníaca que trabalha sob suas ordens. Nossa luta é contra esses principados, potestades, dominadores deste mundo tenebroso e forças espirituais do mal.

Deixo claro, entretanto, que não defendo a tese de que Satanás é o responsável por tudo de ruim que acontece no mundo. Depois da Queda de nossos primeiros pais, o ser humano tem uma natureza corrompida e inclinada para o mal. Do seu coração procedem os maus desígnios. Aqueles que veem Satanás em todos os deslizes do ser humano e tentam amarrar Satanás como se ele fosse o único responsável pelos pecados estão equivocados. Antes de amarrar Satanás, a pessoa deve amarrar a si mesma. O ser humano carece não apenas de libertação, mas de arrependimento. A Bíblia diz que todos pecaram e destituídos estão da glória de Deus (Romanos 3:23).

Em segundo lugar, *o poder de Jesus é absoluto*. Os demônios estão debaixo de sua autoridade. Não podem resistir ao seu poder. Eles saem se Jesus os manda embora e ficam se Jesus lhes permitir.

Quando Deus permitiu que Satanás ferisse Jó, Ele colocou uma restrição: "Eis que ele está em teu poder; *mas poupa-lhe a vida*" (Jó 2:6). Não se trata de um pedido, mas de uma ordem. Satanás é um ser limitado. Ele só pode ir até onde Deus permite que vá. Nem um centímetro a mais. Muitos hoje exageram na questão da batalha espiritual. Ao defenderem uma visão maniqueísta, colocam Satanás como um deus caído, e não como um anjo caído. Satanás é uma criatura. Não tem os atributos da divindade. Satanás é limitado quanto ao tempo, ao poder e ao território de sua ação. Satanás, como bem afirmou Lutero, é um cachorro na coleira de Deus. Só pode ir até onde Deus lhe permite ir.

Deus, na sua soberania, usa os mensageiros de Satanás na vida dos seus servos. As bofetadas de Satanás não anulam os propósitos de Deus, mas contribuem com eles. Até mesmo os esquemas satânicos podem ser usados em nosso benefício e no avanço do reino de Deus. O Diabo intentou contra Jó para afastá-lo de Deus, mas só conseguiu colocá-lo mais perto do Senhor.

DUAS REAÇÕES AO MILAGRE

Há poucas passagens que mostra melhor do que essa a impossibilidade de permanecer neutro diante de Jesus. Mateus nos relata duas reações diante da cura que Ele operou.

Em primeiro lugar, *esse extraordinário milagre produziu grande admiração nas multidões*. Elas não puderam se conter, mas exclamaram: "Jamais se viu tal coisa em Israel!" (Mateus 9:33). Afirmam, portanto, a singularidade de Jesus. Ele não é um entre tantos homens revestidos de poder. Ele é o Deus todo-poderoso. Até mesmo as chaves da morte e do inferno estão em suas mãos.

Em segundo lugar, *esse extraordinário milagre produziu grande inveja nos fariseus.*

Vendo as multidões deixar suas fileiras para seguir Jesus e receber dele tão magníficos milagres, não podendo negar seus gloriosos feitos, atribuíram esses feitos ao poder do maioral dos demônios.

Aqui os fariseus cruzaram a linha demarcatória. Aqui caíram no abismo da apostasia plena e irremediável. Aqui blasfemaram contra o Espírito Santo, o pecado sem perdão, pois atribuíram a Satanás o milagre realizado por Jesus pelo poder do Espírito Santo.

Blasfemar significa "injuriar, caluniar, vituperar, difamar, falar mal". A blasfêmia contra o nome de Deus era um pecado imperdoável no Antigo Testamento (Levítico 24:10-16). Por isso, os fariseus e escribas julgaram Jesus passível de morte, pois Ele dizia ser Deus. Isto, para os judeus, era blasfêmia (Marcos 2:7; 14:64; João 10:33). Segundo a lei, a alma que pecava por ignorância trazia oferenda pelo pecado, mas a pessoa que pecava deliberadamente era eliminada, pois havia cometido um pecado imperdoável (Números 15:30). Pecar consciente e deliberadamente contra um conhecimento claro da verdade é evidência da blasfêmia contra o Espírito Santo, e por natureza esse pecado faz o perdão ser impossível, porque a única luz possível é deliberadamente apagada.

A blasfêmia contra o Espírito é a atitude consciente e deliberada de negar a obra de Deus em Cristo pelo poder do Espírito e atribuir o que Cristo faz ao poder de Satanás. A blasfêmia

CURA DO ENDEMONINHADO MUDO

consiste em afirmar que o poder que age em Cristo não é o Espírito Santo, mas Satanás. É afirmar que Cristo está não apenas possesso, mas possesso do maioral dos demônios. É dizer que Cristo é aliado de Satanás, em vez de estar engajado contra ele. João Calvino entendia que o pecado imperdoável é uma espécie de apostasia total. É imperdoável porque rejeita o Espírito Santo e Cristo dizendo que o Salvador é ministro de Satanás. É imperdoável porque é um pecado consciente, intencional e deliberado de atribuir a obra de Cristo pelo poder do Espírito Santo a Satanás. Esse pecado constitui uma irreversível dureza de coração.

A blasfêmia contra o Espírito Santo não é um pecado de ignorância. Não é por falta de luz. Para que uma pessoa seja perdoada, precisa estar arrependida. O perdão precisa ser desejado. Os escribas, mesmo sob a evidência incontroversa das obras de Cristo, negam e invertem essa obra. Eles não sentiam nenhuma tristeza pelo pecado. Eles substituíram a penitência pela insensibilidade, e a confissão pela intriga. Portanto, devido à sua insensibilidade criminosa e completamente indesculpável, eles estavam condenando a si mesmos.[1] Eles fecharam a porta da graça com suas próprias mãos.

---

[1] HENDRIKSEN, William. *Marcos*, p. 183.

capítulo 19

PRIMEIRA MULTIPLICAÇÃO DOS PÃES

Mateus 14:13-21; Marcos 6:30-44; Lucas 9:12-17; João 6:1-15

ESSE É O único milagre narrado pelos quatro evangelistas, embora haja algumas diferenças nos registros. Os três Evangelhos Sinóticos mencionam dois motivos pelos quais Jesus e seus discípulos foram para o lado oriental do mar da Galileia. Primeiro, eles andavam muito atarefados com as demandas variegadas das multidões e nem sequer tinham tempo para comer. Segundo, estavam abatidos com a notícia trágica da morte de João Batista, por ordem do rei Herodes. O evangelista João coloca esse texto no contexto da proximidade da Páscoa e do célebre sermão de Jesus sobre o pão da vida.

Mateus e Marcos informam que, em virtude desses acontecimentos, Jesus se afastou com seus discípulos para um tempo de descanso em um lugar deserto (Mateus 14:13,15; Marcos 6:30-32). Lucas diz que esse retiro ocorreu numa cidade chamada Betsaida (9:10). João diz que o ocorrido se deu no monte (6:3). Fica evidente que esse monte ficava próximo de Betsaida e que se tratava de um lugar deserto, uma vez que ali não havia como comprar alimento para aquela multidão.

UMA NECESSIDADE A SER SUPRIDA

O cansaço físico e o esgotamento emocional sinalizam a necessidade do descanso. É nesse contexto que os discípulos saem com Jesus para um lugar deserto. Eles vão de barco para o lado oriental do mar da Galileia, região conhecida como as montanhas de Golã. O convite de Jesus ao descanso é a expressão de seu cuidado pastoral pelos discípulos. Enquanto curam e atendem os outros, os discípulos não estão isentos da estafa provocada pelo trabalho com pessoas.[1] Jesus ensina que temos necessidades físicas e emocionais que precisam ser atendidas, e que precisamos cuidar de nós mesmos antes de cuidar de outros. Precisamos reabastecer nossas forças para continuar fazendo a obra.

Ao desembarcarem, porém, deparam-se com uma numerosa multidão. Mateus diz que essas pessoas, ao saberem do retiro de Jesus, seguem-no por terra (14:13). João diz que essa multidão que desabalou de Cafarnaum e arredores para encontrar Jesus naquela região deserta assim o fez porque tinha visto seus sinais, curando enfermos (6:2). Ela não o buscava movida pela fé genuína. Ela o via apenas como um operador de milagres. Buscou-o apenas como alguém que poderia ajudá-la em suas necessidades imediatas.

Mesmo assim, Jesus sentiu compaixão por essa multidão. O verbo "compadecer-se" expressa, no Novo Testamento, o grau mais elevado de simpatia para com aquele que sofre. Denota uma preocupação profunda que se traduz em auxílio ativo. Essa palavra significa literalmente "condoer-se por dentro" e é muito

---

[1] MULHOLLAND, Dewey M. *Marcos*, p. 108.

PRIMEIRA MULTIPLICAÇÃO DOS PÃES

mais forte do que a simples solidariedade. De modo algum Jesus despede a multidão por estar de férias; antes, vai ao encontro dela para socorrê-la. Jesus não veio para despedir as pessoas, mas para salvá-las.

Jesus supriu as necessidades da multidão, em vez de pensar apenas no seu bem-estar. Ele fez três coisas para suprir a necessidade dessa multidão. Primeiro, *Ele ensinou a multidão acerca do reino de Deus.* Não ensinou banalidades, mas falou acerca do reino. Supriu a necessidade da mente. Segundo, *Ele curou os enfermos.* Jesus atendeu às necessidades físicas. *Terceiro, Ele alimentou a multidão.* Ele, como divino provedor, se importa com nossas necessidades e nos atende segundo sua imensa bondade. Com essas três atitudes, Jesus atendeu não apenas às necessidades físicas, mas também espirituais do povo.

A INCAPACIDADE DOS DISCÍPULOS

Depois de um dia intenso de atividade com a multidão carente, no qual Jesus ensinou e curou os enfermos, os discípulos resolvem agir. Eles se depararam com quatro dificuldades intransponíveis.

Em primeiro lugar, *o local era deserto.* Um local ermo não era o ambiente favorável para uma multidão com mulheres e crianças. Assim, dizem a Jesus: "O lugar é deserto" (Mateus 14:15). O deserto, porém, era tanto um lugar de descanso como de prova. Jesus não estava apenas cuidando da multidão, mas também provando seus discípulos, como veremos.

Em segundo lugar, *a hora já estava avançada.* Eles informam Jesus: "É deserto este lugar, e já avançada a hora" (Marcos 6:35). A noite em breve cairia com suas sombras espessas, e aquela multidão estaria exposta a toda sorte de perigos.

Em terceiro lugar, *a multidão era grandiosa.* Os discípulos reconhecem que as pessoas precisavam comer: "Despede a multidão, para que, indo às aldeias e campos circunvizinhos, se hospedem e achem alimento; pois estamos aqui em lugar deserto" (Lucas 9:12). Eles não veem como poderiam alimentar tão grande multidão. Não encontram outra solução senão despedi-la. Que a multidão arranje solução para seus próprios problemas.

Em quarto lugar, *eles não tinham recursos para suprir a necessidade da multidão.* Havia um grande déficit no orçamento deles. A despesa era maior do que a receita. Eles eram poucos, e os recursos também eram poucos para atender a tão grande multidão. O melhor plano deles é muito ruim.

Para os apóstolos, tudo era desfavorável: o local era deserto, a hora estava avançada, a multidão era enorme, e eles não tinham dinheiro suficiente. Os discípulos enfatizam o que eles não têm.

Antes mesmo de a grande multidão chegar, Jesus já tinha visto suas necessidades e decidido supri-las. Ele sabia que as pessoas estavam exaustas e sem rumo, como ovelhas sem pastor. A ovelha é um animal frágil e dependente que precisa de sustento, direção e proteção. A situação do povo mostrava que os líderes religiosos de Israel não estavam cuidando espiritualmente do rebanho de Deus.

Jesus, então, aproveita a ocasião para colocar Filipe em prova. Ele lhe pergunta: "Onde compraremos pães para lhes dar a comer"? (João 6:5). Filipe, com sua mente pragmática, responde: "Não lhes bastariam duzentos denários de pão, para receber cada um o seu pedaço" (v. 7). Em outras palavras, ele diz: "Senhor, o problema não é *onde*, mas *como*. Ainda que houvesse um lugar para comprar pão, não teríamos dinheiro para satisfazer essa multidão".

PRIMEIRA MULTIPLICAÇÃO DOS PÃES

A resposta de Filipe revela o fato de que ele pensava em uma solução somente na esfera do mundo natural. Um denário era o pagamento de um dia para um trabalhador comum; a quantia estimada por Filipe, portanto, representava oito meses de salário.[2] Na mente pragmática de Filipe, eles estavam lidando com um problema sem solução. Havia uma multidão faminta, em um lugar deserto, numa hora avançada, sem comida, sem dinheiro e sem lugar para comprar alimento.

Filipe era bom em contas. Sabia muito bem calcular valores para constatar que havia um gritante abismo entre a receita e as despesas. Mas no quesito fé, ele estava reprovado, pois não tinha nenhuma visão espiritual. Ele só viu o problema, mas não divisou a solução. Só viu a limitação humana, mas não a onipotência divina.

UM DÉFICIT HUMANO A SER SUPERADO

Diante das impossibilidades apresentadas pelos discípulos, Jesus lhes ordena dar comida para a multidão. André, irmão de Pedro, entra em cena para informar a Jesus que, no meio da multidão, havia um rapaz com uma pequena provisão de cinco pães de cevada e dois peixinhos. Mas ele, tomado pela mesma lógica de Filipe, deu seu parecer: "Mas isto que é para tanta gente?" (João 6:9).

Somente João especifica que os pães não eram de trigo, mas de cevada, o pão barato das classes mais pobres. A cevada era um produto agrícola usado na época para alimentar os animais. Também é apenas João que se refere aos peixes como "peixinhos", utilizando uma palavra no grego que indica que eram peixes pequenos e talvez salgados, que davam um gosto especial aos

---

[2] CARSON, D. A. *O comentário de João*, p. 271.

pães de cevada. Pelo tamanho da multidão, essa pequena refeição dificilmente era digna de nota. André a mencionou apenas para mostrar que não havia o suficiente para tantas pessoas famintas. Mas para o propósito do Senhor ela era suficiente.[3]

Se Filipe acentua a falta de dinheiro para alimentar a multidão, André destaca a pequena provisão disponível para alimentar tanta gente. Nenhum dos dois conseguiu discernir a disposição de Jesus para resolver o problema. Quando olhamos para a insignificância dos nossos recursos e a grandeza dos desafios, ficamos desesperados. Jamais poderemos atender à demanda das multidões se nos fiarmos em nossos próprios recursos. Porém, o que não podemos fazer, Jesus faz.

O milagre de Deus ocorre quando o ser humano decreta sua falência. Eles tinham um déficit imenso. Era um orçamento desfavorável: cinco pães e dois peixes para alimentar uma grande multidão. O rapaz entregou seu lanche a André, que o levou a Jesus, e Jesus então o multiplicou. Não podemos fazer o milagre, mas podemos levar o que temos às mãos de Jesus. Deus não nos chama para prover para sua obra. Essa é a responsabilidade dele. Deus nos chama para colocar em suas mãos o que temos, ainda que sejam apenas alguns pães e peixes. Ele cuidará da multiplicação.[4]

UMA ORGANIZAÇÃO NECESSÁRIA

Antes de realizar o milagre da multiplicação, Jesus mandou a multidão assentar-se. O milagre divino não dispensa a organização humana. A obra de Deus precisa ser feita com ordem e

---

[3] BRUCE, F. F. *João*, p. 131.
[4] SWINDOLL, Charles. *Insights on John*, p. 134.

PRIMEIRA MULTIPLICAÇÃO DOS PÃES

decência. Uma multidão sem organização pode causar imensos transtornos. Sobretudo, uma multidão faminta como aquela. Por isso, Jesus ordena aos discípulos para dividir a multidão em grupos de cinquenta pessoas (Marcos 6:40; Lucas 9:14). Não deveria haver tumulto. Todos deveriam ser igualmente atendidos.

UMA MULTIPLICAÇÃO GENEROSA

Jesus opera o milagre valendo-se do pouco que eles tinham. O pouco nas mãos de Jesus é uma provisão suficiente para uma grande multidão. Há um ritual seguido por Jesus: Ele toma os pães e os peixes e dá graças; depois os entrega aos discípulos, que os repartem com a multidão. A multidão come a fartar. Nenhuma necessidade. Nenhuma escassez de provisão.

Jesus tem pão com fartura. Aquele que se alimenta dele não tem mais fome. Ele satisfaz plenamente. Assim como Deus alimentou o povo de Israel no deserto, provendo o maná, agora Jesus alimenta a multidão. O mesmo Deus que multiplicou o azeite da viúva de Sarepta (1Reis 17:8-16) está agora multiplicando pães e peixes na Galileia. O mesmo Jesus que transformou a água em vinho está agora exercendo o seu poder criador para multiplicar os pães e os peixes.

O milagre da multiplicação é da economia de Cristo; a obra da distribuição é da responsabilidade dos discípulos. Jesus sempre tem pão com fartura para os famintos; cabe-nos, porém, a sublime tarefa de alimentá-los! Não somos provedores; somos mordomos. Aquele que tem pão com fartura nos dá o privilégio e a responsabilidade de distribuir sua provisão para as multidões. Somos cooperadores de Deus. O milagre vem de Jesus, mas nós o repartimos com a multidão. Não temos o pão, mas o distribuímos a partir das mãos de Jesus.

UMA MORDOMIA NECESSÁRIA

A fartura da provisão não autoriza o desperdício da sobra. Concordo com as palavras do escritor William Hendriksen: "Os recursos infinitos não são desculpa para desperdício. O desperdício é pecado".[5] Quando o Senhor supre as necessidades do seu povo, há abundância, mas não desperdício. Não há lata de lixo no reino de Deus. Depois que todos se fartaram, Jesus ordenou que os discípulos recolhessem os pedaços que haviam sobrado, para que nada se perdesse. Os discípulos recolheram doze cestos cheios de pães de cevada, um cesto para cada discípulo.

Charles Spurgeon observa que, ao alimentarmos os outros, nosso estoque aumenta. Aquilo que sobrou foi maior do que aquilo que deram. Aqueles que enchem a boca dos outros terão as suas próprias cestas cheias. Todos ficam satisfeitos quando Jesus dá o banquete.[6]

O dom de Deus não deve ser desperdiçado. O pão é fruto da graça de Deus, e não podemos jogar fora a graça de Deus. O que sobeja precisa ser aproveitado. O problema do mundo não é falta de provisão, mas a distribuição injusta. O que falta no mundo não é pão, mas compaixão. O que é desperdiçado na mesa do rico é o alimento que falta na mesa do pobre. Em vez de desperdiçar o pão que sobra em nossa mesa, deveríamos recolhê-lo e reparti-lo com os famintos.

Com esse milagre, Jesus ilustra a grandiosa verdade que ensinará em seguida: Ele é o Pão da vida (João 6:35).

---

[5] HENDRIKSEN, William. *João*, p. 293.
[6] SPURGEON, Charles H. *O Evangelho segundo Mateus*, p. 290.

capítulo 20

JESUS ANDA SOBRE A ÁGUA

Mateus 14:22-36 ; Marcos 6:45-56 ; João 6:16-21

O DIA ESTAVA declinando quando os discípulos entraram no barco, por ordem de Jesus. Para trás ficavam a multidão e o Mestre. O coração dos discípulos provavelmente ainda exultava de entusiasmo por terem contemplado o milagre tão esplêndido da multiplicação dos pães. O barco em que atravessavam o mar levava a rebarba da multiplicação, os doze cestos cheios.

Logo que começaram a viagem rumo a Cafarnaum, algo estranho aconteceu. O tempo mudou repentinamente. O vento, encurralado pelas montanhas de Golã de um lado e pelas montanhas da Galileia do outro, levantava as ondas que açoitavam o frágil batel dos discípulos. A embarcação oscilava de um lado para o outro sem obedecer a nenhum comando. O perigo era iminente. A ameaça era real. O naufrágio parecia inevitável.

Esse episódio é relatado por todos os Evangelhos, com exceção de Lucas. Mateus e Marcos o colocam entre a multiplicação dos pães e o ministério de cura em Genesaré. João faz dele o prefácio para o grande sermão de Jesus sobre o Pão da vida. O texto nos enseja algumas lições, que vemos a seguir.

QUANDO JESUS PARECE DEMORAR

Terminada a tarde de ensino e milagres, Jesus compeliu os discípulos a passarem para o outro lado do mar (Mateus 14:22; Marcos 6:45). Eles não voltam a Cafarnaum por conta própria. Jesus tampouco pediu, sugeriu ou aconselhou. Tratava-se de uma ordem, e os discípulos não tinham opção; deviam obedecer. E, ao obedecer, foram empurrados para o olho de uma avassaladora tempestade. Como entender isso? Por que Jesus permite que sejamos apanhados de surpresa por situações adversas? Por que Jesus nos empurra para o epicentro da crise? Por que somos sacudidos por vendavais maiores que nossas forças? Por que acidentes trágicos, perdas dolorosas e doenças graves assolam aqueles que estão fazendo a vontade Deus?

É mais fácil aceitar que a obediência nos leva aos jardins engrinaldados de flores em vez de à fornalha da aflição. É mais fácil aceitar que a obediência nos livra da tempestade, e não que nos arrasta para as torrentes mais caudalosas. A existência de problemas, porém, não significa que estamos fora do propósito de Deus, nem que Deus está indiferente à nossa dor. A vida cristã não é uma sala vip nem uma estufa espiritual. A vida cristã não é um paraíso na terra, mas um campo de lutas renhidas. A diferença entre um salvo e um ímpio não é o que acontece a ambos, mas o fundamento sobre o qual cada um constrói sua vida. Jesus disse que o insensato constrói sua casa na areia, mas o sábio a edifica sobre a rocha. A mesma chuva cai sobre os dois telhados, o mesmo vento sopra nas duas paredes e o mesmo rio bate nos dois alicerces. Porém, uma cai e a outra permanece de pé. O que diferencia uma casa da outra não são as circunstâncias, mas o fundamento. Um cristão enfrenta as mesmas intempéries que as

JESUS ANDA SOBRE A ÁGUA

demais pessoas, mas a tempestade não o destrói; antes, revela a solidez da sua confiança no Deus eterno.

Não fique desanimado por causa das tempestades da sua vida. Elas podem ser inesperadas para você, mas não para Deus. Elas podem estar fora do seu controle, mas não do controle do Altíssimo. Você pode não entender a razão por trás delas, mas pode ter certeza de que são instrumentos pedagógicos de Deus na sua vida. O sofrimento é a escola superior do Espírito Santo, que nos ensina as maiores lições da vida. As tempestades não vêm para nos destruir, mas para nos fortalecer. As tempestades não são uma negação do amor divino, mas uma oportunidade para experimentarmos o livramento amoroso de Deus.

Somos informados pelo evangelista Marcos que Jesus despediu os discípulos antes de despedir a multidão (6:45). Ele o faz pelo menos por duas razões.

- Primeira, *para livrá-los de uma tentação*. João informa que a multidão tinha o intento de fazer de Jesus seu rei (6:14-15). Ao despedir seus discípulos mais cedo, Jesus os poupou da tentação de ver o ministério de Cristo sob uma ótica distorcida. Os Doze não estavam prontos para enfrentar esse tipo de teste, visto que sua própria visão do reino era ainda nacionalista e política.[1]
- Segunda, *para interceder por eles na hora da prova*. Jesus não tinha tempo para comer (Marcos 3:20), mas tinha tempo

---

[1] WIERSBE, Warren W. *Be Diligent*, p. 66.

para orar. A oração era a própria respiração de Cristo.[2] Jesus orava no monte quando viu os discípulos em dificuldade (Marcos 6:48). O Senhor nos vê quando a tempestade nos atinge. Não há circunstância que esteja fora do alcance de sua intervenção. Os nossos caminhos jamais estão escondidos aos seus olhos. Ele está junto ao trono do Pai, intercedendo por nós.

João nos informa: "Já se fazia escuro, e Jesus ainda não viera ter com eles" (6:17). Isso nos faz crer que Jesus deve ter prometido ir ao encontro deles sem tardança. Enquanto havia uma nesga de luz sobre a superfície do lago, os discípulos olhavam para a praia, esperando a vinda de Jesus. Contudo, quando a noite cobriu a região com suas asas, Jesus ainda não havia chegado. Talvez nenhum fato nos deixe mais aflitos do que lidar com a demora de Jesus. Como reconhecer o amor de Deus se, na hora da nossa maior angústia, Ele não chega para nos socorrer? Como entender o poder de Deus com a perpetuação da crise que nos asfixia? Como conciliar a fé no Deus que intervém quando o mar da nossa vida fica cada vez mais agitado, a despeito de todos os nossos esforços? Como conciliar o amor de Deus com o nosso sofrimento? Como aliançar a providência divina com sua demora em atender ao nosso clamor? Essa certamente foi a maior tempestade que os aflitos discípulos enfrentaram no fragor daquele mar revolto.

Quantas vezes as pessoas nos ferem com perguntas venenosas: "O seu Deus, onde está? Se Deus se importa com você, por que

---

[2] HENDRIKSEN, William. *Marcos*, p. 331.

JESUS ANDA SOBRE A ÁGUA

você está passando por problemas? Se Deus ama você, por que você está doente? Se Deus satisfaz todas as suas necessidades, por que você está sozinho, nos braços da solidão? Se Deus é bom, por que Ele não poupou você ou a pessoa que você ama daquele trágico acidente? Se Deus é o Pai de amor, por que a pessoa que você ama foi arrancada dos seus braços pelo divórcio ou pela morte?". Muitas vezes, o maior drama que enfrentamos não é a tempestade, mas a demora de Jesus em nos socorrer. Além da tempestade, experimentamos a solidão e o sentimento do total abandono.

Talvez você esteja cruzando o mar encapelado da vida enquanto as ondas passam por cima da sua cabeça. Talvez você esteja orando por um assunto há muitos anos e, quanto mais ora, mais a situação se agrava. Talvez o seu sonho mais bonito esteja sendo adiado por anos e você ainda não ouviu nenhuma resposta ou explicação de Deus. Jesus, na verdade, não está longe nem indiferente. Ele não ignorava o drama dos seus discípulos; Ele estava no monte orando por eles (Marcos 6:46-48). Quando você pensa que o Senhor está longe, Ele está trabalhando a seu favor, preparando algo maior e melhor para você. Ele não dorme nem cochila, mas trabalha para aqueles que nele esperam. Ele não chega atrasado, nem a tempestade está fora do seu controle. Acalme o seu coração; Jesus sabe onde você está, como você está e para onde Ele o levará.

QUANDO O MEDO É INFUNDADO

À beira da noite, quando os discípulos estavam no meio do mar, a tempestade chegou, e o vento rijo começou a soprar. Os discípulos tentaram remediar a situação. Alguns deles eram pescadores.

Conheciam como ninguém aquele lago. Quanto mais se esforçavam, porém, mais o mar se agigantava. Aquilo que lhes era doméstico tornou-se um monstro indomável. O barco enchia-se de água. O pavor tomava conta deles. As circunstâncias mostravam sua carranca. A morte, e não Cafarnaum, parecia ser o seu destino.

Na quarta vigília da noite, Jesus foi ter com os discípulos (Mateus 14:25). Os judeus dividiam a noite em quatro vigílias: a primeira, das 18 às 21 horas; a segunda, das 21 horas à meia-noite; a terceira, da meia-noite às 3 horas; e a quarta, das 3 horas às 6 horas da manhã. Os discípulos entraram no mar ao cair da tarde. O céu ainda estava claro quando chegaram ao meio do mar (Marcos 6:47). De repente, o mar começou a se agitar, varrido pelo vento forte que soprava (João 6:18), e o barco foi açoitado pelas ondas (Mateus 14:24). Eles remaram com todo o empenho do cair da tarde até as 3 horas da madrugada e ainda estavam no meio do mar, no centro dos problemas, no lugar mais fundo, mais perigoso, sem sair do lugar.

Quando já estavam nocauteados, com a esperança morta, eles viram Jesus andando sobre o mar, aproximando-se do barco. Em vez de lhes trazer conforto e segurança, essa visão agravou ainda mais seu tormento. Eles ficaram possuídos de temor. Horas antes, naquele mesmo dia, não discerniram o poder criador de Jesus para alimentar os famintos no monte. Agora, de madrugada, no mar, não discernem o poder de Jesus para dominar a criação.

Destacamos a seguir algumas lições.

Em primeiro lugar, *Jesus sempre vem ao nosso encontro na hora da tempestade*. Jesus não chegou atrasado no mar da Galileia. O seu socorro veio na hora oportuna. Aquela tempestade só tinha uma

JESUS ANDA SOBRE A ÁGUA 225

finalidade: levar os discípulos a uma experiência mais profunda com Ele. As tempestades não são autônomas nem chegam por acaso. Elas estão na agenda de Deus. Fazem parte do currículo de Deus para nossa vida. Não aparecem simplesmente; são enviadas pela mão da providência. É conhecida a expressão usada pelo poeta inglês William Cowper: "Por trás de toda providência carrancuda, esconde-se uma face sorridente".

As tempestades não vêm para nos destruir, mas para nos fortalecer. As tribulações são recursos pedagógicos de Deus para nos levar à maturidade. Os discípulos conheceram Jesus de forma mais profunda depois daquele livramento. Deus não quer que você tenha uma experiência de segunda mão.

Jesus sabe quando a crise chega à sua vida. Ele sabe a dor que assalta o seu peito. Ele vê suas lágrimas. Está perto de você nas madrugadas insones. Sonda o latejar da sua alma agonizante. E vai ao seu encontro para socorrê-lo, estender-lhe a mão, acalmar os torvelinhos da sua alma e as tempestades da sua vida.

Em segundo lugar, *Jesus vem ao nosso encontro quando nossos recursos acabam*. Às vezes, temos a sensação de que os nossos esforços são inúteis. Remamos contra a maré. Esforçamo-nos, choramos, clamamos, jejuamos, mas o perigo não se afasta. Nessas horas, os problemas tornam-se maiores que nossas forças. Sentimo-nos esmagados debaixo dos vagalhões. Perdemos até mesmo a esperança do salvamento. Mas quando tudo parece perdido, quando chega a hora mais escura, a madrugada da nossa história, Jesus aparece para pôr fim à nossa crise. O Senhor não vem quando desejamos; Ele vem quando necessitamos. O tempo de Deus não é o nosso. Deus não livrou os amigos de Daniel da fornalha; livrou-os *na* fornalha. Deus não livrou Daniel da cova dos leões; livrou-o *na* cova. Deus não livrou Pedro da prisão, mas *na* prisão.

Em terceiro lugar, *Jesus vem ao nosso encontro caminhando sobre o mar*. Os discípulos esperavam com ansiedade o socorro de Jesus, mas, quando Ele veio, não o discerniram. Aquela era uma noite trevosa. O mar estava coberto por um manto de total escuridão. Ocasionalmente os relâmpagos luzidios riscavam os céus e despejavam um faixo de luz sobre as ondas gigantes que faziam o barco rodopiar. Exaustos, desesperançados e cheios de pavor, em um desses lampejos, os discípulos enxergaram uma silhueta caminhando resolutamente sobre as ondas. Assustados e tomados de medo, gritaram: "É um fantasma!".

Eles esperavam por Jesus, mas não de maneira tão estranha. O Senhor vai a eles de forma inusitada, andando sobre as ondas. Não apenas a tempestade era pedagógica, mas também o era a maneira de Jesus chegar aos discípulos. Jesus foi ao encontro deles quando todas as esperanças humanas já haviam chegado ao fim. Caminhou sobre o mar para lhes mostrar que aquilo que os ameaçava estava literalmente debaixo de seus pés. Os nossos problemas estão debaixo dos pés de Jesus. Eles podem ser maiores do que nossas forças e desafiar nossos limites, mas estão sob os pés de Jesus. O temor dos discípulos era absolutamente infundado. Temeram o que devia inspirar neles a maior confiança. Temeram aquele que trazia para eles o livramento da morte.

QUANDO AS ONDAS PARECEM GRANDES DEMAIS

Esse episódio nos ensina duas grandes lições.

- Primeiro, *as ondas que nos ameaçam estão sob a autoridade de Jesus*. O mar era um gigante imbatível, e as ondas suplantavam toda a capacidade de resistência dos discípulos. Eles estavam impotentes diante daquela tempestade.

Somos absolutamente impotentes para lidar com as forças da natureza. As ondas gigantes do tsunami desafiaram as fortalezas humanas e levaram mais de duzentas mil pessoas à morte na Ásia em 26 de dezembro de 2004. O furacão Katrina, vindo do golfo do México, assolou a costa norte-americana e inundou a cidade de New Orleans em 2005. Tempestades, terremotos, tufões e furacões deixam as grandes e poderosas nações absolutamente impotentes. Assim são os problemas que nos assaltam. São maiores que as nossas forças. Mas aquilo que era maior do que os discípulos e que conspirava contra eles estava debaixo do domínio do Senhor Jesus. Ele é maior do que os nossos problemas. As tempestades da nossa vida podem estar fora do nosso controle, mas não fora do controle de Jesus. Ele calca sob seus pés aquilo que se levanta contra nós.

Talvez você esteja lidando com um problema que tem o desafiado há anos. Suas forças já se esgotaram. Quem sabe já se dissipou no seu coração toda esperança de salvamento: seu casamento está afundando, sua empresa está falindo, sua saúde está abalada. Você fez tudo o que podia fazer, mas seu barco continua rodopiando no meio do mar, no lugar mais fundo e mais perigoso. Nessas horas, é preciso saber que Jesus vai ao seu encontro pisando sobre essas ondas. O perigo que o ameaça está debaixo dos pés do Senhor. Ele é maior do que todas as crises que conspiram contra você.

Diante dele, todo joelho se dobra. Diante dele, até as forças da natureza se rendem. Ele tem todo poder e toda autoridade no céu e na terra.

- Segundo, *Jesus faz da própria tempestade o caminho para chegar à sua vida*. Ele não apenas anda sobre a tempestade, mas a torna a estrada para ter acesso à sua vida. Muitas vezes, o sofrimento é a porta de entrada de Jesus em nosso coração. Ele usa até os nossos problemas para se aproximar de nós. O profeta Naum diz que o Senhor tem o seu caminho na tormenta e na tempestade (1:3). Mais pessoas se encontram com o Senhor nas noites escuras da alma do que nas manhãs radiosas de folguedo. As mais ricas experiências da vida são vivenciadas no vale da dor. Com certeza, os caminhos de Deus não são os nossos. Eles são mais altos e mais excelentes!

QUANDO JESUS AQUIETA A ALMA AFLITA

Jesus não apenas vem ao nosso encontro na hora da nossa aflição, mas vem para nos socorrer. Ele tem amor e poder. O texto em apreço nos ensina algumas preciosas lições, como vemos a seguir.

Em primeiro lugar, *Jesus vem para acalmar as tempestades da nossa alma*. A primeira palavra de Jesus não foi ao vento nem ao mar, mas aos discípulos: "Tende bom ânimo! Sou eu. Não temais!" (Mateus 14:27). Antes de acalmar a tempestade, Ele acalmou os discípulos. Antes de aquietar o vento, Ele fez serenar a alma dos discípulos. Jesus mostrou que a tempestade que estava dentro deles era maior do que a tempestade que estava do lado de fora. A tempestade da alma era mais avassaladora do que a

JESUS ANDA SOBRE A ÁGUA

tempestade das circunstâncias. O problema interno era maior que o externo. Jesus compreendeu que o maior problema deles não era circunstancial, mas existencial; não eram os fatos, mas os sentimentos.

Muitas vezes, as maiores tempestades que enfrentamos não são aquelas que acontecem fora de nós, mas aquelas que agitam a nossa alma e levantam vendavais furiosos em nosso coração. Os tufões mais violentos não são aqueles que agitam as circunstâncias, mas aqueles que deixam turbulentos os nossos sentimentos. Não são aqueles que ameaçam nos levar ao fundo do mar, mas aqueles que se derretem dentro de nós como avalanches, rolando impetuosamente das geleiras alcantiladas da nossa alma.

Antes de mudar o cenário que rodeava os discípulos, Jesus acalmou o coração deles, usando três argumentos, como vemos a seguir.

- *Primeiro*, Jesus levanta o ânimo deles. É natural perder o ânimo depois de uma longa tempestade. No coração daquele grupo havia se dissipado toda esperança de livramento. Então, a primeira palavra não é de censura, mas de ânimo. Jesus se importa com os nossos sentimentos. Ele é o supremo psicólogo. Ele nos dá um banho de consolação e encorajamento antes de transformar nossa situação. Ele não vem ao nosso encontro para acusar nem para nos esmagar, mas para nos sarar, nos encorajar e nos colocar em pé. Tenha bom ânimo. Jesus está com você. Aprume-se. Jesus está vindo ao seu encontro!

- *Segundo*, Jesus assegura que sua presença é o antídoto para nosso medo. Ele usa um único argumento para banir o medo dos discípulos: sua presença. Ele lhes diz: "Sou eu" (João 6:20). Entre o medo e o ânimo está Jesus. Onde Cristo está, a tempestade se aquieta, o tumulto se converte em paz, o impossível se torna possível, o insuportável se torna suportável e as pessoas atravessam o vale do desespero sem se desesperarem. A presença de Cristo conosco é nossa conquista da tempestade. O Criador dos céus e da terra está conosco. Aquele que sustenta o universo é quem nos socorre. Jesus prometeu estar conosco todos os dias. Mesmo quando não o vemos, Ele está presente. Mesmo quando a tempestade vem, Ele está no controle.

- *Terceiro*, Jesus lhes dá uma ordem. Ele diz: "Não temais". O medo embaça os olhos da alma. O medo embota o discernimento espiritual. O medo empalidece a fé. Onde reina o medo, a fé tropeça. Como vencer o medo? Sabendo que Jesus chegou! Que irrompeu em nossas crises. Que calca debaixo dos seus pés os nossos problemas. Que está no controle daquilo que foge ao nosso controle. Vencemos o medo quando, mesmo surrados por rajadas de vento, ouvimos a voz do Mestre: "Não temais".

Em segundo lugar, *Jesus vem para corrigir nossas ideias distorcidas*. Quando os discípulos viram Jesus andando sobre as águas, registraram erradamente os sinais da sua presença divina. Pensaram que era um fantasma. Em vez de clamarem para Ele, gritaram seu medo um na cara do outro. Aquele era um brado de terror porque, supersticiosamente, pensavam que os espíritos da noite traziam desgraças.

JESUS ANDA SOBRE A ÁGUA

A superstição ainda é algo forte. Mesmo nos dias de hoje, existem pessoas, incluindo membros de igreja, que consultam adivinhos e horóscopos. Há os que, na sexta-feira 13, quando um gato preto cruza seu caminho, entendem tal coincidência como indício de mau agouro. Há os que recuam, horrorizados, para não passar por baixo de uma escada; ou os que, quando se dirigem a um quarto de número 13 — assumindo que há tal quarto —, lá derramam uma quantidade razoável de sal. A superstição é uma fé baseada em sentimentos e opiniões. Não emana da Escritura, mas varia de acordo com o momento. Por isso, não oferece segurança nem paz.

Em terceiro lugar, *Jesus vem para nos socorrer de nosso naufrágio pessoal*. Ouvindo a voz de Jesus, Pedro dispõe-se a ir ao seu encontro. O Senhor o encoraja, dizendo-lhe: "Vem!" (Mateus 14:29). Movido pela fé, Pedro caminha sobre as ondas revoltas. Porém, reparando na força do vento, tem medo e, começando a submergir, grita: "Salva-me, Senhor!" (v. 30). Jesus, prontamente estendendo a mão, toma-o e lhe diz: "Homem de pequena fé, por que duvidaste?" (v. 31). Jesus sempre nos socorre quando, nas tempestades da vida, clamamos por seu socorro.

Em quarto lugar, *Jesus vem para acalmar as tempestades das circunstâncias*. A tempestade não dura a vida inteira. Ninguém suportaria uma vida toda carimbada pela turbulência. Há intervalos de bonança. Há tempos de refrigério. O choro pode durar uma noite inteira, mas a alegria vem pela manhã.

Depois que acalmou os discípulos, Jesus também pôs fim à tempestade. Ainda hoje, Ele continua acalmando as tempestades da nossa vida. Ele faz o nosso barco parar de balançar. Ele estanca o fluxo da nossa angústia e amordaça a boca da crise que berra aos nossos ouvidos. Quando Jesus chega, a tempestade precisa se encolher. Sua voz é mais poderosa que a voz do vento. Ele é o Senhor da natureza. Tudo que existe está sob sua autoridade. O vento ouve sua voz e o mar lhe obedece. As ondas se aquietam diante da sua palavra.

Jesus é poderoso para acalmar as nossas tempestades existenciais. A tempestade conjugal que assola a sua vida pode ser solucionada por Ele. O divórcio doloroso do cônjuge e dos filhos, que está sangrando seu peito, pode ser estacando por Ele. A crise financeira que jogou você ao chão e o deixou falido, desempregado e endividado pode ser resolvida por Ele. A enfermidade que rouba os seus sonhos, drena suas forças e estiola o seu vigor pode ser curada. A depressão que aperta o seu peito, tira o seu oxigênio e afunda você em um pântano de angústia, embaçando seus olhos, pode ser vencida. O medo que suga as suas energias pode acabar.

A sua tempestade pode ser maior do que você, mas ela está debaixo dos pés de Jesus. As coisas podem ter saído do seu controle, mas estão rigorosamente debaixo do controle de Jesus. Ele é maior que a sua crise. Ele se importa com você, pois você é especial para Ele. Você é a herança de Deus, a morada de Deus, a delícia de Deus, a menina dos olhos de Deus.

QUANDO JESUS VAI CONOSCO, SEMPRE CHEGAMOS AO NOSSO DESTINO

O destino dos discípulos não era o fundo do mar, mas Cafarnaum. Aqui cruzamos vales, atravessamos desertos, pisamos espinheiros, mas temos a garantia de que ainda que enfrentemos os rios caudalosos, as águas revoltas e as fornalhas ardentes, o Senhor

JESUS ANDA SOBRE A ÁGUA

está conosco para nos dar livramento e nos conduzir em triunfo ao nosso destino.

Quando Jesus subiu ao barco dos discípulos, o vento cessou (Marcos 6:51). Quando os discípulos receberam Jesus no barco, "logo o barco chegou ao seu destino" (João 6:21). Você também chegará salvo e seguro ao seu destino. A tempestade pode ser terrível e longa. Pode até retardar a sua chegada, mas nunca o impedirá de alcançar, salvo e seguro, o porto celestial. Mesmo que a morte chegue, ela não pode afastar você do seu lar eterno. A morte para quem crê no Senhor Jesus não é derrota, mas vitória; não é fracasso, mas promoção; não é o fim, mas o começo de uma eternidade gloriosa.

capítulo 21

CURA DA FILHA DA MULHER CANANEIA

Mateus 15:21-28; Marcos 7:24-30

ENQUANTO OS LÍDERES de Israel buscavam Jesus para dissimuladamente acusá-lo de blasfêmia e transgressão à lei, os gentios, que nada conheciam da lei, procuravam Jesus para nele encontrar resposta para os seus grandes dramas. Assim, Jesus deixou o ambiente carregado de religiosidade legalista dos judeus e foi para as bandas de Tiro e Sidom, terra de gentios. Esse retiro deliberado de Jesus para as regiões fenícias tinha também o propósito de preparar a si mesmo e a seus discípulos para os seus últimos dias.[1]

Tiro e Sidom eram cidades da Fenícia, que fazia parte da Síria. Tiro ficava a uns 60 quilômetros ao noroeste de Cafarnaum. Seu nome significa "rocha". Era um dos grandes portos naturais do mundo nos tempos antigos, além de ser uma fortaleza famosa. Sidom, por sua vez, situava-se a 42 quilômetros ao nordeste de Tiro e cerca de 100 quilômetros de Cafarnaum.[2] A cidade de

---

[1] BARCLAY, William. *The Gospel of Matthew*. vol. 2.
[2] Idem. *Marcos*, p. 190-191.

Sidom era sinônimo de paganismo; era uma cidade mal-afamada desde os tempos do Antigo Testamento, uma vez que de lá provinha Jezabel, a rainha que seduziu Israel para a idolatria (veja 1Reis 16:31).

Havia uma profecia de que, um dia, o povo de Tiro e circunvizinhança também compartilharia as bênçãos da era messiânica (Salmos 87:4). Essa profecia começou a se cumprir quando pessoas dessa região viajaram para a Galileia a fim de ouvir o ensino de Jesus e ser curadas das suas enfermidades (Mateus 4:24-25; Lucas 6:18).

Agora, é o próprio Jesus que vai até elas. Com isso, Ele está quebrando o conceito judaico da impureza. Os judeus consideravam os gentios cães impuros.[3] Jesus havia provado aos judeus que não existem alimentos impuros (Marcos 7:1-23). Agora, revela que não há pessoas impuras. Ele entra na terra dos gentios sem ser contaminado e torna claro que o evangelho é para todos. A base para ser aceito por Deus não é uma questão de antecedentes étnicos, mas de relacionamento com Jesus.[4]

É nesse território gentio que vai a Cristo uma mulher cananeia cuja filha está endemoninhada. Simbolicamente, essa mãe representa o mundo gentio que tão ansiosamente recebeu o pão do céu que os judeus haviam rejeitado. Ela apresenta com humildade e perseverança a sua causa. Mesmo enfrentando obstáculos, não desiste de esperar um milagre da parte de Jesus.

---

[3] BURN, John Henry. *The Preacher's Complete Homiletic Commentary on the Gospel according to Mark*, p. 266.

[4] MULHOLLAND, Dewey M. *Marcos*, p. 122.

CURA DA FILHA DA MULHER CANANEIA

Jesus não apenas libertou a filha da mulher cananeia, mas enalteceu sua fé. Essa mãe, embora gentia, possuía grande fé. Embora tivesse chegado abatida, saiu vitoriosa. Isso porque a fé vem da graça divina, e não da família que se tem ou da igreja que se frequenta. Uma pequena fé levará a sua alma ao céu, mas uma grande fé trará o céu à sua alma.

Vejamos algumas preciosas lições da passagem em tela.

A MÃE INTERCESSORA TEM DISCERNIMENTO SOBRE O QUE ESTÁ ACONTECENDO COM SEUS FILHOS

Esse texto nos mostra uma mãe aflita aos pés do Salvador. Mães aflitas estão por todos os lados. Pelo que sofrem as mães? Pelos seus filhos. Três coisas nos chamam a atenção acerca dessa mãe.

Em primeiro lugar, *ela discerne o problema que atinge sua filha*. A mulher sabia quem era o inimigo da sua filha. Ela sabia que o problema de sua filha era espiritual. Ela diz a Jesus: "Minha filha está horrivelmente endemoninhada" (Mateus 15:22). Ela tem consciência de que existe um inimigo real que conspirava contra a vida de sua filha para destruí-la.

Peter Marshal, capelão do senado norte-americano, pregou um célebre sermão no Dia das Mães, no qual afirmou que mães são as guardas das fontes. Elas são os instrumentos que Deus usa para purificar as fontes que contaminam os filhos.

Em segundo lugar, *ela discerne a solução do problema que atinge sua filha*. Aquela mãe percebeu que o problema da sua filha não era circunstancial. Não era simplesmente questão de estudar numa escola melhor, de morar em um bairro mais seguro e de ter mais conforto. Ela já tinha buscado ajuda em outras fontes e sabia que só Jesus poderia libertar sua filha.

Ela vai a Jesus. Busca-o. Chama-o primeiramente de "Filho de Davi", título popular de Jesus, aquele que fazia milagres. Depois, chama-o de Senhor. Por fim, se ajoelha. Ela começou clamando e terminou adorando. Ela começou atrás de Jesus e terminou aos seus pés.

Em terceiro lugar, *ela discerne que pode clamar a favor da sua filha*. A necessidade nos faz orar por nós mesmos, mas o amor nos faz orar pelos outros.[5] Essa mãe viu a terrível condição da sua filha, viu o poder de Jesus para libertá-la e clamou com intensidade e perseverança. Ela percebeu que nenhum ensino alcançaria a mente de sua menina e que nenhuma medicina sararia seu corpo. Ela orou por uma pessoa que não tinha condições de orar por si mesma, e não descansou até ter sua oração respondida. Pela oração, obteve a cura que nenhum recurso humano poderia dar. Sua filha não falou uma palavra sequer para o Senhor, mas sua mãe falou por ela, e ela foi liberta. Onde há uma mãe em oração, sempre há esperança.[6]

Aquela mãe não poderia dar à sua filha um novo coração, mas poderia pedi-lo a quem tinha poder para operar esse milagre. Não podemos dar aos nossos filhos a vida eterna, mas podemos orar por eles para que se convertam. Mesmo quando não pudermos mais falar de Deus para nossos filhos, podemos falar dos nossos filhos para Deus!

---

[5] BURN, John Henry. *The Preacher's Complete Homiletic Commentary on the Gospel according to Mark*, p. 267.
[6] RYLE, John Charles. *Mark*, p. 106.

UMA MÃE INTERCESSORA TRANSFORMA A NECESSIDADE EM ADORAÇÃO

Três verdades devem ser destacadas aqui nesse relato, como vemos a seguir.

Em primeiro lugar, *o clamor da mulher foi por misericórdia*. Ela está aflita e precisa de ajuda. Ela pede auxílio a quem pode ajudar. Ela não se conforma em ver sua filha sendo destruída. Sua dor a levou a Jesus. Ela viu o problema como oportunidade de se derramar aos pés do Salvador. O sofrimento pavimentou o caminho do seu encontro com Deus. Aquela mãe transformou sua necessidade em estrada para se encontrar com Cristo. Transformou a necessidade em oportunidade de se prostrar aos pés do Senhor. Transformou o problema no altar da adoração.

Em segundo lugar, *o clamor da mulher possuía senso de urgência*. Aquela foi a única vez durante o seu ministério que Jesus saiu dos limites da Palestina e foi às terras de Tiro e Sidom. Aquela mãe não perdeu a oportunidade. As oportunidades passam. É tempo de as mães clamarem a Deus pelos filhos. É tempo de as mães se unirem em oração pelos filhos. Precisamos ter um senso de urgência no nosso clamor. Como você se comportaria se visse seu filho numa casa em chamas? Certamente teria urgência em intervir para salvá-lo. Você tem a mesma urgência para ver seus filhos salvos para a eternidade?

Em terceiro lugar, *o clamor da mulher é cheio de empatia*. O problema da filha é o seu problema. Suas palavras eram: "Senhor, Filho de Davi, tem compaixão de *mim*!" (Mateus 15:22). Era sua filha quem estava possessa, mas ela sofria como se fosse a própria filha. A dor da sua filha era a sua dor. O sofrimento da filha era o seu sofrimento. Na verdade, ela sentia o sofrimento mais do que a própria menina.[7] A libertação da filha era a sua causa mais urgente.

UMA MÃE INTERCESSORA ESTÁ DISPOSTA A ENFRENTAR QUALQUER OBSTÁCULO PARA VER A LIBERTAÇÃO DE SEUS FILHOS

Essa mãe era determinada. Como Jacó, ela se agarrou ao Senhor sem abrir mão da bênção. Ela não descansou nem deu descanso a Jesus. Essa mulher encontrou vários obstáculos em seu caminho. Sua nacionalidade era contra ela: era gentia e Jesus era judeu. Além do mais, era mulher em uma sociedade dominada por homens. Satanás estava contra ela, porque um espírito imundo havia dominado a sua filha. Os discípulos estavam contra ela, pois queriam que Jesus a despedisse. O próprio Jesus aparentemente estava contra ela. Não era uma situação fácil.[8] Contudo, essa mãe não desanimou. Destacamos três obstáculos que ela enfrentou antes de ver o milagre de Jesus acontecendo na vida da sua filha.

Em primeiro lugar, *o desprezo dos discípulos de Jesus*. Os discípulos não pediram a Jesus para atender essa mãe, mas para despedi-la. Não se importaram com a sua dor, mas quiseram se ver livres dela. Não intercederam em favor dela, mas contra ela. Desprezaram-na em vez de ajudá-la. Tentaram afastá-la de Jesus em vez de levá-la aos pés do Salvador. Os discípulos foram movidos por irritação, e não por compaixão.

---

[7] GIOIA, Egidio. *Notas e comentários à harmonia dos Evangelhos*, p. 185.
[8] WIERSBE, Warren W. *Be Diligent*, p. 75.

CURA DA FILHA DA MULHER CANANEIA

Em segundo lugar, *o silêncio de Jesus*. O silêncio de Jesus é pedagógico. Há momentos que os céus ficam em total silêncio diante do nosso clamor. Foi assim com Jó. Ele ergueu aos céus dezesseis vezes a pergunta "Por que, Senhor?". Por que estou sofrendo? Por que a minha dor não cessa? Por que os meus filhos morreram? Por que eu não morri ao nascer? Por que o Senhor não me mata de uma vez? A única resposta que ele ouviu foi o total silêncio de Deus. É mais fácil crer quando estamos cercados de milagres. O difícil é continuar crendo e orando pelos filhos quando os céus estão em silêncio, quando as coisas parecem estar indo mal.

Em terceiro lugar, *a resposta negativa de Jesus*. A metodologia de Jesus para despertar no coração dessa mulher uma fé robusta foi variada:

- *Primeiro*, Ele disse: "Não fui enviado senão à Casa de Israel" (Mateus 15:24). Foram palavras desanimadoras. Ela, porém, em vez de sair desiludida e revoltada por causa da sua nacionalidade e educação pagã, adorou Jesus, dizendo: "Senhor, socorre-me!" (v. 26). Em vez de desistir de sua causa, ela adorou e orou! Esse ato revelou sua humildade, reverência, submissão e ansiedade. Jesus, com essas palavras, estava dizendo à mulher que os judeus eram os primeiros a terem a oportunidade de aceitá-lo como Messias. Ele não estava rejeitando a mulher, mas testando sua fé e revelando que a salvação está disponível para todas as raças e nacionalidades.[9]

---

[9] Barton, Bruce B. "Mark", p. 209.

- *Segundo*, Ele diz: "Não é bom tomar o pão dos filhos e lançá-los aos cachorrinhos" (Mateus 15:26). O diminutivo sugere que Jesus está falando de animais de estimação.[10] Jesus está abrindo lentamente a porta. Ele está dizendo para essa mulher sofrida que Deus não deixou de olhar para os gentios. Ela poderia, portanto, muito bem pensar: "Se existem bênçãos aguardando os gentios no futuro, por que não receber algumas delas hoje, mesmo que isso represente uma exceção"?[11]

O que Calvino disse é verdade: "Certamente, em nenhuma ocasião, o Senhor concedeu sua graça para os judeus de maneira que não sobrasse uma prova dela para os gentios".[12] Nem mesmo durante a antiga dispensação, as bênçãos de Deus foram limitadas exclusivamente aos judeus. Com a vinda de Cristo, numa escala crescente, as bênçãos especiais de Deus para Israel estavam destinadas a alcançar os gentios.

Essa mãe, longe de ficar magoada com a comparação, converte a palavra desalentadora em otimismo e transforma a derrota em consagradora vitória. Essa gentia transformou a palavra de aparente reprovação — "cachorrinhos" — numa razão para perseverar e, por meio disso, uma grande derrota tornou-se uma vitória

---

[10] RIENECKER, Fritz; ROGERS, Cleon. *Chave linguística do Novo Testamento grego*, p. 81.

[11] HENDRIKSEN, William. *Marcos*, p. 381.

[12] CALVINO, João. *Commentary on a Harmony of the Evangelists Matthew, Mark and Luke*, p. 268.

brilhante.[13] Ela buscou o milagre da libertação da filha, ainda que isso representasse apenas migalhas da graça.

UMA MÃE INTERCESSORA TRIUNFA PELA FÉ E TOMA POSSE DA VITÓRIA DOS FILHOS

Duas coisas merecem destaque.

Em primeiro lugar, *Jesus elogiou a fé daquela mãe*. É significante que as duas vezes que os Evangelhos destacam o elogio de Jesus a alguém por sua grande fé foram em resposta à fé de pessoas gentias. É o caso dessa mulher siro-fenícia e do centurião romano (Mateus 8:5-13). É também digno de nota que, em ambos os casos, Jesus curou à distância.[14] A mulher siro-fenícia não apenas teve seu pedido atendido, mas teve também sua fé enaltecida. Não apenas a filha foi liberta, mas a mãe também foi elogiada.

A fé é morta para a dúvida, surda para o desencorajamento, cega para as impossibilidades e não vê nada a não ser seu sucesso em Deus. A fé honra a Deus e Deus honra a fé. O missionário George Müller disse que a fé não é saber que Deus pode; é saber que Deus quer. A fé é o que liga a nossa insignificância à onipotência divina.

Em segundo lugar, *aquela mãe recebeu, pela vitória de sua fé, a libertação da sua filha*. Jesus disse: "Faça-se contigo como queres. E desde aquele momento, sua filha ficou sã" (Mateus 15:28). A fé reverteu a situação. O pedido foi atendido. A bênção chegou. A fé venceu.

---

[13] HENDRIKSEN, William. *Marcos*, p. 381.
[14] WIERSBE, Warren W. *Be Diligent*, p. 76.

A fé em Jesus ri das impossibilidades. Agostinho disse que fé é crer no que não vemos, e a recompensa dessa fé é ver o que cremos. Aquela mãe voltou para casa aliviada e encontrou a sua filha liberta. Ela perseverou. Ela se humilhou. Ela adorou. Ela orou. Ela prevaleceu pela fé. A jovem aflita não orou por si mesma, mas sua mãe orou por ela. A fé da filha não foi medida, mas a de sua mãe o foi. Assim, a filha foi curada.

Não desista de seus filhos. Eles são filhos da promessa. Eles não foram criados para o cativeiro. Os pais que oram pelos filhos podem esperar a intervenção de Deus. Lute pelos seus filhos, ore por eles. Resista a qualquer obra do inimigo na vida dos seus filhos. Não descanse até ver os seus filhos salvos. Talvez alguns ainda estejam perdidos fora ou dentro da igreja. Derrame-se aos pés do Senhor. E não saia até que você triunfe pela fé.

capítulo 22

CURA DO SURDO-GAGO DE DECÁPOLIS

Marcos 7:31-37

JESUS DEIXA A região de Tiro e Sidom e está de volta a um monte nas cercanias do mar da Galileia, em Decápolis. Essa região era composta por dez cidades predominantemente gentias, que constituíam uma confederação com autorização dos romanos para cunhar suas próprias moedas, presidir os próprios tribunais e até mesmo comandar o próprio exército.[1] Mateus conta que, nesse cenário, Jesus curou coxos, aleijados, cegos e muitos outros doentes levados a ele por muitas multidões (15:29-30).

Decápolis foi a região da qual Jesus havia sido expulso depois de libertar um homem possesso por uma legião de demônios (veja o capítulo 14, "Cura do endemoninhado de Gadara"). Naquela ocasião, o povo de Gadara amou mais o dinheiro que a Deus. Apesar de Jesus ter sido expulso, Ele enviou um missionário para o meio dos habitantes de Decápolis (Marcos 5:20).

Agora, o próprio Jesus está de volta a essa terra. Essa é uma demonstração da graça de Deus oferecida àqueles que, um dia,

---

[1] WIERSBE, Warren W. *Comentário bíblico expositivo*. vol. 5, p. 70.

o rejeitaram. A presença de Jesus em Decápolis é evidência de que Deus insiste com o ser humano, oferecendo-lhe mais uma oportunidade de salvação.

Nesse contexto, Marcos registra um milagre singular: a cura de um homem surdo-gago. Quase toda cura física que Jesus realizava era símbolo de uma cura espiritual maior. A doença do corpo era uma imagem da doença da alma. Esse milagre encerra algumas lições importantes.

A SÚPLICA DOS NECESSITADOS

Três verdades são aqui enfatizadas.

Em primeiro lugar, *as pessoas se maravilharam com o poder de Jesus*. Mateus relata que coxos, aleijados, cegos, mudos e outros eram deixados aos pés de Jesus, e a todos Ele curou. O povo, ao ver esses esplêndidos milagres, ficou maravilhado: os mudos falavam, os aleijados andavam, os cegos viam. Por causa desses prodígios, o povo glorificava o Deus de Israel (15:31).

Esse episódio era um sinal da era messiânica. Quando o Messias viesse, suas curas cumpririam a profecia registrada por Isaías: "Então, se abrirão os olhos dos cegos, e se desimpedirão os ouvidos dos surdos; os coxos saltarão como cervos, e a língua dos mudos cantará" (35:5-6).

Entre os que foram levados ao Senhor estava o homem surdo--gago. A palavra traduzida por "gago" é "mogilalon". Trata-se de uma palavra-chave aqui. Esse termo descreve alguém com dificuldade para falar, podendo ser um gago ou um mudo. Ele foi usado apenas por Marcos, em 7:32, e na versão grega do Antigo Testamento, a Septuaginta, em Isaías 35:6, texto citado acima. Assim, ao repetir o verbo utilizado na profecia, Marcos mostra

CURA DO SURDO-GAGO DE DECÁPOLIS

247

ter visto, no ministério de curas realizado pelo Senhor Jesus, o cumprimento das palavras de Isaías.[2] Jesus era o Messias havia tanto tempo prometido.

Em segundo lugar, *as pessoas creram que Jesus tinha poder para curar o surdo-gago*. As pessoas que levaram o homem doente a Jesus rogaram-lhe para impor as mãos sobre o enfermo para que fosse curado. Não há oração eficaz sem confiança no poder de Jesus para operar maravilhas. Quando oramos, falamos com aquele que tem todo poder e toda autoridade no céu e na terra.

No entanto, os amigos do surdo-gago queriam dizer ao Senhor o método que Ele deveria empregar para curar o enfermo: "lhe suplicaram que impusesse as mãos sobre ele" (Marcos 7:32).[3] Jesus, porém, não segue a metodologia dos seres humanos. Essas pessoas descobririam que Jesus tinha uma maneira própria de fazer as coisas. Ele é soberano em suas obras e em seus métodos.

Não podemos determinar o que Deus deve fazer nem como deve fazer. Jesus aborda cada pessoa de forma diferente. A uns Ele chama pela mensagem, a outros, pela música, a outros, ainda, por um testemunho ou diversas outras providências.

Ao tratar com as pessoas, o Senhor escolhia os seus próprios métodos. Naamã precisou aprender essa lição (2Reis 5:10-14), e também Jacó, muito antes dele (Gênesis 42:36; 45:25-28). Assim também aprenderam José e os seus irmãos (Gênesis 50:15-21). Nós não devemos dizer a Deus os métodos que Ele deve usar

---

[2] BARTON, Bruce B. "Mark", p. 212.
[3] TRENCHARD, Ernesto. *Una exposición del Evangelio según Marcos*, p. 92.

para responder às nossas orações, o lugar exato em que Ele deve colocar suas mãos. O seu modo é sempre o melhor.[4]

Em terceiro lugar, *as pessoas revelaram profunda compaixão pelo enfermo*. Aquele homem era surdo e gago. Seus ouvidos e boca haviam sido bloqueados. As portas que ele possuía para se encontrar com o próximo e com Deus estavam trancadas. Além de ter muros de som que não lhe permitiam ouvir as pessoas, tampouco conseguia ser ouvido por elas. É essa dramática realidade que foi levada para Jesus.[5]

Não podemos ajudar as pessoas se não sentirmos compaixão por elas. O amor é a mola que nos move a socorrer os aflitos. O amor nos impulsiona a fazer o bem. Precisamos levar os necessitados a Jesus. Não podemos curá-los, mas nosso Senhor é poderoso para lhes abrir os ouvidos e lhes soltar a língua.

Além de levar os aflitos, os enfermos, os pecadores aos pés de Jesus, devemos orar por eles para que sejam curados, salvos, libertos e transformados.

O MÉTODO DE JESUS

Podemos sintetizar o método de Jesus empregado nesse milagre em alguns pontos.

Em primeiro lugar, *Jesus realiza esse milagre longe dos holofotes*. Jesus tira esse homem energicamente do "palco", ao contrário de curandeiros modernos que puxam os doentes para o palco, a fim de exibirem a si mesmos com supostos milagres. Muitos hoje colocam faixas, *outdoors* e anunciam com grande veemência os

---

[4] HENDRIKSEN, William. *Marcos*, p. 385.
[5] POHL, Adolf. *Evangelho de Marcos*, p. 238.

CURA DO SURDO-GAGO DE DECÁPOLIS

pretensos milagres que realizam. Jesus, muitas vezes, não apenas fez milagres longe das luzes da ribalta, mas pedia que esses milagres não fossem divulgados.

Quando Jesus tirou o homem do meio da multidão, estava revelando por ele profunda consideração. Estava dizendo-lhe que não lidava com a massa, mas com o indivíduo. Todo esse relato mostra que Jesus não considerou o homem meramente como um caso; considerou-o como uma pessoa. Ele tinha uma necessidade especial e, com a mais terna consideração, Jesus tratou dele de modo a respeitar seus sentimentos e de forma que ele pudesse entender.[6]

Em segundo lugar, *Jesus cria uma ponte de contato com esse homem para despertar-lhe a fé*. Jesus poderia apenas dar uma ordem e aquele homem ficaria curado. Mas Jesus o toca com as mãos e com saliva. Esses gestos eram pontes de contato. Muitas vezes, Jesus usou símbolos para ajudar as pessoas a compreender. Ele ordenou aos seus discípulos imporem as mãos sobre os enfermos e ungi-los com óleo. Ele pôs lodo no olho do cego de nascença. Ele tocou os ouvidos e colocou saliva na língua desse homem.

Jesus tocou o homem para despertar-lhe a fé. O toque de Jesus é transformador. Ele tocou o leproso e ele foi curado. Ele tocou o cego de nascença e ele recebeu visão. Ele tocou o homem surdo-gago e ele passou a falar e a ouvir perfeitamente. Hoje, precisamos de um toque de Jesus!

Em terceiro lugar, *Jesus suspira*. Antes de pronunciar uma palavra de cura, Marcos anota que Jesus dá um profundo suspiro, demonstrando que a condição daquele homem tocava o íntimo

---

[6] BARCLAY, William. *Marcos*, p. 195.

de seu coração. As dores do homem eram sentidas também por Jesus. Ele se importava com aquele doente.

O suspiro é a prova de que alguém sofre.[7] Esse é o sentimento de compaixão. Nossa dor é a dor de Jesus. Ele chorou no túmulo de Lázaro. Ele se compadeceu do leproso. Ele é movido de terna compaixão por aqueles que sofrem.

Em quarto lugar, *Jesus pronuncia uma palavra de poder*. Ele não tem apenas compaixão, Ele tem poder. Após suspirar, Jesus disse: "'Efatá!', que quer dizer: Abre-te!" (Marcos 7:34). O homem não podia ouvir Jesus falar, mas a criação ouviu o Criador, e assim, ao proferir a palavra "efatá", os ouvidos abriram, a língua desembaraçou e o homem passou a ouvir e a falar fluentemente.

Jesus tem poder para abrir. Ele abre a boca, os olhos, os ouvidos, o ventre, a prisão, o coração, a fé, o céu e os sepulcros. A palavra "efatá" traz a ideia de ser aberto e ser libertado. Não se refere à abertura de uma parte específica do corpo humano, mas da libertação da pessoa inteira. É a ordem que despedaçou os grilhões em que Satanás mantinha presa a sua vítima.[8]

"Efatá" não é nenhum encantamento mágico. É apenas uma palavra na língua aramaica, o idioma falado por Jesus. Marcos usou o termo aramaico, colocando em seguida sua tradução, para mostrar que Jesus usou uma simples ordenança e não uma fórmula mágica para realizar a cura.[9]

Em quinto lugar, *Jesus cura o enfermo imediata e completamente*. As curas operadas por Jesus não foram propaganda enganosa.

---

[7] POHL, Adolf. *Evangelho de Marcos*, p. 239.

[8] RIENECKER, Fritz; ROGERS, Cleon. *Chave linguística do Novo Testamento grego*, p. 81.

[9] MULHOLLAND, Dewey M. *Marcos*, p. 125.

As pessoas não tinham mais os sintomas da doença depois de pronunciada a cura. O texto diz que logo o homem passou a ouvir e a falar desembaraçadamente. A cura de Cristo é imediata e completa.

Hoje, muitos líderes religiosos sem escrúpulos e sem temor a Deus fazem propagandas de milagres que jamais existiram, e garantem às pessoas que elas estão curadas quando não há nenhuma prova de que o milagre ocorreu. Diferentes de Jesus, buscam publicidade e gostam dos holofotes, pois estão mais interessados na exaltação de seus próprios nomes do que na glória de Deus.

Em sexto lugar, *Jesus proíbe a publicidade do milagre*. Parece paradoxal que, nessa mesma região, Jesus tenha dito para o gadareno ir para os seus contar tudo quanto o Senhor lhe havia feito (Mateus 5:18-20), e agora ordena a esse homem para não falar nada a ninguém. A razão para esse fato se dá porque Jesus está terminando o seu ministério terreno e embocando a sua caminhada para Jerusalém, onde morrerá na cruz. Jesus não queria que o dia da sua crucificação fosse antecipado nem que as pessoas focassem sua atenção nos seus milagres em vez de na sua morte expiatória.[10] Jesus não veio ao mundo para ser um milagreiro, mas sim o Salvador. E isso precisa ser enfatizado agora, mais do que nunca.

Jesus também proíbe a multidão de propalar o milagre porque a ideia que tinham do Messias estava ligada à cura. Eles estavam mais interessados nos milagres de Jesus do que na sua pessoa.

---

[10] HENDRIKSEN, William. *Marcos*, p. 388

Jesus queria que eles tivessem uma compreensão mais profunda da sua vida e obra.

AS IMPLICAÇÕES DO MILAGRE

Dois resultados se verificam da cura do homem surdo-gago.

Em primeiro lugar, *os milagres de Cristo produzem profunda admiração nas pessoas*. Onde o poder de Cristo se manifesta, os corações sensíveis se desabotoam em regozijo e admiração. As pessoas estavam maravilhadas e não puderam esconder esse glorioso espanto diante da magnificência do poder de Cristo.

Em segundo lugar, *os milagres de Cristo revelam as obras de Deus*. Quando Deus criou o universo, Ele mesmo deu sua nota positiva de avaliação. Agora, os próprios seres humanos estão cônscios de que as obras de Cristo são perfeitas. O mesmo Deus que criou todas as coisas visíveis e invisíveis continua fazendo todas as coisas esplendidamente bem: abrindo os ouvidos dos surdos e desimpedindo a língua dos mudos.

AS APLICAÇÕES DO MILAGRE

Esse milagre lança luz sobre alguns aspectos vitais da vida cristã.

Em primeiro lugar, *os tipos de surdez*. O surdo é uma pessoa que não ouve. A surdez pode ser congênita, temporária, artificial e moral.

- *Primeiro*, a surdez congênita. É congênita quando a pessoa nasce com a deficiência física.
- *Segundo*, a surdez temporária. É temporária como a das crianças que ainda não entendem os sons e a linguagem, mas logo mais terão desenvolvido essa habilidade.

CURA DO SURDO-GAGO DE DECÁPOLIS

- *Terceiro*, a surdez artificial. Essa é a surdez dos estrangeiros, que ouvem, mas não entendem a língua do país onde se encontram.
- *Quarto*, a surdez moral. Essa é a surdez daqueles que não querem ouvir. Essa é a pior espécie de surdez. A pessoa propositadamente resiste a ouvir. Seus ouvidos estão fechados ao que Deus diz e ao que o semelhante fala.

Em segundo lugar, *os significados da surdez*. Esse milagre nos fala do poder do Senhor para curar aqueles que são espiritualmente surdos.[11] Destacamos alguns aspectos dessa surdez.

- *Primeiro*, surdo é o indivíduo indiferente aos lamentos e sofrimentos dos pobres e doentes, dos necessitados e aflitos. O apóstolo João questiona: "Ora, aquele que possuir recursos deste mundo, e vir a seu irmão padecer necessidade, e fechar-lhe o seu coração, como pode permanecer nele o amor de Deus?" (1João 3:17). No dia do juízo, Jesus sentenciará alguns à condenação eterna, dizendo-lhes: "Apartai-vos de mim, malditos, para o fogo eterno [...]. Porque tive fome, e não me destes de comer" (Mateus 25:41).
- *Segundo*, surdo é aquele que tem os ouvidos fechados e o coração fechado aos que lhe pedem ajuda. Esses são semelhantes à multidão que tentou abafar o grito do cego Bartimeu, que clamava pelo nome de Jesus (Marcos 10:46-48).
- *Terceiro*, surdo é o indivíduo abastado que se isola nos seus palacetes, cercado de altas muralhas, de cães adestrados, de

---

[11] RYLE, John Charles. *Mark*, p. 109.

guardas armados para que até lá não chegue a voz do pobre e necessitado. Jesus contou a parábola do rico e Lázaro. Aquele vivia nababescamente, enquanto Lázaro jazia à sua porta, mendigando (Lucas 16:19-31). O rico estava preocupado apenas com suas vestes, seus banquetes e seus convivas, e não abriu os ouvidos nem o coração para socorrer o necessitado à sua porta.

- *Quarto*, surdo é aquele que tem os ouvidos fechados aos conselhos e admoestações para o bem. São jovens que não escutam a orientação dos pais e, por isso, tomam decisões precipitadas, cometem erros irreparáveis e entram em problemas insanáveis. Quantos casamentos turbulentos e desastrados jamais teriam acontecido se filhos tivessem ouvido o conselho dos pais. Quantos acordos e alianças jamais teriam sido firmados se os conselhos fossem ouvidos.
- *Quinto*, surdo é aquele que não conversa com os filhos, não dialoga com o cônjuge, não ouve as reclamações e as necessidades da família, e apenas sabe dar ordens, fazer reclamações e impor obrigações. O divórcio tem sido definido como a morte do diálogo. Há pais que se divorciam dos filhos, fechando-lhes o canal de comunicação.
- *Sexto*, surdo é o magistrado, a pessoa da lei que se deixa subornar, que perverte a justiça, que corrompe o direito, que inocenta o culpado e condena o inocente. Esse é insensível aos gritos de dor dos injustiçados, dos espoliados, dos marginalizados, dos escorraçados, dos famintos, dos sem-teto, sem vez, sem voz e sem esperança.
- *Sétimo*, surdo é todo aquele que tem os ouvidos fechados à Palavra de Deus. São aqueles que dizem "Não" ao convite

da salvação, que dizem "Não" à vida abundante que Jesus oferece. São os que, ao ouvirem a voz de Deus, fogem dele como Jonas, e não dizem como Samuel: "Fala, Senhor, porque o teu servo ouve". São aqueles que, ao serem exortados por Deus para abandonarem o pecado, ficam ainda mais agarrados à iniquidade. São aqueles que, convidados a chegar e a beber dos rios de água viva, cavam cisternas rotas que não retêm as águas.

- *Oitavo*, surdos são aqueles que, desafiados a buscar uma vida cheia do Espírito e se consagrar a Deus, ausentam-se da igreja, enterram o seu talento e acovardam-se na luta.

Em terceiro lugar, *os tipos de mudez*. Mudo é o indivíduo que não fala e não diz com palavras o que pensa e o que sente. Mudo é aquele que tem os lábios cerrados por doença, medo, conveniência ou conivência.

Em quarto lugar, *o significado da mudez*. Esse texto enfatiza que Jesus tem poder para curar aqueles que são espiritualmente mudos. Podemos ver vários aspectos dessa mudez.

- *Primeiro*, mudo é quem não se decide e não se firma, que faz do silêncio a estratégia da omissão para viver no comodismo da sua inércia e da sua indefinição.
- *Segundo*, mudo é aquele que se omite. A omissão da verdade e o disfarce da verdade são tão reprováveis quanto a mentira. Jesus acolheu os publicanos e pecadores; a Ele foram os párias, os adúlteros, a escória da sociedade, e estes foram transformados. Os fariseus medíocres e omissos, porém, foram anatematizados como hipócritas. De Saulo,

perseguidor, o Senhor fez o grande apóstolo dos gentios. Da samaritana, pecadora pública, fez uma extraordinária missionária. Mas o jovem rico cauteloso não foi transformado em seguidor de Jesus.

- *Terceiro*, muda é a boca que não ora e não se derrama perante a face do Altíssimo.
- *Quarto*, mudo é o mestre que não ensina sabedoria, antes estadeia e ostenta sua autossuficiência.
- *Quinto*, mudo é o pai ou a mãe que não fala com seus filhos.
- *Sexto*, mudo é aquele que se conforma com os valores relativos, que se cala para não se comprometer e covardemente sacrifica a verdade em conivência com o erro.
- *Sétimo*, mudo é aquele que não ergue sua voz de protesto contra as injustiças que barbarizam tantas vidas.
- *Oitavo*, mudo é aquele que deixa de levar boas-novas de salvação. É aquele que esconde a mensagem da salvação apenas para si mesmo. É o que deixa de apontar o caminho ao errante, deixa de apontar a porta da salvação ao perplexo, deixa de apontar a resposta ao confuso.
- *Nono*, mudos somos todos nós quando não levamos uma palavra de conforto e esperança aos enfermos nos hospitais, aos prisioneiros nos presídios, aos pobres e aflitos nas choupanas, aos ricos e abastados em suas mansões. Somos mudos quando não derramamos palavras como bálsamo na vida dos feridos, dos quebrados e dos aflitos.
- *Décimo*, mudo é o que não usa sua língua para glorificar a Deus, para louvar o seu nome, para exaltar os seus feitos.

O mundo é mais infeliz pela ausência de amor do que pela presença do ódio. O mundo é mais infeliz pela omissão dos retos

CURA DO SURDO-GAGO DE DECÁPOLIS

do que pela malícia dos maus. O mundo é mais infeliz pela mudez dos cristãos do que pela loquacidade dos incrédulos.

Uma pessoa que teme a Deus reflete antes de falar, sabe o que falar e como falar. Sua língua não é fonte de maldades, mas canal de bênção para as pessoas. Suas palavras não são espadas que ferem, mas bálsamo que consola e restaura. Uma pessoa íntegra gasta tempo pensando no que falar e em como falar. Suas palavras são verdadeiras, boas e oportunas. Transmitem graça aos que ouvem. Trazem edificação.

Jesus nos deu o seu exemplo. Suas palavras eram espírito e vida. Sempre que Jesus abria a boca, as pessoas eram edificadas, consoladas e restauradas.

As palavras têm um enorme poder, tanto para edificar como para destruir, tanto para levantar como para derrubar. Precisamos, por isso, ser mordomos responsáveis de nossas palavras. Nossa língua precisa ser remédio para os enfermos, tônico para os fracos, refrigério para os cansados e alívio para os oprimidos.

capítulo 23

SEGUNDA MULTIPLICAÇÃO DOS PÃES

Mateus 15:32-39; Marcos 8:1-10

JESUS AINDA ESTÁ em Decápolis, território estrangeiro e gentio. Ao mesmo tempo em que líderes religiosos o rejeitam e tramam contra sua vida, os gentios o buscam ansiosamente. O pastor e escritor Warren Wiersbe destaca o contraste entre os gentios e os líderes judeus que conheciam as Escrituras do Antigo Testamento nestes termos:

> Os gentios glorificavam ao Deus de Israel, mas os líderes judeus disseram que Jesus estava operando em conjunto com Satanás (Mateus 12:22-24). Os milagres de Jesus não levaram as cidades de Israel ao arrependimento (Mateus 11:20-24), mas os gentios creram nele. Os milagres de Jesus deveriam ter convencido os judeus de que Ele era o Messias (Isaías 29:18-19; 35:4-6; Mateus 11:1-6). Ele se admirou com a fé do soldado gentio e da mulher cananeia e também se espantou com a incredulidade do seu próprio povo (Marcos 6:6).[1]

---

[1] WIERSBE, Warren W. *Comentário bíblico expositivo*. vol. 5, p. 70.

Em Decápolis, uma grande multidão se forma ao redor de Jesus. É muito provável que estivessem presentes ali mais gentios que judeus. Isso talvez explique a curiosa frase de Mateus: "Então, glorificavam ao Deus de Israel" (15:31). Para os gentios, que viam as curas e ouviam os ensinamentos de Jesus, aquela era uma demonstração do poder do Deus de Israel.[2] Diante dessa plateia maravilhada, Jesus multiplica pães e peixes pela segunda vez em seu ministério.

Jesus é capaz não somente de operar maravilhas, mas também de repetir suas obras maravilhosas. Ele empregou a repetição como parte de seu método de fixar as verdades ensinadas, dando aos seus discípulos e à multidão uma segunda chance. Na segunda multiplicação dos pães, sua compaixão é mostrada não somente em relação ao povo da aliança, mas também aos que estão de fora.[3] Aqui está um símbolo e uma antecipação de que o pão de Deus não estava reservado apenas aos judeus; os gentios também tinham parte com o pão que desce dos céus.[4]

Apenas Mateus e Marcos registram esse milagre. Entende-se que o fato de Marcos dedicar espaço a duas narrativas do mesmo tipo de milagre sugere que cada uma delas tem algo de especial para comunicar e que nenhuma poderia ser omitida sem que se perdesse algo importante, a saber, a manifestação da graça de Deus aos gentios.[5]

Esse texto nos fala de duas atitudes de Jesus.

---

[2] BARCLAY, William. *The Gospel of Matthew*. vol. 2.
[3] HENDRIKSEN, William. *Marcos*, p. 399.
[4] BARCLAY, William. *The Gospel of Matthew*. vol. 2.
[5] HURTADO, Larry W. *Mark*, p. 109.

A COMPAIXÃO DE JESUS

Destacamos três aspectos da compaixão de Jesus.

Em primeiro lugar, *ela é manifestada aos gentios*. Disse Jesus: "Tenho compaixão desta gente, porque há três dias que permanecem comigo e não têm o que comer" (Marcos 8:2). Jesus já alimentara uma multidão às margens do mar da Galileia, agora alimenta outra multidão em território gentio. Esse segundo milagre aponta para o reino de Deus, que inclui homens, mulheres e crianças de todas as línguas e nações. Os privilégios exclusivos dos judeus têm um fim. Deus mostra seu interesse por todas as pessoas, abrindo o seu reino tanto para gentios como para judeus.[6]

Jesus demonstrou compaixão por aqueles que não eram seu povo, aqueles que não tinham fé nem graça, que antes estavam sem Deus no mundo, sem esperança, vivendo separados da comunidade de Israel. Jesus sentiu compaixão deles, embora não o conhecessem. Ele morreu por eles, embora não entendessem seu sacrifício. Verdadeiramente o amor de Cristo ultrapassa todo o entendimento (Efésios 3:19).

Em segundo lugar, *ela atrai os gentios*. Uma grande multidão se formou ao redor de Jesus, muitos dela vindo de lugares distantes. A pessoa, o ensino e as obras de Jesus atraíam de forma irresistível essas pessoas. A presença de Jesus era tão magnética, e suas palavras e ações eram tão maravilhosas, que aqueles que o circundavam julgavam impossível deixá-lo. O tempo, o cansaço, a fome ou mesmo os afazeres das pessoas não as impediram de

---

[6] MULHOLLAND, Dewey M. *Marcos*, p. 127.

permanecerem três dias em um lugar deserto ouvindo atentamente as palavras de Jesus.

A palavra "permanecer", que aparece em Marcos 8:2, tem um tom religioso, como o da palavra "esperar" (esperar em Deus).[7] Havia avidez naquela multidão que ouvia os ensinos de Cristo. Enquanto os fariseus eram os críticos de Jesus, os gentios se deleitavam em seu ensino.

Em terceiro lugar, *ela se contrapõe à insensibilidade dos discípulos.* Nas duas vezes em que Jesus se compadeceu da multidão e quis lhe dar de comer, os discípulos imediatamente salientaram os obstáculos. Na primeira vez, eles tomaram a iniciativa de pedir a Jesus para despedir a multidão (Mateus 14:15; Marcos 6:35-36; Lucas 9:12). Agora, a questão que enfrentavam era mais grave. Enquanto na Galileia o problema básico era arranjar dinheiro para comprar pão (João 6:7), que poderia ser adquirido nas cidades e vilas da vizinhança, em Decápolis não havia sequer lugar que vendesse alimento: "Mas os discípulos lhe disseram: 'Onde haverá neste deserto tantos pães para fartar tão grande multidão?'"(Mateus 15:33). Eles se encontravam em um lugar deserto, acompanhados por uma multidão faminta, e o tempo decorrido já assinalava sinais de perigo para essa gente. Os discípulos, com os corações endurecidos, não viram saída para o problema. Eles nem sequer se lembraram do primeiro milagre. Eles têm uma memória curta e um coração insensível. Eles destacam as dificuldades das circunstâncias, não o poder de Jesus para realizar o milagre. Eles veem o problema, não a solução.

---

[7] POHL, Adolf. *Evangelho de Marcos*, p. 242.

O PODER DE JESUS

Três verdades merecem destaque.

Em primeiro lugar, *o pouco nas mãos de Jesus é muito*. "Perguntou-lhes Jesus: 'Quantos pães tendes?' Responderam: 'Sete e alguns peixinhos'"(Mateus 15:34). Apenas sete pães podem se transformar em um grande milagre. Quando colocamos o pouco nas mãos de Jesus, Ele pode realizar grandes milagres. Com Cristo tudo é possível. O conhecimento exato do suprimento completamente inadequado (humanamente falando) fará que reconheçam a grandiosidade do milagre.

Pão é vida. Deserto, por outro lado, implica em ausência de vida. Assim, encontrar "pão no deserto" é uma contradição de termos, uma impossibilidade — ou uma possibilidade só para Deus. Quando nossos recursos acabam ou são insuficientes, Jesus pode ainda fazer o milagre da multiplicação. Precisamos aprender a depender mais do Provedor do que da provisão. Ele ainda multiplica os pequenos recursos para alimentar as multidões famintas.

Jamais devemos duvidar do poder de Cristo para suprir a necessidade espiritual de todas as pessoas. Ele tem pão com fartura para toda alma faminta. Os celeiros do céu estão sempre cheios. Devemos estar seguros de que Cristo tem suprimento suficiente para todas as necessidades temporais e eternas do seu povo. Ele conhece suas necessidades e suas circunstâncias. Ele é poderoso para suprir cada uma das suas necessidades. Aquele que alimentou a multidão jamais mudou. Ele é o mesmo e tem o mesmo poder e compaixão.[8]

---

[8] RYLE, John Charles. *Mark*, p. 113.

Em segundo lugar, *a ação divina não exclui a cooperação humana*. Cristo realizou o milagre, mas contou com a participação das pessoas.

- *Primeiro*, Ele fez o milagre com sete pães e alguns peixinhos que ali havia. Ele poderia ter criado, do nada, pães e peixes, como fez na Criação, mas utilizou os que as pessoas possuíam. A ajuda passa pela cessão obediente dos meios próprios. Até os doentes se tornam cooperadores de Deus em sua cura: "Tenha o desejo de ser curado"; "Venha até aqui"; "Levante-se"; "Estenda a mão". Aqui, a pequena provisão própria é considerada. As atividades de Deus não tornam o homem passivo. Quando Jesus perguntou aos discípulos: "Quantos pães tendes?", estava mostrando que não tinham o suficiente. Isso os ajudou a analisar a situação, abriu-lhes os olhos para a inadequação de seus recursos, relembrou-os do milagre anterior e encorajou-os a descansar em Deus.
- *Segundo*, Ele requer ordem. Jesus pediu para a multidão se assentar no chão. Diferente da ocasião anterior, em que se assentam "sobre a relva verde" (Marcos 6:39), aqui não há relva, pois é uma região deserta.
- *Terceiro*, Ele deu graças. Precisamos agradecer o que temos antes de ver o milagre acontecendo. O milagre é precedido por gratidão, e nunca por murmuração.
- *Quarto*, Ele partiu o pão. O milagre aconteceu quando o pão foi partido. O milagre da vida também se deu quando Jesus entregou seu corpo, que foi partido em favor de nós (1Coríntios 11:24).

SEGUNDA MULTIPLICAÇÃO DOS PÃES

- *Quinto*, Ele usou os discípulos para alimentar a multidão. Jesus fez o milagre da multiplicação, mas coube aos discípulos o trabalho de distribuir os pães e peixes multiplicados.

Em terceiro lugar, *a provisão divina é sempre maior do que a necessidade humana*. Todos comeram e se fartaram e ainda sobejou. Eram quatro mil homens, e os discípulos ainda recolheram sete cestos cheios com as sobras do que fora multiplicado. Esses cestos recolhidos eram maiores do que os da primeira multiplicação. Aqueles eram cestos comuns, de tamanho pequeno, que as pessoas usavam para transportar comida ou outras coisas menores. Estes são grandes balaios, do mesmo tipo usado por Paulo para descer pela muralha de Damasco a fim de salvar sua vida (Atos 9:25).

Não há escassez na mesa de Deus. Ele coloca diante do seu povo uma mesa no deserto. Na mesa do Pai há pão com fartura.

capítulo 24

CURA DO CEGO DE BETSAIDA

Marcos 8:22-26

MARCOS É O único evangelista a registrar a cura do cego de Betsaida. Ele encerra essa narrativa entre uma advertência que Jesus faz a seus discípulos (8:14-21) e um retiro que o Mestre realiza com eles.

Havia duas cidades com o nome de Betsaida nos dias de Jesus. Uma ficava na costa oeste do mar da Galileia, chamada de "Betsaida da Galileia", da qual procediam Pedro, André e Filipe (veja João 1:44). A outra cidade, onde se passa esse milagre, ficava no lado noroeste do mar. Tratava-se de uma vila que havia sido aumentada e embelezada por Filipe, o tetrarca. Ele fez dela uma cidade e lhe deu seu nome em homenagem a Betsaida Júlia, filha do imperador Augustus.[1] Marcos se refere à cidade como "aldeia" (8:23) provavelmente lembrando-se da condição inicial da localidade antes das reformas promovidas pelo tetrarca.

Além de ser uma cura que traz glória a Deus, esse milagre também ilustra uma verdade espiritual a respeito das pessoas que rodeavam Jesus, como veremos a seguir.

---

[1] HENDRIKSEN, William. *Marcos*, p. 408.

UM MILAGRE PROGRESSIVO

Há duas verdades que destacamos sobre a cura do cego de Betsaida.

Em primeiro lugar, *o cego é levado a Jesus*. Ele foi conduzido a Cristo visto que não poderia ir por si mesmo. Seus amigos não só o levam até o Mestre como rogam por ele. A cegueira espiritual não é menos real nem menos trágica que a cegueira física. O Diabo cegou o entendimento dos incrédulos (2Coríntios 4:4). Precisamos levá-los a Jesus e rogar por eles.

Em segundo lugar, *Jesus realiza um milagre singular*. A singularidade desse milagre pode ser observada por algumas razões:

- *Primeiro*, Jesus leva o cego para fora da aldeia. Provavelmente, Ele não queria ser visto pela multidão apenas como um operador de milagres. As pessoas tinham ideias confusas a respeito de quem Jesus era. Ele também se afasta da multidão em respeito ao cego. O teólogo William Barclay afirma que, se o cego recebesse sua visão em meio à multidão que o cercava, as imagens e cores captadas por seus olhos recém-abertos poderiam deixá-lo confuso e estupefato. Jesus levou-o à parte para que a visão recobrada não lhe causasse desconforto.[2]
- *Segundo*, para levá-lo para fora, Jesus "toma o cego pela mão" (Marcos 8:23). Ao fazer isso, Jesus estabelece uma comunicação com aquele indivíduo que tinha aprendido a ser passivo na sociedade.[3]

---

[2] BARCLAY, William. *The Gospel of Matthew*. vol. 2.
[3] LANE, William L. *The Gospel According to Mark*, p. 285.

CURA DO CEGO DE BETSAIDA

- *Terceiro*, Jesus usa um ritual inusitado. Ele aplica saliva nos olhos do homem e impõe sobre ele as mãos duas vezes. Na época, a saliva era considerada um remédio para os olhos. O mundo antigo tinha uma curiosa crença no poder curativo da saliva.[4] Jesus usa algo tangível para despertar nesse homem a fé. Para cada um dos cegos que curou, Jesus utilizou um método diferente: o cego de Jericó foi curado com as palavras de Jesus (Marcos 10:46-52); o cego de nascença recebeu terra misturada com saliva em seus olhos e voltou a enxergar (João 9:1-12); os dois cegos da Galileia foram curados ao receberem nos olhos o toque das mãos do Senhor e responderem positivamente à pergunta: "Credes que eu posso fazer isso?" (Mateus 9:27-31). Em seu amor e sabedoria, Jesus tratou cada pessoa de forma individual e singular. O tratamento que Ele dava a cada caso nunca era uma mera duplicação do que já havia feito anteriormente.

- *Quarto*, a cura foi progressiva. Todas as demais curas de Jesus foram imediatas. Por que essa foi progressiva? Certamente Jesus usa esse método como fator pedagógico. Há três estágios na vida desse homem que refletem a condição espiritual de todos os homens:

  - A cegueira. Todos nós estávamos cegos. Cristo é a luz que veio para nos iluminar;
  - A visão parcial. Essa é a condição do ser humano antes da glorificação. Agora vemos parcialmente (1Coríntios 13:12).

---

[4] BARCLAY, William. *Marcos*, p. 203.

- A perfeita visão. Essa será a condição dos remidos na glorificação.[5]

William Hendriksen alerta para o fato de que essa cura não está, de maneira alguma, de acordo com as curas lentas dos nossos dias, que requerem várias visitas ao "curador". No caso aqui registrado, o processo completo de cura aconteceu em alguns segundos, alcançando um resultado pleno: a mudança de uma cegueira total para uma visão perfeita.[6]

UM ENSINO APLICADO

Jesus queria transmitir algumas lições com esse milagre progressivo.

Em primeiro lugar, *Ele mostra que alguns têm uma visão distorcida*. Embora Jesus tenha imposto suas mãos sobre o homem cego, este vê as pessoas andando como árvores. Ele não tinha pleno conhecimento, e por isso fazia uma confusão fundamental: olhava as pessoas como coisas. Seu discernimento ainda era vago e incerto.

Hoje, falta discernimento para muitas pessoas que coisificam as pessoas. O mundo está arruinado porque as pessoas estão invertendo os valores de Deus. Encontram tempo para as coisas superficiais, mas não para se dedicarem ao que é essencial. Invertem os valores: esquecem-se de Deus, amam as coisas e usam as pessoas, quando deveriam adorar a Deus, amar as pessoas e usar as coisas.

---

[5] MCGEE, J. Vernon. *Mark*, p. 101-102.
[6] HENDRIKSEN, William. *Marcos*, p. 411.

CURA DO CEGO DE BETSAIDA

Em segundo lugar, *Ele mostra que precisamos de um segundo toque seu*. Quando nossa visão está confusa, precisamos de um segundo toque, uma segunda unção.

Hoje, tristemente, precisamos admitir que a igreja está doente e fraca por causa do pecado. Não há vida nos cultos. Falta poder na pregação. Os cânticos carecem de unção. As orações são destituídas de vigor. Falta entusiasmo com o serviço. Onde não há sinceridade, não há adoração digna de Deus. Onde não existe santidade, não há comunhão com Deus.

Há hoje muitos cultos frios, cadavéricos, sem pulsação, sem o latejar da vida. Há outros cultos que, caindo para o extremo oposto, não passam de uma apresentação teatral, um *show*, no qual as pessoas prestam um culto de si para si. O que conta é o desempenho e o poder de manipulação de massa do dirigente.

Há ocasiões em que o culto se torna um balcão de negócios onde se comercializa o sagrado, onde se loteia o céu e se vende a graça de Deus por dinheiro, onde se fala em nome do Senhor e se fazem promessas em nome de Deus que Ele nunca fez em sua palavra. Sim, tudo isso mostra o baixo nível espiritual do povo de Deus e nos impõe a necessidade imperativa de um segundo toque do Senhor Jesus.

Em terceiro lugar, *Ele mostra a necessidade de termos pleno discernimento*. A obra de Deus em nossa vida é progressiva. A vida do justo é como a luz da aurora que vai brilhando mais e mais até ser dia perfeito. Depois do segundo toque de Jesus, o homem passa a ver tudo perfeitamente. Agora ele tem pleno discernimento.

John Charles Ryle vê nessa cura progressiva uma ilustração da maneira pela qual o Espírito Santo trabalha na conversão de nossas almas. Segundo ele, a conversão é uma iluminação, uma mudança das trevas para a luz, da cegueira para a visão do reino de Deus. Apenas quando o Espírito de Deus age profundamente em nossa vida podemos ver as coisas com pleno discernimento. Agora, vemos as coisas de forma nublada, mas breve vem o tempo que veremos claramente. Então, conheceremos como também somos conhecidos.[7]

UMA RECOMENDAÇÃO CUIDADOSA

Após ter curado o homem, Jesus lhe faz uma clara recomendação: "E mandou-o Jesus embora para casa, recomendando-lhe: Não entres na aldeia" (Marcos 8:26). Jesus não queria que o homem fosse objeto de especulação e curiosidade da multidão, mas que se alegrasse com sua família pelo milagre recebido.

Nesse tempo, Jesus encerrava seu ministério na Galileia e Pereia, e estava prestes a ir para Jerusalém, onde daria sua vida em nosso resgate. Por essa causa, o foco em seu ministério não deveria ser o milagre, mas a redenção.

UMA CURA SIMBÓLICA

Como em outras curas físicas realizadas por Jesus, a cura do cego de Betsaida possui um significado espiritual. Ela simboliza várias instâncias de cegueira espiritual de pessoas ao redor de Jesus.

A falta de visão física do cego simbolizava três coisas.

Em primeiro lugar, *a falta de visão dos discípulos acerca do reino de Deus*. Tendo sido escrito primariamente aos gentios, o Evangelho de Marcos enfatiza os sinais que Jesus realizou entre os gentios a fim de mostrar que o reino de Deus havia chegado para

---

[7] RYLE, John Charles. *Mark*, p. 118.

CURA DO CEGO DE BETSAIDA

eles também. A segunda multiplicação dos pães teve por objetivo mostrar que as bênçãos divinas não estavam reservadas apenas aos judeus, mas eram estendidas também aos gentios.

Os discípulos tinham uma boa memória para guardar os fatos, mas um pobre entendimento para discerni-los. Os discípulos pareciam obtusos, lerdos para crer e cegos para ver. Eles foram lentos para discernir o milagre dos pães e a lição principal que o milagre encerrava, ou seja, revelar Jesus, aquele por meio de quem o reino de Deus chegou para judeus e gentios.

Em segundo lugar, *a falta de discernimento do povo acerca da pessoa de Cristo*. Eles tinham *opiniões* acerca de Jesus, mas não *convicções*.[8] No episódio subsequente à cura do cego, Jesus se retira com seus discípulos e lhes pergunta: "Quem dizem os homens que sou eu?" (Marcos 8:27). Para a multidão, Jesus era João Batista, Elias ou algum dos profetas. Tinham uma visão distorcida de Jesus, pois o viam apenas como um grande mensageiro de Deus que havia ressuscitado dentre os mortos (Lucas 9:19). Não discerniam que Ele era o próprio Filho de Deus, o Deus encarnado. Havia muitas opiniões sobre Jesus, exceto a verdadeira.

O povo tinha olhos, mas não discernimento. Eles viam as obras de Jesus e ouviam seus ensinos, mas não discerniam a natureza da sua Pessoa nem sua obra redentora. Essa cegueira só pode ser curada pela proclamação da Palavra e a ação eficaz do Espírito Santo. Quem não discerne claramente quem é Jesus não pode ser considerado um cristão e estará perdido. Cristianismo é mais que um conjunto de doutrinas; é uma Pessoa. Jesus é o centro, o

---

[8] WIERSBE, Warren W. *Be Diligent*, p. 84.

eixo, a base, o alvo e a fonte de toda a vida cristã. Fora dele não há redenção nem esperança. Ele é a fonte de onde procedem todas as bênçãos.

Em terceiro lugar, *a falta de discernimento de Pedro sobre a verdadeira missão do Messias*. Depois que os discípulos dizem a Jesus quais eram as opiniões populares com respeito à sua Pessoa, Cristo os indaga: "Mas vós, quem dizeis que eu sou?" (Marcos 8:29). A isso, Pedro responde: "Tu és o Cristo". Jesus lhe diz que essa declaração foi revelada pelo Pai (Mateus 16:17). Pedro confessou que o homem a quem seguia era de fato o Messias prometido, o Filho de Deus.

Pedro, no entanto, instantes depois viveu um momento de cegueira sugestionada por Satanás. Quando o Senhor predisse aos discípulos sua morte e ressurreição, Pedro o chamou à parte e o reprovou (Mateus 16:22; Marcos 8:32). Para Pedro, o Messias estava ligado à ideia de glória. Depois de lutar tanto para saber quem Jesus realmente era, Pedro rejeitou os novos ensinamentos de Jesus, que dizem claramente quem Ele é e para onde vai. Pedro não compreendeu que, se Jesus salvasse a si mesmo, não nos salvaria. Sem cruz não há coroa. Sem Calvário não há céu. Sem o sacrifício substitutivo de Cristo não há salvação para o ser humano.

Pedro, que já era um discípulo e que já tivera sua mente iluminada pela verdade, por um momento se deixou seduzir por Satanás e perdeu o discernimento da essência do cristianismo, a salvação por meio da morte e ressurreição de Cristo.

Acautelemo-nos da cegueira espiritual!

capítulo 25

CURA DO MENINO EPILÉTICO

Mateus 17:14-21; Marcos 9:14-29; Lucas 9:37-42

OS TRÊS EVANGELHOS Sinóticos registram a cura do menino epiléptico, e o fazem após o relato da transfiguração de Jesus no monte. O episódio da transfiguração trouxe aos discípulos um tira-gosto do céu, levantando a ponta do véu e mostrando a glória do bendito Salvador. É um penhor de seu retorno com glória celeste, mostrando que a cruz precede a coroa e que o sofrimento precede a glória. Com esse episódio, o Pai teve como propósito encorajar seu Filho, que começava a viagem rumo a Jerusalém e a cruz. Jesus, por sua vez, tinha como propósito encorajar os discípulos, que haviam ficado abalados com a notícia de sua morte.

Pedro, Tiago e João, que formavam o círculo mais íntimo dos apóstolos, sobem o monte com Jesus. A localização do monte é incerta; a tradição diz que é o monte Tabor, enquanto outros pensam se tratar do monte Hermom. Lá, Jesus "Foi transfigurado diante deles; as suas vestes tornaram-se resplandecentes e sobremodo brancas, como nenhum lavandeiro na terra as poderia alvejar" (Marcos 9:2-3).

276 OS MILAGRES DE JESUS

O monte da transfiguração forma um vivo contraste com o mundo da miséria, com a geração incrédula no sopé do monte.[1] Não é possível permanecer no alto da montanha quando há batalhas a combater no vale.[2] O que sucede à transfiguração revela-nos os dramas da terra, fortemente marcados pela fúria de Satanás e a fraqueza dos discípulos.

DISCUSSÃO SEM PODER

Os nove discípulos de Jesus que ficaram no vale encontravam-se cara a cara com o Diabo. Careciam de poder espiritual e colhiam um grande fracasso. A razão era a mesma dos três que estavam no monte: em vez de orar, eles estavam discutindo. Aqui aprendemos duas lições, como vemos a seguir.

Em primeiro lugar, *no vale há gente sofrendo o cativeiro do Diabo sem encontrar na igreja solução para o seu problema*. Aqui está um pai desesperado. O Diabo invadiu a sua casa e está arrebentando a sua família. Está destruindo seu único filho (Marcos 9:18). Esse jovem estava possuído por uma casta de demônios que tornavam sua vida um verdadeiro inferno. No auge do seu desespero, o pai do jovem correu para os discípulos de Jesus em busca de ajuda, mas eles estavam sem poder.

A igreja tem oferecido resposta para uma sociedade desesperançada e aflita? Temos confrontado o poder do mal? A espiritualidade do monte pode ser, e é muitas vezes, a espiritualidade da fuga e do escapismo. O monte é lugar para recarregar as baterias, mas o nosso ministério não é no monte. É no vale que se

---

[1] RIENECKER, Fritz. *Evangelho de Lucas*, p. 221.
[2] WIERSBE, Warren W. *Comentário bíblico expositivo*. vol. 5, p. 270.

CURA DO MENINO EPILÉTICO

desenrola o nosso ministério. O vale é onde as pessoas estão aflitas, enfermas, chorando, sangrando, atormentadas pelo Diabo. É lá que devemos estar, como agentes do reino, como ministros da reconciliação, como portadores das boas-novas da salvação.

Não podemos nos encastelar no templo, dia após dia, sem sairmos às ruas para socorrer os aflitos. Não podemos apenas ter a espiritualidade do culto público, do retiro espiritual, das conferências teológicas. Precisamos descer aos vales, aos becos, subir os morros, entrar nas favelas, nos condomínios fechados, nos corredores dos hospitais. Precisamos ir lá fora, onde as pessoas estão carentes, aflitas e desesperadas. Não raro, os cristãos saem de casa para o templo e do templo para casa centenas de vezes ao ano, mas não atravessam a rua para falar de Cristo para seu vizinho. Subimos o monte não para armarmos tenda lá em cima; subimos o monte para sermos revestidos de poder, para desempenharmos nosso ministério no vale e libertarmos os cativos.

Em segundo lugar, *no vale há gente desesperada precisando de ajuda, mas os discípulos estão perdendo tempo, envolvidos numa discussão infrutífera*. Os discípulos estavam envolvidos numa interminável discussão com os escribas, enquanto o Diabo agia livremente sem ser confrontado. Eles estavam perdendo tempo com os inimigos da obra, em vez de fazer a obra (Marcos 9:16).

A discussão, muitas vezes, é saudável e necessária. Mas passar o tempo todo discutindo é uma estratégia do Diabo para nos manter fora da linha de combate. Há crentes que passam a vida inteira discutindo temas empolgantes na escola bíblica dominical, participando de retiros e congressos, mas nunca entram em campo para agir. Sabem muito e fazem pouco. Discutem muito e trabalham pouco.

Os discípulos estavam discutindo com os escribas, que se opunham ao ministério de Jesus (Marcos 9:14). Discussão sem ação é paralisia espiritual. O inferno vibra quando a igreja se fecha dentro de quatro paredes, em torno dos seus empolgantes assuntos. O mundo perece enquanto a igreja está discutindo. Há muita discussão, mas pouco poder. Muita verborragia, mas pouca unção. Há multidões sedentas, mas pouca ação da igreja.

UM INIMIGO DESTRUIDOR

Enquanto os discípulos se engajavam em uma discussão infrutífera, havia ali, entre eles, um poder demoníaco que não era confrontado. Há dois extremos perigosos que precisamos evitar no trato dessa matéria, conforme comentamos a seguir.

Em primeiro lugar, *não podemos subestimar o inimigo*. Os liberais, os céticos e os incrédulos negam a existência e a ação dos demônios. Para eles, o Diabo é uma figura lendária e mitológica. Negar a existência e a ação do Diabo é cair nas malhas do mais ardiloso satanismo.

Em segundo lugar, *não podemos superestimar o inimigo*. Há segmentos chamados evangélicos que falam mais no Diabo do que em Jesus. Pregam mais sobre exorcismo do que sobre arrependimento. Vivem caçando demônios, neurotizados pelo chamado movimento de batalha espiritual.

Como era esse poder maligno que estava agindo no vale?

Em primeiro lugar, *era assombrosamente destruidor*. A casta de demônios fazia o jovem possesso rilhar os dentes, convulsionava-o e lançava-o no fogo e na água para matá-lo. Os sintomas desse jovem apontam para uma epilepsia, mas não era um caso comum de epilepsia. Além de estar sofrendo dessa desordem

CURA DO MENINO EPILÉTICO

convulsiva, o rapaz era também surdo-mudo. O espírito imundo que estava nele o privava de falar e ouvir. Os ataques àquele jovem eram tão frequentes e fortes que o menino não mais crescia, mas definhava (Marcos 9:18).

Em segundo lugar, *atingia uma criança*. Aquele menino vivia dominado por uma casta de demônios desde sua primeira infância (Marcos 9:21). Se Satanás investe desde cedo na vida das crianças, não deveríamos nós, com muito mais fervor, investir na salvação delas? Se as crianças podem ser cheias de demônios, não poderiam ser também cheias do Espírito de Deus?

Em terceiro lugar, *agia com requintes de crueldade*. Esse jovem era filho único. Ao atacar esse rapaz, o Diabo estava destruindo os sonhos de uma família. Onde os demônios agem, há sinais de desespero. Onde eles atacam, a morte mostra sua carranca. Onde eles não são confrontados, a invasão do mal desconhece limites. O coração do Filho único de Deus encheu-se de compaixão por esses filhos únicos, por seus pais e por muitos, muitos outros!

UMA CARÊNCIA DE PODER

Quando Jesus chega ao vale, o pai do menino possesso lhe apresenta seu pedido e informa: "Roguei aos teus discípulos que o expelissem, mas eles não puderam" (Marcos 9:18, Lucas 9:40). Por que os discípulos estão sem poder?

Em primeiro lugar, *porque os discípulos não tinham discernimento*. Jesus explica que há demônios e demônios (Mateus 17:21). Há demônios mais resistentes que outros. Há hierarquias no reino das trevas (veja Efésios 6:12).

Em segundo lugar, *porque os discípulos não oraram*. Não há poder espiritual sem oração. O poder não vem de dentro, mas do alto. A oração precisa ser prioridade na agenda da igreja. A profundidade de um ministério é medida não pelo sucesso diante dos homens, mas pela intimidade com Deus. A grandeza de uma igreja é medida não pela beleza de seu templo ou pela pujança de seu orçamento, mas pelo seu poder espiritual através da oração.

No século 19, o grande pregador Charles H. Spurgeon disse que, em muitas igrejas, a reunião de oração era apenas o esqueleto de uma reunião, à qual as pessoas não mais compareciam. Ele concluiu que "se uma igreja não ora, ela está morta". Infelizmente, muitos cristãos têm abandonado o alto privilégio de uma vida abundante de oração. Hoje, gastamos mais tempo com reuniões de planejamento do que com reuniões de oração. Dependemos mais dos recursos humanos do que dos recursos de Deus. Confiamos mais no preparo humano do que na capacitação divina.

A oração move a mão onipotente de Deus. Quando a igreja ora, os céus se mexem, o inferno treme e coisas novas acontecem na terra. Quando nós trabalhamos, *nós* trabalhamos; mas quando nós oramos, *Deus* trabalha. A oração conecta o altar da terra ao trono do céu e une a fraqueza humana à onipotência divina. As orações que sobem do altar para o trono, descem do trono em forma de ações soberanas de Deus na história (Apocalipse 5:8; 8:3-5). Quando oramos, tornamo-nos cooperadores de Deus no governo do mundo. O Deus soberano escolheu agir por intermédio das orações do seu povo. Pela oração tocamos o mundo inteiro.

Em terceiro lugar, *porque os discípulos não jejuaram*. Jejum é uma prática esquecida em nossa geração que precisa ser resgatada pela igreja. As Escrituras enfatizam o jejum como um importante exercício espiritual. O jejum nos esvazia de nós mesmos e nos reveste com o poder do alto. Quando jejuamos, estamos dizendo que dependemos totalmente dos recursos de Deus.

O propósito do jejum não é obter o favor de Deus ou mudar a sua vontade. Também não é para impressionar os outros com uma espiritualidade farisaica, nem é para proclamar a nossa própria espiritualidade diante dos homens. Jejum significa amor a Deus. Jejuar para ser admirado pelos homens é uma errada motivação para fazê-lo. Jejum é fome pelo próprio Deus, e não fome por aplausos humanos. É para nos humilharmos diante de Deus como fez Daniel, para suplicarmos a sua ajuda como fez Ester, para retornarmos para Deus com todo o nosso coração como ensinou Joel, para reconhecermos a nossa total dependência da proteção divina, como fez Esdras. O jejum é um instrumento para nos fortalecer com o poder divino, em face dos ataques do inferno.

Em quarto lugar, *porque os discípulos tinham uma fé tímida*. Mais tarde, os discípulos perguntam em particular a Jesus: "Por que motivo não pudemos nós expulsá-lo? E ele lhes respondeu: 'Por causa da pequenez da vossa fé. Pois em verdade vos digo que, se tiverdes fé como um grão de mostarda, direis a este monte: Passa daqui para acolá, e ele passará. Nada vos será impossível" (Mateus 17:19-20). "Remover montanhas" era uma expressão idiomática dos judeus que significava "remover dificuldades". O sentido do versículo é que a fé vigorosa pode realizar o aparentemente impossível, pois o cristão de fé saca dos recursos divinos.[3] Se nossa fé for do tamanho de um grão de mostarda, uma

---

[3] TASKER, R. V. G. *Mateus*, p. 134.

das menores sementes de hortaliça, poderemos ver o impossível acontecendo.

Uma pequena fé no grande Deus é a força mais poderosa do mundo, a força que move montanhas, que transforma corações, que cura relacionamentos, que expulsa demônios, que leva o pobre pecador a tomar posse das riquezas insondáveis de Deus. A fé não olha para a adversidade, mas para as infinitas possibilidades de Deus.

A dúvida é inimiga da fé. Aquele que duvida é inconstante como as ondas do mar. A incredulidade agiganta os problemas e apequena Deus. A incredulidade atrai a derrota e afasta a vitória. Jesus disse ao pai do jovem: "Se podes! Tudo é possível ao que crê" (Marcos 9:23). O poder de Jesus opera, muitas vezes, mediante a nossa fé. Spurgeon está correto ao dizer: "Nossa fé pode ser pequena como um grão de mostarda, mas, se for viva e verdadeira, ela nos une ao Onipotente".[4]

UMA AUTORIDADE IRRESISTÍVEL

O ministério de Jesus foi comprometido com a libertação dos cativos. Ao mesmo tempo que Ele é o libertador dos homens, é o flagelador dos demônios. Jesus expulsou a casta de demônios do menino endemoninhado, dizendo: "Espírito mudo e surdo, eu te ordeno: Sai deste jovem e nunca mais tornes a ele" (Marcos 9:25). Embora o espírito fosse "mudo e surdo", ele ouviu Jesus e respondeu à sua voz com um grande grito (v. 26); agitou o menino com violência, mas saiu para nunca mais voltar.

---

[4] SPURGEON, Charles H. *O Evangelho segundo Mateus*, p. 359.

CURA DO MENINO EPILÉTICO

O poder de Jesus é absoluto e irresistível. Os demônios bateram em retirada, o menino foi liberto, devolvido ao seu pai, e todos ficaram maravilhados ante a majestade de Deus (Lucas 9:43).

Basta uma palavra de Cristo, e Satanás foge. Para Jesus, não há causa perdida nem vida irrecuperável. Ele veio libertar os cativos!

capítulo 26

A MOEDA NA BOCA DO PEIXE

Mateus 17:24-27

JESUS E SEUS discípulos regressam agora aos domínios de Herodes Antipas. Marcos diz que esse retorno é secreto: "E, tendo partido dali, passavam pela Galileia, e não queria que ninguém o soubesse" (9:30). Eles vão a Cafarnaum, a base de operações do ministério de Jesus.

Logo que chegam, Pedro é inquirido por aqueles que cobravam o imposto do templo sobre se Jesus pagava esse tributo. O templo era o centro do culto judaico, e sua manutenção era custosa. O imposto em questão havia sido instituído no tempo de Moisés (Êxodo 30:11-16). A lei exigia que todos os homens judeus, com mais de 19 anos, deviam pagar o imposto para viabilizar os serviços do templo. Esse imposto custava duas dracmas (Mateus 17:25). No entanto, como não havia moedas cunhadas nesse valor, era comum dois homens entregaram juntos um *estáter*, que equivalia à quantia de duas dracmas.[1]

O milagre que se realiza a seguir é registrado apenas por Mateus. Ele era cobrador de impostos em Cafarnaum quando foi chamado por Jesus para segui-lo (Mateus 9:9). Cafarnaum era

---

[1] TASKER, R. V. G. *Mateus*, p. 135.

uma cidade aduaneira, uma ponte entre a Europa e a África; sede da Secretaria da Fazenda na rota entre Damasco ao nordeste e o Mar Mediterrâneo no oeste. Esses postos de alfândega cobravam impostos não apenas nas fronteiras, mas também na entrada e saída de povoados, nas encruzilhadas e nas pontes. As caravanas e os barcos que saíam do território de Herodes estavam sujeitos à tributação.

Tendo sido coletor de impostos, Mateus mostra em seu Evangelho um interesse muito particular em assuntos financeiros. Dos quatro evangelistas, ele é o que cita o maior número de tipos de moedas. No texto em questão, Mateus deixa claro que os cobradores que abordaram Pedro não eram homens a serviço de Roma, como ele um dia havia sido. Mateus não se refere a eles usando a mesma expressão empregada para falar de publicanos e cobradores de impostos. Com isso, o evangelista destaca a diferença entre as duas funções.

William Hendriksen está correto quando diz que esse relato indica o penetrante conhecimento de Cristo, a consciência de sua filiação divina, sua consideração pelos demais, sua autoridade mesmo sobre o mar e seus habitantes e sua generosidade.[2]

Vemos, a seguir, algumas características desse episódio.

A ONISCIÊNCIA DE JESUS

Mateus nos relata que os cobradores do templo abordaram Pedro quando este chegava em Cafarnaum. A pergunta, entretanto, dizia respeito a Jesus: "Não paga o vosso Mestre as duas dracmas?" (17:24). Mateus diz que Pedro foi para sua casa, e que, ao entrar

---

[2] HENDRIKSEN, William. *Mateus*. vol. 2, p. 217.

A MOEDA NA BOCA DO PEIXE

lá, "Jesus se lhe antecipou" (v. 25). Sem que Pedro tivesse dito palavra sobre o questionamento dos cobradores, Jesus começa a conversar com Pedro sobre o assunto.

Jesus sabe todas as coisas. Ele é Deus. É onisciente. Tudo está sob o seu total controle. Ele conhece todas as coisas, de todos os tempos, em todos os lugares, de todas as pessoas, até mesmo aquelas que são ocultas. Ninguém pode fugir da sua face nem esconder alguma coisa de seus olhos. Ele sonda o coração dos homens. Seus olhos penetram além do véu. Ele vê os segredos guardados a sete chaves. Penetra nas motivações mais secretas e inconfessas daqueles que tentam esconder seus pecados. O questionamento que os cobradores fizeram às escondidas não pôde ser ocultado do conhecimento de Jesus.

A FILIAÇÃO DE JESUS

Podemos destacar três lições aqui.

Em primeiro lugar, *Jesus é Filho de Deus*. quando interpela Pedro, perguntando-lhe: "Simão, que te parece? De quem cobram os reis da terra impostos ou tributo: dos seus filhos ou dos estranhos?" (Mateus 17:25), Jesus assinala que nem Ele nem Pedro estão sob obrigação moral de pagar o imposto do templo: "Logo, estão isentos os filhos" (v. 26). O Rei celeste não exige impostos de seus filhos.[3] Jesus, sendo o Filho de Deus, estaria isento desse imposto, pois o templo era a casa de seu Pai.

Em sua encarnação, Jesus de Nazaré tornou-se a nova localização da presença de Deus na terra. Jesus substituiu o antigo tabernáculo. Ele inaugurou um novo Israel, composto de judeus

---

[3] TASKER, R. V. G. *Mateus*, p. 136.

e gentios, tornando assim obsoleto o templo com seus sistemas de rituais e sacrifícios (veja Hebreus 8:13).

Em segundo lugar, *Jesus é filho de judeus*. Embora fosse o Filho de Deus, para quem o templo apontava (João 2:20-22), Jesus também era filho da raça judaica, nascido sob a lei e sujeito a ela. Desde o início de seu ministério, Jesus agiu de modo a se identificar com o seu povo, a quem veio salvar. Ele foi batizado por João Batista juntamente com outros judeus. Ao identificar-se com o povo, assumiu seu lugar, levou sobre si seu pecado e sofreu em si mesmo a ira de Deus e o duro golpe da lei. Foi para cumprir as demandas da justiça que Jesus foi batizado.

Em terceiro lugar, *Jesus é filho de homens*. Na encarnação, Jesus se identificou com toda a humanidade. Ele chorou, teve fome e teve sede, e aqui encontramo-lo tão pobre a ponto de não ter duas dracmas para pagar o imposto anual do templo.

Jesus é tanto Deus como homem. É perfeitamente Deus e perfeitamente homem. O Verbo que criou o mundo fez-se carne e veio morar entre os homens. Ele possui duas naturezas distintas. Ele é Deus sem deixar de ser homem; Ele é homem sem deixar de ser Deus. Ele é o Deus-homem. Nele, as duas naturezas, divina e humana, estão presentes inconfundivelmente, imutavelmente, indivisivelmente e inseparavelmente. Vemos nele, portanto, a presença de Deus entre os homens.

A CONSIDERAÇÃO DE JESUS

Este é o único milagre que Jesus realizou para suprir uma necessidade sua. Jesus fez de um peixe o seu tesoureiro. Porém, além de ter o propósito de prover para si, esse milagre aponta outros dois propósitos de Jesus.

A MOEDA NA BOCA DO PEIXE **289**

Em primeiro lugar, *a consideração de Jesus por Pedro*. Jesus já havia curado a sogra de Pedro, ajudou-o numa pescaria milagrosa, permitiu que ele andasse sobre as águas e mostrou a ele sua glória no monte da transfiguração. Aqui, Ele provê o pagamento do imposto para si e para Pedro. Não é de admirar que Pedro tenha escrito: "Lançando sobre ele toda a vossa ansiedade, porque ele tem cuidado de vós" (1Pedro 5:7).

Em segundo lugar, *a consideração de Jesus pelos demais*. Embora restasse claro que nem Jesus nem Pedro estavam sob obrigação de pagar o imposto, Jesus ordena a pescaria que resultará milagrosa "para que não os escandalizemos" (Mateus 17:27). Jesus não queria que as pessoas se ofendessem vendo um judeu deixando de contribuir para o templo, pois muitos ainda não compreendiam que o discipulado de Jesus envolvia romper com o templo e seus serviços.

John Charles Ryle diz que se oculta uma profunda sabedoria nas palavras "para que não os escandalizemos". Elas nos ensinam, com toda a clareza, que existem questões acerca das quais o povo de Cristo deveria abafar as suas próprias opiniões. Dos direitos de Deus, jamais deveríamos desistir; mas dos nossos próprios direitos, ocasionalmente, podemos desistir, com real proveito.[4]

A PROVISÃO DE JESUS

Este é o único milagre em que Jesus usou apenas um peixe. Pedro já havia feito uma pesca milagrosa (Lucas 5:1-11) e faria outra (João 21:6). Em uma ocasião, Jesus multiplicou dois peixinhos (Marcos 6:38), em outra, alguns (Mateus 15:34). Aqui, um

---

[4] RYLE, John Charles. *Meditações no Evangelho de Mateus*, p. 143.

peixe bastou para operar o milagre. Jesus possui toda a autoridade sobre a criação. Ele conhece e controla os detalhes.

Este também é o único milagre cujo resultado não se encontra registrado. Jesus dá a ordem a Pedro, mas não somos informados do que aconteceu na sequência. O que depreendemos é que Pedro foi, pescou o peixe, encontrou a moeda e pagou o imposto.

Pedro nunca desobedeceu à ordem de Jesus para pescar. Em todas as vezes, encontrou muito além do que necessitava. Ele aprendeu a confiar mais no provedor do que na provisão.

Depender da provisão é fácil, pois nós a temos e a administramos. Quando a nossa provisão acaba, Deus continua sendo nosso provedor. Quando nossa despensa fica vazia, os celeiros de Deus continuam abarrotados. Quando a nossa fonte seca, os mananciais de Deus continuam jorrando. Quando nossos recursos acabam, Deus sabe onde estamos, para onde devemos ir e o que devemos fazer.

capítulo 27

CURA DO CEGO DE NASCENÇA

João 9

ESSA CURA, REALIZADA em Jerusalém, provavelmente acontece dias após a Festa dos tabernáculos. Essa era uma alegre celebração que encerrava o ciclo das festividades anuais.

Jesus, como cumpridor da lei, frequentava as festas religiosas de seu povo. Porém, às vésperas da festa dos tabernáculos, Jesus ainda andava pela Galileia, uma vez que não desejava subir a Jerusalém porque os judeus procuravam matá-lo. Jesus tinha plena consciência de que os judeus não poderiam matá-lo antes da hora; entretanto, não queria expor-se desnecessariamente. Assim, tendo começado a Festa, Jesus vai para Jerusalém, mas em oculto (João 7:10).

Durante essa Festa, Jesus fez o discurso em que se apresenta como a luz do mundo (João 8:12-20). Também durante essa Festa, os judeus tentaram prendê-lo e, em outra ocasião, pegaram em pedras para matá-lo (v. 59). O evangelista, porém, reitera que os judeus não tiveram sucesso "porque não era ainda chegada a sua hora" (7:30; 8:20).

No final de João 8, encontramos Jesus saindo em oculto do templo. No capítulo 9, Ele caminha pelas ruas de Jerusalém e, então, vê um homem cego de nascença (v. 1). Esse é um dos milagres mais bem documentados nas Escrituras, pois os vizinhos, os pais e os opositores precisaram admitir que, de fato, o homem havia nascido cego e, agora, estava enxergando.

Esse milagre também ilustra o ensino de Cristo de que Ele era a luz do mundo. Jesus dá mais uma prova de sua divindade, uma vez que era crença comum que só Deus poderia dar vista a um cego de nascença. Uma vez que a cegueira era considerada maldição divina, apenas Deus poderia removê-la. Além disso, dar vista a um cego de nascença era considerado uma obra criadora, e apenas Deus tem poder para criar.[1]

UM MILAGRE SINGULAR

Esse é o único milagre dos Evangelhos relatando que alguém sofria desde seu nascimento. Cinco fatos nos chamam a atenção nesse milagre operado por Jesus.

Em primeiro lugar, *uma pergunta perturbadora*. Ao verem o homem cego, os discípulos sacaram da algibeira uma questão: "Mestre, quem pecou, este ou seus pais, para que nascesse cego?" (João 9:2). No entendimento deles, a cegueira daquele homem deveria ser resultado do castigo do seu pecado ou do pecado de seus pais. Em vez buscar uma solução para o problema alheio, eles queriam especular sobre o mais intrincado problema filosófico: a origem do mal.

Em segundo lugar, *uma resposta esclarecedora*. Jesus foge da lógica simplista de causa e efeito, proposta por seus discípulos. Ele esvazia a curiosidade dos discípulos, afirmando que nem o homem nem seus pais haviam pecado, mas ele nascera cego

---

[1] AMARAL, Joe. *Understanding Jesus*, p. 123.

CURA DO CEGO DE NASCENÇA

para que se manifestassem nele as obras de Deus. É claro que Jesus não estava com isso insinuando haver pessoas sem pecado nem induzindo os discípulos a crerem que todo sofrimento é resultado imediato de um pecado. Também Jesus não estava afirmando que aquele homem havia nascido cego especificamente para agora ser alvo de seu milagre. Jesus estava dizendo que o sofrimento alheio não deveria ser alvo de especulação, e sim de uma ação misericordiosa.

Deus não fez a criança nascer cega para, depois de muitos anos, revelar sua glória tirando-lhe a cegueira. Pensar assim seria uma afronta ao caráter de Deus. O sentido é que Deus é soberano sobre a infelicidade da cegueira da criança e, quando ela se tornou adulta, a fez recuperar a vista, a fim de que visse a glória de Deus na face de Cristo.[2] As tragédias dão a Deus uma oportunidade de se revelar de formas singulares.

Em terceiro lugar, *uma ordem urgente*. Jesus confirma sua declaração, dizendo que as obras do Pai devem ser feitas com presteza e urgência, pois haverá um tempo, quando a noite chegar, que não será mais possível trabalhar.

Em quarto lugar, *uma declaração magnífica*. Antes de abrir os olhos ao cego, Jesus reafirmou a seus discípulos o que havia dito aos judeus: "Eu sou a luz do mundo" (João 9:5).

Em quinto lugar, *um milagre inédito*. Não havia ainda nenhum registro de que um cego de nascença tivesse sido curado (João 9:32). Jesus não restaurou uma visão perdida. Ele concedeu visão

---

[2] BRUCE, F. F. *João*, p. 183.

a um homem que jamais havia enxergado. Foi um ato de criação: criar algo que não existia.[3]

Cada cura de Jesus tinha um ritual diferente. Ele nunca tratou as pessoas como massa. Sempre cuidou de cada indivíduo de forma pessoal e singular. Nesse caso, Jesus usou um método aparentemente estranho. Antes de curar o homem, cuspiu na terra, fez um lodo com a saliva e passou essa terra molhada nos olhos do cego. Depois, Jesus mandou o homem ir ao tanque de Siloé se lavar. O homem foi, lavou-se e voltou vendo. Jesus produziu nele um desconforto e depois o curou. Jesus o tocou e depois o sarou. Jesus o desafiou a crer em sua palavra e depois o milagre ocorreu.

Quando o lodo foi lavado dos olhos do cego, todas as outras limitações foram removidas, de modo que as dores e os sofrimentos do nascimento acabaram, as dores e os terrores passaram, as ligações com o pecado se foram, e uma luz e uma liberdade gloriosas surgiram.[4]

O INTERROGATÓRIO DOS VIZINHOS

O extraordinário milagre operado por Jesus desperta nos vizinhos do homem cego três questionamentos.

Em primeiro lugar, *eles querem saber quem o curou*. Quando os vizinhos viram curado o homem que haviam conhecido cego, perguntaram: "Não é este o que estava assentado pedindo esmolas? Uns diziam: 'É ele'. Outros: 'Não, mas se parece com ele'" (João 9:8-9). A essa altura, o próprio homem curado esclarece:

---

[3] RICHARDS, Larry. *Todos os milagres da Bíblia*, p. 259.
[4] BARCLAY, William. *Juan II*, p. 52.

CURA DO CEGO DE NASCENÇA

"Sou eu!" O milagre, assim, é certificado por aqueles que conheciam o homem e sabiam de sua história.

Em segundo lugar, *eles querem saber como ele foi curado*. Tendo verificado a veracidade do milagre, os vizinhos fazem uma segunda pergunta: "Como te foram abertos os olhos?" (João 9:10). O cego mendigo, agora curado, não tinha respostas claras, mas informou o que sabia: o homem que se chama Jesus era o autor desse poderoso milagre. E aproveitou o ensejo para narrar todos os detalhes da sua cura: o ato de Jesus, a ordem de Jesus e o resultado maravilhoso de sua obediência.

Em terceiro lugar, *eles querem saber onde ele foi curado*. Sendo informados de que o homem Jesus era o protagonista da extraordinária façanha, os vizinhos quiseram saber onde Ele estava. O homem, porém, não tinha ainda todas as respostas. Só sabia o que Jesus havia feito em sua vida, mas não sabia onde Jesus estava.

O INTERROGATÓRIO DOS FARISEUS

A essa altura, os vizinhos levam o homem curado aos fariseus, e aí começa uma saga cheia de coragem por um lado e cheia de arrogante cegueira espiritual por outro. Na mesma medida em que os olhos da alma do homem curado são abertos para aprofundar sua fé, os fariseus mergulham cada vez mais fundo no obscurantismo espiritual. Custasse o que custasse, eles precisavam desmoralizar o milagre. E é o que procuraram fazer, mas sem resultado.[5]

Assim é hoje também, só que trocando as fórmulas religiosas dos fariseus por axiomas da ciência dos céticos e racionalistas.

---

[5] ERDMAN, Charles. *O Evangelho de João*, p. 77-78.

Muitos dizem que o sobrenatural não existe, que milagres não acontecem e que, por consequência, os decantados feitos de Jesus não passam de fábulas. Ele não nasceu de uma virgem. Não restaurou vista a cegos e jamais ressurgiu dos mortos. Tais pessoas têm suas teorias e, por causa delas, rejeitam fatos.

Houve cinco questionamentos dos fariseus em relação a esse milagre. Vamos examiná-los a seguir.

Em primeiro lugar, *a pergunta da dúvida*. Os fariseus fazem a mesma pergunta dos vizinhos: "Como?". E o homem dá a mesma resposta, agora de forma mais abreviada: "Aplicou lodo aos meus olhos, lavei-me e estou vendo" (João 9:15). O problema é que essa cura, à semelhança do que ocorreu com o paralítico de Betesda, também se deu em um sábado. Na distorcida hermenêutica dos fariseus, Jesus quebrava a guarda do sábado ao realizar curas nesse dia. Por isso, Ele não poderia ser um homem de Deus (v. 16). A interpretação legalista dos fariseus de guardar o sábado era muito mais importante para eles do que um ato surpreendente de Deus.[6] Devemos ter cuidado para não permitir que nossa teologia nos impeça de reconhecer a verdadeira obra de Deus.

Alguns dentre os fariseus, fisgados pela dúvida, perguntam: "Como pode um homem pecador fazer tamanhos sinais?" (v. 16). Havia dois pontos de vista opostos. O primeiro baseava-se na premissa de que um homem que quebra a lei do sábado não pode ser de Deus. O segundo ponto de vista baseava-se na premissa de que qualquer pessoa que curar um cego — especialmente um cego de nascença — é de Deus.[7] A conclusão óbvia é que

---

[6] RICHARDS, Larry. *Todos os milagres da Bíblia*, p. 259.
[7] Bruce, F. F. João, p. 186.

CURA DO CEGO DE NASCENÇA

Jesus não havia transgredido a lei do sábado, mas transgredido a interpretação equivocada dos escribas sobre o sábado. A partir daí, era inevitável concluir que a interpretação vigente sobre a lei do sábado precisava ser revista.

Em segundo lugar, *a pergunta do testemunho pessoal*. Agora, os fariseus querem saber o que ex-cego pessoalmente pensa acerca do homem que lhe abriu os olhos. A resposta foi imediata: "Ele é profeta" (João 9:17). Os fariseus se complicam à medida que tentam desconstruir a realidade inegável desse milagre.

Em terceiro lugar, *a pergunta aos pais do cego*. Os fariseus, prisioneiros do preconceito, não acreditaram que o homem havia sido verdadeiramente cego e que agora via. Então, decidem tirar a prova com os pais do cego. Eles fazem duas perguntas aos pais: "É este o vosso filho, de quem dizeis que nasceu cego? Como, pois, vê agora?" (João 9:19).

Os pais responderam com firmeza à primeira pergunta: "Sabemos que este é nosso filho e que nasceu cego" (v. 20). Da outra pergunta, porém, eles se esquivaram, jogando o problema para o filho. A motivação para essa postura era a intolerância religiosa dos judeus, pois uma decisão já havia sido tomada: quem ficasse do lado de Jesus seria expulso da sinagoga (v. 22).

A excomunhão da sinagoga era uma poderosa arma usada pelas autoridades. Havia dois tipos de excomunhão:

> A proibição mediante a qual se expulsava alguém da sinagoga pelo resto da vida. Nesse caso, a pessoa era anatematizada em público. O entendimento era que a pessoa expulsa estava excluída da presença de Deus e dos homens.
>
> A sentença de excomunhão temporária, que mantinha a pessoa afastada da comunhão com Deus e com as pessoas.

Foi por essa razão que os pais do homem curado se esquivaram de responder com mais profundidade às autoridades.[8]

Aquele que fosse expulso da sinagoga não tinha direito a assistência se ficasse pobre ou passasse por grandes necessidades. Quem tivesse um comércio não poderia negociar com pessoas da comunidade. Os amigos deixariam de falar com o banido. Confessar Cristo diante da ameaça de ser expulso da sinagoga exigia uma coragem que os pais desse homem não tinham.[9]

O dilema dos fariseus, porém, só aumentava, pois agora não havia mais do que duvidar. Eles estavam diante de um milagre notório, Jesus era o seu agente, e esse sinal acontecera em um sábado.

Em quarto lugar, *a estratégia de colocar o cego curado contra Jesus*. Os fariseus tentaram criar uma fenda irreconciliável, induzindo o homem curado a passar para o lado deles e se posicionar contra Jesus, considerando-o um pecador. Longe de ceder à sedução e à pressão dos fariseus, o que fora cego deu outro ousado testemunho: "Se é pecador, não sei; uma coisa sei: eu era cego e agora vejo" (João 9:25). Com ousadia, ele coloca tanto seu "não sei" quanto seu "sei" contra o "nós sabemos" dos fariseus. É como se o cego dissesse: "Contra a palavra de autoridade de vocês, eu coloco este grande fato da experiência: embora eu fosse

---

[8] BARCLAY, William. *Juan II*, p. 57.
[9] RICHARDS, Larry. *Todos os milagres da Bíblia*, p. 260.

CURA DO CEGO DE NASCENÇA

cego antes, agora enxergo. Fatos são mais palpáveis do que opiniões infundadas".[10]

Em quinto lugar, *a tentativa da contradição*. Os fariseus tentam induzir o homem a uma contradição, com a mesma pergunta: "O que te fez ele? como te abriu os olhos?" (João 9:26). Perdendo a paciência com seus incansáveis interrogadores, o homem não detalha mais os fatos, porém alfineta-os com outra pergunta: "Porventura, quereis vós também tornar-vos seus discípulos?" (v. 27). Querendo humilhar o homem com arrogância autogratificante, disseram que ele, sim, poderia ser discípulo de Jesus, mas eles, os guardiões da lei, eram discípulos de Moisés (não se dando conta de que Moisés iria condená-los).

A essa altura, os fariseus tentam atacar Jesus, dizendo que tinham convicção de que Deus havia falado a Moisés, mas nem sequer sabiam de onde procedia Jesus. Mais uma vez, o cego os espicaça com seu arrazoado contundente: "Nisto é de estranhar que vós não saibais donde ele é, e, contudo, me abriu os olhos" (v. 30). Em outras palavras, "vocês deveriam saber". E acrescenta que, se Jesus fez esse milagre inédito, certamente Deus o atendeu, uma vez que só Deus operaria um milagre dessa natureza.

O argumento do cego é demolidor: se Jesus não fosse de Deus, nada poderia fazer esse milagre, uma vez que Deus não escuta a oração do homem mau. Mas longe de se renderem à verdade, os fariseus preferem hostilizar o homem, dizendo-lhe: "Tu és nascido todo em pecado e nos ensinas a nós?" (v. 34).

Quantas vezes ainda hoje os insultos tomam lugar dos argumentos, e quão frequentemente as pessoas voltam as costas, com

---

[10] HENDRIKSEN, William. *João*, p. 435.

300 OS MILAGRES DE JESUS

aparente desdém, para fatos que não podem negar nem refutar! Os fariseus se viram diante de um dilema: lá estava o homem, que nascera cego, com a vista perfeita, e havia sido Jesus quem lhe abrira os olhos. Ou eles negavam a cura ou admitiam a natureza divina de Jesus. Os céticos de hoje, igualmente, os fatos deixam perturbados. Eles negam os milagres, mas admitem que Jesus era mestre supremo em termos moral e louvam-no como homem bom.[11] É preciso deixar claro que essa é uma incoerência gritante. Jesus não pode ser um homem bom se o que disse sobre si mesmo não é verdade. Se Jesus não é o Filho de Deus, então é um mentiroso. Se Jesus não fez as obras que diz ter feito, então é um impostor. Logo, afirmar que Ele é um homem bom e negar sua natureza divina e suas obras miraculosas é cair numa contradição insuperável.

O ENCONTRO DE JESUS COM O CEGO

Ouvindo Jesus que os fariseus haviam expulsado do templo o homem que fora curado, foi ao seu encontro e lhe perguntou: "Crês tu no Filho do Homem?" O homem redarguiu: "Quem é, Senhor, para que eu nele creia?" Jesus lhe disse: "Já o tens visto, e é o que fala contigo". Disse o homem: "Creio, Senhor. E o adorou" (João 9:35-38). O mesmo Jesus que abriu os olhos físicos do cego abre agora os olhos de sua alma. Ele não apenas recebe uma cura; mas também adora o Filho do homem, o Senhor. É maravilhoso constatar que, ao mesmo tempo que os judeus expulsam

---

[11] ERDMAN, Charles. *O Evangelho de João*, p. 78.

CURA DO CEGO DE NASCENÇA 301

do templo o homem que fora cego, o Senhor do templo vai ao seu encontro para buscá-lo.[12]

Na mesma proporção em que os fariseus faziam uma viagem rumo ao abismo mais profundo da incredulidade, esse homem fazia uma viagem rumo à maturidade e ao aprofundamento da fé. Sua compreensão sobre Jesus foi crescente. No começo, falou apenas do "homem" Jesus (João 9:11). Depois, considerou-o um profeta (v. 17). Em seguida, admitiu que Jesus era um operador de milagres (v. 27). Avançou para a compreensão de que era um homem de Deus (v. 33). Creu nele como o Filho do homem (v. 35) e, finalmente, o adorou como Senhor (v. 38).

---

[12] BARCLAY, William. *Juan II*, p. 60.

capítulo 28

CURA DA MULHER ENCURVADA

Lucas 13:10-17

LUCAS NÃO INFORMA nenhum detalhe geográfico ou cronológico deste episódio. Esta é a última vez que ele registra Jesus numa sinagoga. E, mais uma vez, Jesus realiza uma cura no sábado. Novamente Ele trava um embate com o sistema farisaico hipócrita e denuncia a falsa interpretação que os fariseus faziam da observância do sábado.

Jesus está ensinando na sinagoga quando entra uma mulher gibosa, encurvada, com a coluna torta, a cabeça presa aos pés. Ela passara os últimos dezoito anos de sua vida olhando para o chão, atormentada por um espírito de enfermidade.

Não há consenso se esse era um caso de possessão demoníaca ou se era uma doença colocada na mulher por Satanás, ou mesmo se Satanás a atormentava por causa de sua enfermidade. Como todo o sofrimento e todas as doenças estão, em última instância, relacionados com o pecado e com a Queda, Lucas comunica aqui que Satanás subjugou aquela mulher por meio de um espírito que lhe causava fraqueza física. Esse fato é um estímulo ainda maior para que Jesus aja e cure. Afinal, Ele veio para destruir

304 OS MILAGRES DE JESUS

as obras do Diabo (1João 3:8).[1] É oportuno deixar claro, entretanto, que nem toda doença tem procedência maligna ou mesmo é resultado de um pecado específico.

O fato é que Jesus a chama, a livra de sua enfermidade e impõe as mãos sobre ela, prática que o Mestre jamais adotou com um endemoniado. A mulher imediatamente se endireita e passa a dar glória a Deus. Esse milagre estupendo, esse livramento misericordioso e esse visível sinal da chegada do reino, em vez de produzirem lágrimas de gratidão no dirigente da sinagoga, provocaram indignação. Jesus, então, confronta o líder e seus seguidores, ensinando mais uma vez o verdadeiro significado do sábado. O resultado foi o vexame dos adversários de Jesus e a alegria do povo. Vamos considerar quatro verdades presentes no texto.

UM MILAGRE MAJESTOSO

Jesus tinha o costume de ir à sinagoga regularmente. Congregar com o povo de Deus, adorar a Deus e estudar a palavra de Deus eram seu deleite. A mulher encurvada, a despeito de seu atroz sofrimento, também não deixou de frequentar a sinagoga. A enfermidade não era desculpa para impedi-la de ir à casa de Deus. Apesar de seu sofrimento e enfermidade, ela se dirige ao lugar em que se honravam o sábado e a Palavra de Deus, e onde o povo de Deus se reunia.[2] Quantas pessoas, entretanto se encontram em pleno gozo de saúde física e negligenciam esse privilégio bendito!

O bispo inglês John Charles Ryle é enfático quando escreve:

---

[1] RIENECKER, Fritz. *Evangelho de Lucas*, p. 293.
[2] RYLE, John Charles. *Meditações no Evangelho de Lucas*, p. 237.

CURA DA MULHER ENCURVADA

> Aquele que não encontra satisfação em conceder a Deus um dia na semana está despreparado para o céu. O próprio céu não é outra coisa senão um eterno dia do Senhor. Se não pudermos passar algumas horas na adoração a Deus, uma vez por semana, é evidente que não poderemos passar uma eternidade em sua adoração no mundo por vir.[3]

Ao entrar naquele lugar de oração e estudo da Palavra, Jesus viu a mulher enferma. Viu como Satanás a matinha presa dezoito anos. Viu como ela andava cabisbaixa, com os olhos no chão, sem poder contemplar as estrelas. Viu como ela vivia sob o peso esmagador da enfermidade, sem perspectiva de alívio e cura. Essa doença provavelmente se tratava de *Espondilite deformans*, que fundia os ossos da coluna em uma massa rígida.[4] Sua enfermidade lhe trazia dor atroz e vexame público. O maligno envergara sua coluna e colocara grande peso sobre suas costas. Sua enfermidade era crônica e nenhum remédio natural ou intervenção cirúrgica poderia trazer-lhe cura.

O próprio Jesus tomou a iniciativa. Jesus falou à enferma: "Mulher, estás livres da tua enfermidade" (Lucas 13:12). Impôs as mãos sobre ela. Usou a voz e o toque. Dirigiu-se a dois de seus sentidos: a audição e o tato. A cura foi imediata e completa. A mulher imediatamente se endireitou. A prisão de Satanás foi destruída. As algemas foram despedaçadas. Ela saiu da masmorra da doença torturante. A mulher ficou livre tanto de sua aflição física como também de Satanás. Essa filha de Abraão voltou a viver.

---

[3] RYLE, John Charles. *Meditações no Evangelho de Lucas*, p. 237.
[4] MORRIS, Leon L. *Lucas*, p. 210.

Nossas impossibilidades não ameaçam a onipotência divina. Para Deus tudo é possível. Ele pode tudo quanto quer. Ele pode libertar o cativo. Pode curar o enfermo. Pode fortalecer o fraco. Pode salvar o perdido. Pode restaurar a sorte daquele que foi atingido por tragédias.

Como gratidão pela sua cura, a mulher deu glória a Deus. "Satanás que estava naquela sinagoga, disfarçado na doença dessa mulher, ou atormentando essa mulher, foi desmascarado e derrotado."[5]

Milhões de pessoas vivem como vivia aquela mulher. Têm a autoestima achatada. Sentem-se esmagadas pelo complexo de inferioridade. Olham para si mesmas com desprezo. Sentem-se inferiores aos demais. São como os espias de Israel, que se viram como gafanhotos diante de gigantes.

Precisamos entender que não somos o que pensamos ser, nem mesmo o que as pessoas dizem que somos. Somos o que Deus diz que somos. Temos valor para Deus. Fomos criados à sua imagem e semelhança. Pertencemos a Ele por direito de criação. Aqueles que creem no Senhor Jesus pertencem a Ele também por direito de redenção. Somos duplamente de Deus. Temos valor para Ele. Jesus chamou a mulher encurvada de "filha de Abraão". Da mesma forma, somos filhos de Deus, herdeiros de Deus e habitação de Deus. Somos a herança de Deus, a menina dos olhos de Deus e a delícia de Deus, em quem Ele tem todo o seu prazer. Não deve haver espaço para orgulho nem para autodesprezo em nosso coração. Somos o que somos pela graça de Deus. Nele devemos alegrar-nos e dar-lhe glória como aquela mulher deu.

---

[5] WIERSBE, Warren W. *Comentário bíblico expositivo*. vol. 5, p. 292.

CURA DA MULHER ENCURVADA

UMA CRÍTICA IMPIEDOSA

O chefe da sinagoga, longe de alegrar-se com a libertação e cura dessa filha de Abraão, encheu-se de ira. Estava mais interessado nos preceitos de sua religião legalista do que na libertação dos cativos e na cura dos enfermos. Amava mais o sistema religioso do que as pessoas que vinham para a adoração. Estava mais interessado nos métodos de governo de sua sinagoga do que no culto a Deus e no serviço ao próximo.[6] Para esse chefe da sinagoga, as pessoas representavam apenas uma estatística. Outrossim, ele estava mais interessado em atacar Jesus do que em se alegrar com seus portentosos milagres.

O chefe da sinagoga, por medo, covardia e hipocrisia, não endereça sua indignação diretamente a Jesus, mas aos que estavam presentes na sinagoga, querendo, com isso, atingir Jesus. Ele disse à multidão: "Seis dias há em que se deve trabalhar; vinde, pois, nesses dias para serdes curados e não no sábado" (Lucas 13:14). O cativeiro no qual o chefe da sinagoga vivia era pior do que a escravidão da mulher. Sua servidão afetava não apenas o corpo, mas também a mente e o coração. Ele estava tão preso e cego pelas tradições que acabou opondo-se ao Filho de Deus.[7]

UMA RESPOSTA CORAJOSA

Jesus volta-se para o chefe da sinagoga, mas endereça sua fala aos presentes que tinham a mesma visão legalista e farisaica quanto ao sábado, chamando-os de hipócritas. Depois disso, mostra a improcedência do argumento destes, pois os mesmos indivíduos

---

[6] BARCLAY, William. *Lucas*, p. 173.
[7] WIERSBE, Warren W. *Comentário bíblico expositivo*. vol. 5, p. 293.

que estavam indignados por Jesus ter curado aquela mulher no sábado estavam prontos a desprender da manjedoura o boi ou o jumento para dar-lhes de beber (Lucas 13:15). Ora, essa filha de Abraão não valia mais do que bois e jumentos? Por que ela não deveria, então, ser imediatamente curada de seu mal?

Ao chamá-la de "filha de Abraão" (Lucas 13:16), Jesus descarta a possibilidade de possessão demoníaca.[8] Isso deve nos levar à conclusão de que essa mulher era uma verdadeira crente.[9]

A expressão "filhos de Abraão" era utilizada para designar o povo de Israel, mas Jesus mostrou que havia filhos do Diabo entre a semente de Abraão, pois a verdadeira filiação implica a correta imitação. Ter o sangue de Abraão correndo nas veias não é o que define alguém como filho de Abraão, e sim seguir o exemplo de Abraão, praticando as mesmas obras e tendo a fé de Abraão em seu coração (João 8:39).

Para fazer parte da família de Deus não é necessário ter nascido na família certa. O nascimento espiritual, a entrada na família cujo Pai é Deus, depende de um fator bem diferente: receber pela fé aquele a quem Deus enviou. Em Jesus, a salvação saiu das fronteiras de Israel e se estendeu para o mundo inteiro. Pessoas de todas as tribos, raças e povos, as quais receberem a Cristo, receberão também o poder de serem feitas não apenas filhas de Abraão, mas filhas de Deus, de fazerem parte da família de Deus. Esse poder é conferido não aos que se julgam merecedores por causa de suas obras, mas aos que creem no nome de Jesus.

---

[8] RIENECKER, Fritz. *Evangelho de Lucas*, p. 293.
[9] RYLE, John Charles. *Meditações no Evangelho de Lucas*, p. 236.

UM RESULTADO GLORIOSO

O argumento de Jesus foi irresistível, e sua repreensão produziu dois efeitos eficazes. O primeiro deles foi na vida de seus adversários. Eles cobriram a fronte de vergonha e calaram a sua voz. O segundo efeito foi no povo presente na sinagoga. Eles continuavam regozijando-se, e isso não só por causa desse assombroso milagre, mas também por todas as obras gloriosas que o Salvador estava realizando.[10]

---

[10] HENDRIKSEN, William. *Lucas*. vol. 2, p. 232.

capítulo 29

CURA DO HIDRÓPICO

Lucas 14:1-6

APENAS LUCAS REGISTRA esse momento em que Jesus se encontra na casa de um dos principais fariseus. Aqui não há marcações de lugar nem de época, com exceção de que o episódio transcorreu em um sábado. Lucas apenas diz que Jesus havia sido convidado para uma refeição, aparentemente preparada como uma armadilha contra Jesus. Apesar disso, enquanto Jesus era observado pelos convidados na casa desse fariseu, Ele também os observa. Ao mesmo tempo que eles censuram Jesus por curar o hidrópico no sábado, estão nutrindo no coração, nesse próprio jantar, uma atitude de soberba. Por fim, a casa desse líder religioso tornou-se o palco de um grande milagre e de profundos ensinamentos sobre a graça.

DEMONSTRAÇÃO DE GRAÇA

A cura do homem hidrópico deixa transparecer que o convite para esse jantar pode ter sido um cenário armado para acusar Jesus de transgredir a guarda do sábado.[1] Destacamos aqui seis fatos.

---

[1] WIERSBE, Warren W. *Comentário bíblico expositivo*. vol. 5, p. 297.

Em primeiro lugar, *um convite*. Embora o texto não deixe claro o convite feito a Jesus para comer na casa de um dos principais fariseus, isso está implícito. Jesus jamais entrou numa casa sem ser convidado. Da mesma forma, jamais recusou um convite. Embora tenha confrontado a espiritualidade adoecida dos fariseus, Ele os amava e não perdia uma oportunidade para ministrar-lhes ao coração.

Jantares ao sábado eram ocasiões especiais, e era comum convidar hóspedes. Uma vez que a lei vetava o preparo de alimentos no sábado, toda a comida teria de ser preparada de antemão.[2]

Em segundo lugar, *uma observação*. Os demais convidados à mesa, presentes em grande número, não estavam interessados na refeição, mas em observar Jesus com intenção maliciosa. Até parece que esse encontro fora planejado astuciosamente por esse fariseu e os intérpretes da lei a fim de encontrarem algum motivo nas palavras ou na conduta de Jesus para incriminá-lo.[3]

O convite para a refeição no sábado era uma tentativa velada para apanhar Jesus em alguma transgressão.[4] É claro que os questionadores de Jesus aderem a uma estrita interpretação da observância do sábado. Nas demais curas que realizou no sábado, e também nesta, Jesus argumentou que a compaixão é maior do que outras questões de escrúpulo religioso. Aqueles que resistem à compaixão estão do lado errado do debate, e até do lado errado de Deus.[5]

---

[2] MORRIS, Leon L. Lucas, p. 216.
[3] Idem.
[4] NEALE, David A. *Novo comentário bíblico Beacon*: Lucas 9 – 24, p. 151.
[5] NEALE, David A. *Novo comentário bíblico Beacon*: Lucas 9 – 24, p. 151.

CURA DO HIDRÓPICO

Os fariseus eram os conservadores mais zelosos da religião judaica. Nos anos posteriores ao cativeiro babilônico, eles se levantaram fortemente contra a secularização de sua religião. Contudo, em seu zelo, deram mais atenção às observações externas da lei do que à transformação interior do coração. Muitas vezes, os fariseus consideravam que o alvo da existência humana era alcançar a conformidade exterior com os preceitos da lei.[6] Eles tinham regras e mais regras. Na verdade, eles construíram um sistema de salvação pelas obras. Jesus denunciava os fariseus por causa de seu exibicionismo e pseudossantidade, e por serem desprovidos de qualquer compaixão. A religião deles era a religião do *apartheid*. Eles se consideravam justos, enquanto os demais eram pecadores, indignos do amor de Deus.

Em terceiro lugar, *um enfermo*. Não sabemos se esse homem hidrópico, com barriga d'água, estava diante de Jesus fortuitamente ou se havia sido "plantado" ali pelos escribas e fariseus, como uma armadilha, para acusar Jesus. O Senhor já havia feito outras curas em dia de sábado e, sempre que isso ocorria, uma tempestade de discussões se formava no horizonte, agravando ainda mais a já conflituosa relação dos fariseus com o rabi da Galileia.

A palavra "hidrópico" é utilizada apenas aqui no Novo Testamento. É uma doença que leva o corpo a acumular água, fazendo com que as juntas fiquem inchadas devido aos fluídos.[7] Esse acúmulo anormal de líquido, além de ser grave por si só, é também

---

[6] HENDRIKSEN, William. *João*, p. 179.
[7] NEALE, David A. *Novo comentário bíblico Beacon*: Lucas 9—24, p. 151.

sinal de uma enfermidade dos rins, do fígado, do sangue e/ou do coração.[8]

Em quarto lugar, *uma pergunta*. Jesus, conhecendo as intenções maliciosas dos líderes religiosos postados à mesa, armados até os dentes para acusá-lo no caso de Ele curar o enfermo ali postado, antecipa o problema e sai da posição de acuado para o ataque. Jesus pergunta aos seus críticos: "É ou não é lícito curar no sábado?" (Lucas 14:3). Em outras palavras: "É ou não é lícito fazer o bem no sábado?".

Essa era uma pergunta de difícil resposta. Segundo as interpretações dos líderes judaicos, a cura poderia ser realizada se a vida da pessoa estivesse em risco. Aparentemente não era o caso deste homem. No entanto, nada havia nas Escrituras que proibia uma cura. Foi a interpretação dos religiosos que deu origem à regra, e não a lei.[9] Assim, diante da questão de Jesus, "Eles, porém, nada disseram" (Lucas 14:4).

Esses críticos de plantão, muito provavelmente, usaram o homem doente como isca e nutriam os mais perversos sentimentos sobre Jesus, sem imaginar que essa sua atitude pudesse também ser uma quebra do mandamento de guardar o sábado. Eles não enxergavam sua indiferença ao doente e sua fúria contra Jesus como uma transgressão da lei. Consideravam pecado apenas a cura no sábado. Diante da pergunta contundente de Jesus, seus acusadores guardaram silêncio e nada disseram. Eles, que pensaram em pegar Jesus na rede de sua astúcia, foram apanhados pela armadilha de seu legalismo medonho.

---

[8] HENDRIKSEN, William. *Lucas*. vol. 2, p. 254.
[9] MORRIS, Leon L. *Lucas*, p. 217.

CURA DO HIDRÓPICO

Em quinto lugar, *uma cura*. Diante do silêncio de seus críticos, sabendo que já estavam derrotados pelo seu silêncio covarde, Jesus cura o homem com barriga d'água e demonstra ao mesmo tempo seu poder e sua compaixão. O sábado foi criado por Deus para o bem do ser humano, para que o bem fosse feito, e não o mal; foi criado para trazer alívio e não fardo. Foi criado para que as obras de Deus fossem realizadas na terra, e não para que o legalismo mortífero fosse colocado como jugo pesado sobre as pessoas.

Lucas nota que, após curar o homem, Jesus o despede (14:5). Jesus demonstra novamente seu amor ao fazer isso. O homem foi levado ao lugar sem qualquer compaixão, apenas como isca para os fariseus terem do que acusar Jesus. Sua doença foi explorada. Não se importaram com sua condição física. Jesus o despede curado, deixando-o livre tanto da enfermidade como da liderança inescrupulosa dos fariseus.

Em sexto lugar, *um confronto*. Depois de curar o enfermo, Jesus ainda confrontou os fariseus com outra pergunta: "Qual de vós, se o filho ou o boi cair num poço, não o tirará logo, mesmo em dia de sábado?" (Lucas 14:5). Poços abertos eram relativamente comuns na Palestina, e não raro eram causa de acidentes.[10] Era permitido resgatar um animal que caísse em um poço em um sábado. Ora, se a lei permitia socorrer um boi, por que proibiria socorrer um homem, criado à imagem e semelhança de Deus, caído no fosso da enfermidade? Não valem os homens mais do que os animais? Com essa ilustração, Jesus mostra que atos de misericórdia deveriam ser realizados no sábado.

---

[10] BARCLAY, William. *The Gospel of Matthew*. vol. 2.

Novamente Lucas registra o silêncio dos opositores de Jesus: "A isto nada puderam responder" (14:6). Os acusadores estavam calados, o enfermo estava curado, e a causa de Jesus seguia adiante, sobranceira e vitoriosa!

capítulo 30

CURA DOS DEZ LEPROSOS

Lucas 17:11-19

A CAMINHO DE Jerusalém, Jesus viajava pela fronteira entre os territórios de Samaria e da Galileia. Ao entrar numa aldeia, saíram ao seu encontro dez leprosos. Entre esses havia judeus e samaritanos.

Não fosse a doença, jamais se permitiria que os samaritanos se associassem aos judeus. A lepra apaga as distinções religiosas. A miséria nivela os homens, e a dor quebra barreiras raciais. De que valem, em um leprosário, as diferenças culturais e raciais? Charles Spurgeon diz que "a desgraça faz, de estranhos, amigos íntimos".[1]

A segregação racial e religiosa entre judeus e samaritanos já durava mais de quinhentos anos. A província de Samaria ficava na parte central de Israel. Era palco de conflitos desde o cativeiro do Reino do Norte, em 722 a.C. Quando os judeus retornaram da Babilônia, os samaritanos foram seus maiores opositores no projeto da reconstrução de Jerusalém (veja Neemias 4 e 6). Os samaritanos, uma raça mestiça, eram considerados inimigos dos judeus. Havia até mesmo um templo rival ao templo de Jerusalém

---

[1] SPURGEON, Charles H. *Milagres e parábolas do nosso Senhor*, p. 79.

em Gerizim. Na época de Jesus, o muro de inimizade que separava judeus de samaritanos parecia intransponível.

Em seu Evangelho, Lucas deixa claro que o ministério de Jesus incluía gentios, párias, mulheres, publicanos, enfermos e também samaritanos. As boas-novas derrubam todas as barreiras: o reino dos céus está aberto aos samaritanos. Nesta narrativa dos dez leprosos, Lucas registrou, de maneira enfática, que embora os dez tenham sido curados, apenas um — o samaritano — foi salvo por Jesus.

UM MILAGRE FÍSICO

Dessa narrativa aprendemos algumas lições.

Em primeiro lugar, *o terrível sofrimento causado pela lepra*. A lepra era a mais temida e a mais terrível doença daquela época. Extremamente contagiosa, era a doença que promovia a separação. Um leproso não podia viver junto de sua família, mas devia ser recolhido a uma aldeia de leprosos. Esses dez homens viviam segregados, cobertos de trapos, vendo o corpo apodrecer e a morte aproximar-se a cada dia. Era comum que leprosos se postassem à beira da estrada e pedissem esmolas, guardando distância das outras pessoas, como a lei exigia (Levítico 13:45-46).

Em segundo lugar, *a compaixão de Jesus*. Quando os leprosos viram Jesus, eles não se aproximaram nem pediram esmolas. Gritaram, de longe: "Mestre, compadece-te de nós" (Lucas 17:13). A compaixão de Jesus era conhecida. Ele nunca despediu alguém que, humildemente, procurou o seu socorro. Os leprosos, ao verem-no, não pediram para serem purificados; clamaram apenas por compaixão. Eles certamente ouviram falar do Mestre da Galileia que era compassivo com todos os tipos de doentes.

CURA DOS DEZ LEPROSOS

Lucas disse que Jesus os vê. Ele contempla a necessidade deles e corresponde às suas expectativas, dando-lhes uma ordem: "Ide e mostrai-vos aos sacerdotes" (v. 14).

Em terceiro lugar, *o poder de Jesus para curar*. Jesus tem poder e compaixão. Poder sem compaixão é tirania; compaixão sem poder é fraqueza. Jesus não os tocou, como havia feito com o homem tomado de lepra (Lucas 5:12-16), nem mesmo declarou que estavam limpos. Apenas os enviou aos sacerdotes. Isso era o que a lei exigia. Só um sacerdote, que tinha também a função de autoridade sanitária e inspetor de saúde, poderia diagnosticar a lepra ou declarar uma pessoa curada dela. Ao atestar a purificação de um leproso, o sacerdote o reintegraria à sociedade.

Jesus não realizou nenhum ritual de cura nem lançou mão de algum expediente místico para curar os dez leprosos. Apenas deu uma ordem, à qual eles prontamente obedeceram.

Em quarto lugar, *a importância da obediência*. A obediência é o caminho da cura. A fé no poder e na compaixão de Jesus precisa ser exercida na obediência a Jesus. Quando se obedece à ordem de Jesus, a fé toma posse do milagre, pois aquele que ordena é o mesmo que dá poder para que a ordem se cumpra. Assim, enquanto os homens se dirigiam ao sacerdote, o poder da cura de Jesus lhes restaurou a saúde e eles ficaram limpos.

Em quinto lugar, *o valor inestimável da gratidão*. Em algum momento no meio do caminho, a cura se efetivou sobre os dez leprosos. Lucas diz que "Um dos dez, vendo que fora curado, voltou, dando glória a Deus em alta voz" (17:15). O samaritano curado, antes de chegar a Jesus, veio glorificando a Deus em alta voz porque viu a mão de Deus na cura que se operara nele, e desejava que todos soubessem dela.[2] A voz que se elevara anteriormente para pedir a compaixão de Jesus agora se eleva para glorificar a Deus pela cura. Quando encontrou Jesus, "prostrou-se com o rosto em terra aos pés de Jesus, agradecendo-lhe" (v. 16). Neste, a cura despertou acordes de gratidão.[3]

A gratidão é a rainha das virtudes. Ela deve estar presente em toda a nossa devoção a Deus. Charles Spurgeon tem razão ao dizer que existem mais pessoas que recebem benefícios do que agradecem por eles. O número dos que suplicam a Deus é bem maior do que o número dos que o louvam.[4]

UM MILAGRE ESPIRITUAL

Dos dez leprosos que foram curados, apenas um voltou. Lucas enfatiza: "e este era samaritano" (17:16). Ao voltar, o samaritano recebeu a maior de todas as curas, a cura espiritual.

A ausência dos outros nove curados chamou a atenção de Jesus, que perguntou: "Não eram dez os que foram curados? Onde estão os nove? Não houve, porventura, quem voltasse para dar glória a Deus, senão este estrangeiro?" (Lucas 17:17-18). Concordo com o ponto de vista do comentarista Leon Morris:

> Numa série de perguntas, Jesus expressa decepção com os nove. Todos foram purificados e tinham igual motivo para a gratidão. Poder-se-ia esperar que todos dessem *glória a Deus*. Mas aparentemente os nove estavam tão absorvidos na sua nova felicidade que não poderiam reservar um

---

[2] MORRIS, Leon L. *Lucas*, p. 242.
[3] Idem.
[4] SPURGEON, Charles H. *Milagres e parábolas do nosso Senhor*, p. 80.

pensamento para a origem desta felicidade. A única exceção era *este estrangeiro*, um homem que sequer pertencia ao povo escolhido. Seu comportamento desmascara o dos judeus curados.[5]

ESSA SITUAÇÃO NOS ENSEJA DUAS LIÇÕES

Em primeiro lugar, *a salvação é para os que se reconhecem necessitados dela*. Contrapondo a gratidão do samaritano com a ingratidão dos judeus, Lucas novamente evidencia o caráter universal da salvação. A salvação é endereçada não apenas aos judeus, mas também, e sobretudo, aos gentios. Não apenas aos religiosos, mas especialmente àqueles que eram rechaçados por eles.

Jesus disse, noutra ocasião: "Os sãos não precisam de médico, e sim os doentes; não vim chamar justos, e sim pecadores" (Marcos 2:17). Só uma pessoa doente procura o médico. Só uma pessoa consciente do seu pecado busca a salvação. Não há fé sem arrependimento nem salvação sem conversão. Ninguém busca água sem sentir sede nem anseia pelo pão da vida sem fome. Uma pessoa antes de vir a Cristo precisa primeiro sentir-se carente da graça de Deus. A salvação não é para aqueles que se consideram dignos, mas para os indignos que estão em situação desesperadora. A única pessoa pela qual Jesus nada faz é aquela que se julga tão boa que não necessita de que ninguém a ajude.[6] Essa pessoa levanta uma barreira entre ela e Jesus e assim fecha a porta do céu com suas próprias mãos. Apesar da inimizade entre

---

[5] MORRIS, Leon L. *Lucas*, p. 243.
[6] BARCLAY, William. *Marcos*, p. 69

os dois povos, o samaritano reconheceu sua necessidade de salvação, por isso voltou a Jesus.

Em segundo lugar, *a salvação se opera por intermédio da fé em Jesus*. Jesus diz ao samaritano curado e grato, rendido aos seus pés: "Levanta-te e vai; a tua fé te salvou" (Lucas 17:19). A palavra grega traduzida aqui por "salvou" é um termo que expressa cura completa.[7] A cura física é uma bênção temporal, mas a salvação é uma bênção eterna.

Embora a cura do samaritano o reintegrasse à comunidade, ela não era suficiente para torná-lo parte do povo de Deus. O povo de Deus não é composto por pessoas sem doenças. Ele é formado por todos os que professam a fé em Jesus como o Filho de Deus. Mais do que a cura física, os leprosos necessitavam da salvação, a cura completa de seu espírito. Isso, apenas o samaritano recebeu.

Por que a salvação é necessária?

Primeiro, *porque a inclinação do coração humano é contra Deus*. Ainda que o leproso fosse declarado limpo pelo sacerdote, seu coração não estaria purificado. Ninguém jamais desejará conhecer Deus se o próprio Deus não tocar o seu coração. Ninguém jamais terá sede de Deus se o próprio Deus não provocar essa sede. A inclinação da carne é inimizade contra Deus. Nossa natureza é pecaminosa e totalmente caída. Os maus desígnios vêm do coração, e não o desejo de ser salvo.

Assim como aquele homem não poderia purificar sua carne, ele também era incapaz de purificar seu coração. O mesmo se dá conosco. Não podemos mudar a nós mesmos. Estamos cegos para

---

[7] RICHARDS, Lawrence O. *Comentário histórico-cultural do Novo Testamento*, p. 178.

CURA DOS DEZ LEPROSOS

as coisas de Deus, insensíveis como um morto à voz do Espírito. Se formos deixados à própria sorte, pereceremos.

Para que alguém seja salvo, é preciso que um poder do alto lhe dê vida. Podemos fazer muitas coisas, mas não podemos salvar a nós mesmos nem a qualquer outro indivíduo. Salvar é uma prerrogativa divina.

Segundo, *porque sem a salvação não se pode ver o reino de Deus e nem entrar nesse reino.* Alguém que não é salvo está separado do reino de Deus da mesma forma que o leproso vivia à parte da comunidade civil e religiosa. A cura poderia reintegrá-lo na comunidade, mas não seria suficiente para levá-lo ao céu. Para isso, era preciso que, além de uma carne regenerada, ele também recebesse de Cristo um coração regenerado.

A não ser que Deus mude as disposições íntimas da nossa alma, que transplante nosso coração de pedra e nos dê um coração de carne; a não ser que recebamos o toque regenerador do Espírito Santo, jamais poderemos entrar no reino de Deus, nem mesmo vê-lo.

Apenas aquele samaritano deixou a presença de Jesus tendo sido totalmente curado pela fé. Os excluídos são convidados a entrar, enquanto os incluídos falham em demonstrar gratidão.[8] Por fim, os nove amigos do samaritano foram declarados cerimonialmente puros pelo sacerdote, mas apenas ele foi declarado salvo pelo Filho de Deus.[9]

---

[8] NEALE, David A. *Novo comentário bíblico Beacon*: Lucas 9–24, p. 198.
[9] WIERSBE, Warren W. *Comentário bíblico expositivo*. vol. 5, p. 318.

capítulo 31

CURA DE BARTIMEU, O CEGO DE JERICÓ

Mateus 20:29-34; Marcos 10:46-52; Lucas 18:35-42

A CURA DO cego Bartimeu está registrada nos três Evangelhos Sinóticos. Porém, existem nuanças diferentes nos registros. À guisa de introdução, vamos ver três aspectos preliminares antes de considerarmos o texto.

Em primeiro lugar, *as aparentes contradições do texto.* Mateus fala de dois cegos e não apenas de um (20:30) e Lucas fala que Jesus estava entrando em Jericó (18:35-43), e não saindo de Jericó, como nos informa Marcos (10:46). Como entender essas aparentes contradições?

- *Primeiro*, nem Marcos nem Lucas afirmam que havia apenas um cego. Eles tampouco afirmam que Jesus restaurou a visão de somente um cego. Ambos destacam Bartimeu (Lucas não o nomeia) talvez por ser o mais conhecido dos dois e aquele que se destacou em seu clamor.
- *Segundo*, havia duas cidades de Jericó: a velha e a nova, que ficava ao sul da cidade velha. A cidade antiga estava em ruínas, mas Herodes, o grande, havia levantado a nova Jericó,

onde ficava seu palácio de inverno. Era uma bela cidade ornada de palmeiras, jardins floridos, teatro, residências e piscinas para banhos.[1] Aparentemente, o milagre aconteceu na divisa entre a cidade nova e a velha, enquanto Jesus saía de uma e entrava na outra.[2]

Em segundo lugar, *a última oportunidade*. A cidade de Jericó, além de ser um posto de fronteira e alfândega (Lucas 19:1-2), também era a última oportunidade de abastecimento de provisões e ponto de encontro para grupos pequenos que viajavam em conjunto à cidade de Jerusalém. Reunidos em grupos maiores, os peregrinos se protegiam contra os salteadores de estrada e partiam desse último oásis no vale do Jordão para o trecho final da viagem. Tratava-se de um percurso de aproximadamente 25 quilômetros, íngreme, chegando perto de mil metros de altitude, através do deserto acidentado da Judeia.[3]

Jesus estava indo para Jerusalém. Ele marchava resolutamente para o calvário. Naquela mesma semana Jesus seria preso, julgado, condenado e pregado na cruz. Era a última vez que Ele passaria por Jericó. Aquela era a última oportunidade de Bartimeu e seu colega. Se eles não buscassem a Jesus, ficariam para sempre cativos de sua cegueira.

Em terceiro lugar, *a grande multidão*. Por que uma numerosa multidão segue com Jesus de Jericó a Jerusalém? Era época da festa da Páscoa, a mais importante festa judaica. A lei estabelecia

---

[1] HENDRIKSEN, William. *Marcos*, p. 530.
[2] RICHARDS, Larry. *Todos os milagres da Bíblia*, p. 270.
[3] POHL, Adolf. *Evangelho de Marcos*, p. 316.

CURA DE BARTIMEU, O CEGO DE JERICÓ

que todo judeu do sexo masculino, maior de 12 anos e que vivesse em um raio de 25 quilômetros da capital estava obrigado a comparecer à festa da Páscoa. Obviamente nem todos podiam fazer essa viagem. Esses, então, ficavam à beira do caminho desejando boa viagem aos peregrinos. Por essa razão, Jericó, que ficava a 25 quilômetros de Jerusalém, tinha suas ruas apinhadas de gente.

Além disso, o templo tinha cerca de vinte mil sacerdotes e levitas, que oficiavam no templo em 26 turnos. Muitos deles moravam em Jericó. Na festa da Páscoa, todos deveriam ir a Jerusalém. Certamente muitas pessoas acompanhavam Jesus atentamente, impressionadas pelos seus ensinos; outras, curiosas acerca desse rabino que desafiava os grandes líderes religiosos da nação. Era no meio dessa multidão mista que Bartimeu e o outro cego se encontravam.[4]

A CONDIÇÃO DOS DOIS CEGOS ANTES DO ENCONTRO COM JESUS

Há vários aspectos dramáticos na vida desses dois cegos antes do encontro deles com Cristo, como vemos a seguir.

Em primeiro lugar, *eles viviam numa cidade condenada*. Jericó foi a maior fortaleza derrubada por Josué e seu exército na conquista da Terra Prometida (Josué 6:20-21). Josué fez o povo jurar e dizer: "Maldito diante do Senhor seja o homem que se levantar e reedificar esta cidade de Jericó; com a perda do seu primogênito lhe porá os fundamentos e, à custa do mais novo, as portas" (v. 26). Jericó tinha seis características que faziam dela uma cidade peculiar, como vemos a seguir.

---

[4] BARCLAY, William. *Marcos*, p. 271.

- *Primeiro*, Jericó era uma cidade sob maldição. Herodes, o Grande, reconstruiu e adornou a cidade, mas isso não fez dela uma cidade bem-aventurada. O que trouxe bênção à cidade maldita foi a presença de Jesus, que curou nela dois cegos e salvou a vida de Zaqueu, um cobrador de impostos.
- *Segundo*, Jericó era uma cidade encantadora. Era chamada de "cidade das palmeiras e dos sicômoros". Quando o vento batia na copa das árvores, as palmeiras esvoaçavam suas cabeleiras, espalhando sua fragrância e encanto.
- *Terceiro*, Jericó era uma cidade dos prazeres. Ali estava o palácio de inverno do rei Herodes. Ali ficavam as fontes termais. Ali moravam milhares de sacerdotes que trabalhavam no templo de Jerusalém. Jericó era a cidade da diversão e do lazer.
- *Quarto*, Jericó era uma cidade que ficava no lugar mais baixo do planeta. A região onde está situada a cidade de Jericó fica quatrocentos metros abaixo do nível do mar Mediterrâneo. É a maior depressão da Terra.
- *Quinto*, Jericó era uma cidade próxima ao mar Morto. O mar Morto é um lago de sal. Nele não existe vida. Trinta e três por cento da água desse mar é sal. Nada floresce às margens desse grande lago salgado.
- *Sexto*, Jericó era a cidade mais antiga do mundo. A cidade de Jericó foi palco de muitas histórias e por ali passaram muitas gerações.

Em segundo lugar, *eles eram cegos*. Faltava-lhes luz nos olhos. Bartimeu era também mendigo (Marcos 10:46). Esses cegos estavam entregues às trevas e à miséria. Viviam a esmolar à beira da

CURA DE BARTIMEU, O CEGO DE JERICÓ

estrada, dependendo totalmente da benevolência dos outros. Um cego não sabe para onde vai; um mendigo não tem para onde ir.

O Antigo Testamento não possui nenhum relato de cura de cego; os judeus acreditavam que tal milagre era um sinal da era messiânica (Isaías 29:18; 35:5).[5]

Em terceiro lugar, *eles não tinham nome*. Nem Mateus nem Lucas citam o nome dos cegos. Marcos diz que um deles era chamado de Bartimeu, que, em aramaico, significa "filho de Timeu".[6] Ele era conhecido pelo nome do pai. Esse homem não era apenas cego e mendigo, mas estava também com sua autoestima achatada. Não tinha saúde, nem dinheiro, nem valor próprio. Certamente carregava não apenas sua capa, mas também seus complexos, seus traumas, suas feridas abertas.

Em quarto lugar, *eles estavam à beira do caminho*. A multidão ia para a festa da Páscoa, mas eles não podiam ir. A multidão celebrava e cantava; eles só podiam clamar por misericórdia. Eles viviam à margem da vida, da paz, da felicidade.

O ENCONTRO DOS DOIS CEGOS COM JESUS

Consideremos a seguir alguns aspectos desse encontro.

Em primeiro lugar, *eles buscaram na hora certa*. Aquela seria a última vez que Jesus passaria por Jericó. Seria a última vez que Jesus subiria a Jerusalém. Seria a última oportunidade daqueles homens. Não há nada mais perigoso do que desperdiçar uma oportunidade. As oportunidades vêm e vão. Se não as agarrarmos, elas se perderão para sempre.

---

[5] BARTON, Bruce B. "Mark", p. 308.
[6] Idem.

Em segundo lugar, *eles buscaram a pessoa certa*. Apesar de sua cegueira, esses dois cegos enxergaram mais do que os sacerdotes, escribas e fariseus. Estes tinham olhos, mas não discernimento. Aqueles dois homens eram cegos, mas enxergavam com os olhos da alma.

Eles chamaram Jesus de "Filho de Davi", seu título messiânico. Isso revela que eles reconheciam Jesus como o Messias, enquanto muitos que haviam testemunhado os milagres de Jesus estavam cegos a respeito da sua identidade, recusando-se a abrir os olhos para a verdade.

Mateus registra que os dois cegos chamaram Jesus também de "Senhor" (20:30). Eles compreendiam que Jesus tinha poder e autoridade para dar-lhes visão. O registro de Marcos diz ainda que Bartimeu chamou Jesus de "Mestre" (10:51). A única pessoa que, além dele, usou essa palavra nos Evangelhos foi Maria (João 20:16). Essa é uma expressão de fé pessoal.[7] Ele compreendia que Jesus tinha poder e autoridade para dar-lhe visão.

Em terceiro lugar, *eles buscaram com perseverança*. Esses dois cegos revelaram uma insubornável persistência. Ninguém pôde deter o seu clamor, sua exigência de serem levados a Jesus. Eles estavam determinados a dialogar com a única pessoa que poderia ajudá-los. O desejo deles de estar com Cristo não era vago, geral nem nebuloso. Era uma vontade determinada e desesperada.[8]

A multidão foi obstáculo para Zaqueu ver Jesus e estava sendo obstáculo para os cegos falarem com Ele. O povo repreendia-os para que se calassem, mas eles clamavam cada vez mais alto:

---

[7] WIERSBE, Warren W. *Be Diligent*, p. 106.
[8] BARCLAY, William. *Marcos*, p. 272.

CURA DE BARTIMEU, O CEGO DE JERICÓ

"Senhor, Filho de Davi, tem misericórdia de nós!" (Mateus 20:31). Nem sempre a voz do povo é a voz de Deus. Geralmente não é. Aqueles que tentam silenciar a voz dos cegos faziam isso pensando que Jesus estava ocupado demais para dar atenção a dois indigentes.[9]

O escritor William Hendriksen sugere algumas razões que levaram as pessoas a tentar calar a voz dos cegos:[10]

- Elas estavam com pressa de chegar a Jerusalém.
- Elas concluíram que aqueles gritos não condiziam com a dignidade de Cristo.
- Elas não estavam prontas ainda para ouvirem uma proclamação pública de Cristo como sendo "Filho de Davi".
- Elas sabiam que os seus líderes religiosos não gostariam nem um pouco de uma afirmação como essa.

Os cegos não se intimidaram nem desistiram de clamar pelo nome de Jesus diante da repreensão da multidão. Eles tinham pressa e determinação. Estavam cientes da sua necessidade e sabiam que Jesus era o único que poderia libertá-los de sua cegueira e dos seus pecados.

Em quarto lugar, *eles buscaram com humildade*. Aqueles dois cegos sabiam que não mereciam favor algum. Apelaram apenas para a compaixão de Jesus. Eles não pediram justiça, mas misericórdia. Eles não reivindicaram direitos, mas pediram socorro.

---

[9] MULHOLLAND, Dewey M. *Marcos*, p. 169.
[10] HENDRIKSEN, William. *Marcos*, p. 534.

Em quinto lugar, *eles buscaram Jesus com desprendimento*. Marcos relata que quando Jesus mandou chamá-los, Bartimeu lançou de si a capa e, em um salto, foi ter com Jesus (10:50). Há muitos que escutam o chamado de Jesus, mas dizem: "Espere até que eu termine o que estou fazendo", ou "Eu vou assim que terminar isso ou aquilo". Bartimeu demonstrou pressa. Há duas coisas dignas de destaque aqui:

- *Primeiro*, Bartimeu desfez-se da única coisa preciosa que possuía. Sua capa era sua roupa, sua proteção, sua cama. Era tudo o que ele tinha para protegê-lo da poeira do deserto durante o dia e do frio gélido à noite. Contudo, ele desfez-se de imediato do que poderia se constituir obstáculo. Para Bartimeu, o encontro com Cristo era a coisa mais importante da sua vida. Estava pronto a abrir mão de tudo para encontrar-se com o Messias.
- *Segundo*, Bartimeu transcendeu a psicologia dos cegos. Ele levantou-se com um salto para ir a Jesus. Os cegos não pulam, eles apalpam. Kierkegaard, o pai do existencialismo moderno, disse que fé é um salto no escuro. Para Bartimeu, fé é um salto nos braços de Jesus. Bartimeu saltou com a alma, e não apenas com as pernas. Esse salto fala da prontidão com que devemos correr para Jesus.[11]

Em quinto lugar, *eles buscaram com objetividade*. Eles sabiam exatamente do que necessitavam. Jesus perguntou à mãe de Tiago

---

[11] CHAMPLIN, Russell Norman. *O Novo Testamento interpretado versículo por versículo*. vol. 1, p. 754.

CURA DE BARTIMEU, O CEGO DE JERICÓ

e João: "Que queres?" (Mateus 20:21). Perguntou ao paralítico no tanque de Betesda: "Queres ser curado?" (João 5:6). Quando esses dois cegos chegaram à presença de Jesus, Ele lhes fez uma pergunta pessoal: "Que quereis que eu vos faça?" (Mateus 20:32). Eles podiam pedir uma esmola, uma ajuda, mas foram direto ao ponto: "Senhor, que se nos abram os olhos" (v. 33).

O célebre padre seiscentista Antônio Vieira diz que existem tipos de cegueira piores do que as dos cegos de Jericó.[12]

- *Primeiro*, a daqueles que não querem ver. Os cegos de Jericó não tinham a visão, mas Cristo fez com que eles vissem. Os que veem e não querem enxergar, estes permanecerão em sua cegueira espiritual. Uma coisa é ver com os olhos, e outra, muito diferente, é ver com o coração.
- *Segundo*, a daqueles que veem uma coisa e enxergam outra. Eva viu o que não deveria, e da forma que não deveria. Viu o que não deveria porque o fruto era venenoso. Viu da forma que não deveria porque enxergou apenas aquilo que lhe agradava à vista e ao paladar.
- *Terceiro*, a daqueles que enxergam a cegueira dos outros, mas não a própria. Os cegos desse tipo são capazes de descobrir um pequeno cisco no olho do vizinho e não se aperceberem de uma trave nos próprios olhos. São aqueles que investigam pequeninas falhas na vida alheia para alardeá--las como grandes crimes e pecados, esquecidos dos seus grandes e perniciosos defeitos.

---

[12] VIEIRA, Antônio. *Mensagem de fé para quem não tem fé*, p. 74-77.

334 OS MILAGRES DE JESUS

- *Quarto*, a daqueles que não permitem que os outros vejam. Os acompanhantes de Cristo naquela caminhada eram mais cegos do que Bartimeu e seu companheiro, pois impediam que chegassem até Jesus o clamor e os gritos de angústia desses dois infelizes, burocratizando a misericórdia divina. É a cegueira daqueles que, por serem infelizes, não permitem a felicidade dos outros.

O RESULTADO DO ENCONTRO DOS DOIS CEGOS COM JESUS

Cinco fatos merecem destaque aqui, como vemos a seguir.

Em primeiro lugar, Jesus *sentiu compaixão por eles*. Mateus diz que Jesus ficou "condoído" ao ver as trevas em que esses homens estavam mergulhados (20:34). Em reposta ao clamor deles, que rogavam compaixão e misericórdia, Jesus sente nas entranhas o drama desses homens.

Aquela era uma caminhada decisiva para Jesus. Ele tinha pressa e determinação. A cidade de Samaria não conseguiu detê--lo. Contudo, o clamor de dois cegos o fez parar. Nesse mundo onde tudo se move, o Filho de Davi para e ouve o seu clamor. Ele para e atende-lhe a voz.

Em segundo lugar, *Jesus tocou em seus olhos*. Somente Mateus registra que Jesus fez um gesto de compaixão, tocando nos olhos dos cegos (20:34). Esses homens que viviam mendigando à beira da estrada certamente não sabiam o que era um toque, um abraço, uma aproximação. Jesus tocou nos olhos deles para lhes demonstrar que não eram um objeto descartável. Jesus toca não apenas nos olhos deles, mas também na profundeza de seus sentimentos, trazendo cura para as emoções amarrotadas pelos dramas da vida.

CURA DE BARTIMEU, O CEGO DE JERICÓ

Em terceiro lugar, *Jesus curou-os da cegueira*. Os dois cegos tiveram os olhos abertos. Eles saíram de uma cegueira completa para uma visão completa. Em um momento, cegueira total; no seguinte, visão intacta. A cura foi total, imediata e definitiva.

Em quarto lugar, *Jesus os salvou*. Jesus disse para Bartimeu: "A tua fé te salvou" (Marcos 10:52; Lucas 18:42). Jesus diagnosticou uma doença mais grave e mais urgente do que a cegueira. Não apenas os olhos estavam em trevas, mas também a alma. Bartimeu foi buscar a cura para seus olhos, e encontrou a salvação da sua alma.

A expressão "A tua fé te salvou" não significa que a fé de Bartimeu criou a cura, mas que a fé foi o meio pelo qual ele recebeu a cura.[13] Bartimeu creu não por causa da clareza da sua visão, mas como uma resposta ao que ele ouviu.[14] Os olhos do seu entendimento estavam abertos. Ele viu coisas que Anás, Caifás e as hostes de mestres em Israel não viram. Ele viu que Jesus era o Messias esperado, o todo-poderoso Deus.[15]

Em quinto lugar, *Jesus liderou-os rumo a Jerusalém*. Os três evangelistas dizem que os cegos foram seguindo Jesus estrada afora (Mateus 20:34; Marcos 10:52; Lucas 18:40). Esses dois homens curados demonstram gratidão e provas de conversão. Eles não queriam apenas a bênção, mas, e acima de tudo, o abençoador.

Eles seguiram Jesus para onde? Para Atenas, a capital da filosofia? Para Roma, a capital do poder político? Não, eles seguiram Jesus para Jerusalém, a cidade onde o Filho de Davi chorou,

---

[13] MORRIS, Leon L. *Lucas*, p. 254.
[14] BARTON, Bruce B. "Mark", p. 306.
[15] RYLE, John Charles. *Mark*, p. 161.

suou gotas como de sangue, foi preso, sentenciado, condenado e pregado na cruz. Eles seguiram não por uma estrada atapetada, mas por um caminho juncado de espinhos. Não pelo caminho da glória, mas pelo caminho da cruz. Eles trilharam o caminho do discipulado.

Jesus passou por Jericó. Ele está passando hoje também pela nossa vida, cruzando as avenidas da nossa existência. Temos duas opções: clamar pelo seu nome ou perder a oportunidade.

capítulo 32

RESSURREIÇÃO DE LÁZARO

João 11:1-46

APENAS JOÃO RELATA essa singular narrativa. Ela é de importância vital para a história desse Evangelho, cujos objetivos são deixar claro que Jesus é o Filho de Deus, e levar seus leitores a uma confiança inabalável em Cristo como condição indispensável para receber a vida eterna. O milagre que essa narrativa focaliza foi o mais admirável e o mais significativo de todos os "sinais" operados por nosso Senhor. Ele despertou e fortaleceu a fé daqueles que o presenciaram, enquanto provocou temor e ódio mortal nas autoridades, que, a partir de então, estavam determinadas a levar Jesus à morte.[1]

A narrativa começa com Jesus situado nas proximidades do rio Jordão. Ele havia ido para lá porque os judeus procuravam prendê-lo mais uma vez (João 10:39-40). Jesus deixa o retiro nessa região e volta para a Judeia ao receber uma mensagem vinda da cidade de Betânia, a mais de 30 quilômetros de distância dali: "Senhor, está enfermo aquele a quem amas" (João 11:3).

---

[1] ERDMAN, Charles. *O Evangelho de João*, p. 86.

A AMIZADE

No meio do deserto de hostilidades enfrentado por Jesus em Jerusalém, havia um oásis em Betânia: a amizade de Marta, Maria e Lázaro. Jesus já se hospedara na casa deles. Agora, essa família enfrenta um grave problema, uma enorme aflição.

Em primeiro lugar, *uma enfermidade grave*. Lázaro, irmão de Marta e Maria, estava enfermo. O amor de Jesus por ele não manteve a doença longe de sua vida, nem a amizade de Jesus o blindou das dificuldades. Algumas lições podem ser aprendidas com esse episódio.

- *Primeiro*, as crises são inevitáveis. Lázaro, mesmo sendo amigo de Jesus, ficou doente.
- *Segundo*, as crises podem aumentar. Lázaro piorou e chegou a morrer. Há momentos em que somos bombardeados por problemas que escapam ao nosso controle: enfermidades, perdas, prejuízos, luto. Oramos, e nada acontece; pelo contrário, as coisas pioram. Queremos alívio, e a dor aumenta. Queremos subir e afundamos ainda mais.
- *Terceiro*, as crises produzem angústia. Quando a enfermidade chega à nossa casa, ficamos profundamente angustiados. Nessas horas, nossa dor aumenta, pois nossa expectativa era receber um milagre, mas ele não chega. Como os discípulos a caminho de Emaús, começamos a conjugar os verbos da vida apenas no passado: "Nós esperávamos que fosse ele quem redimisse a Israel" (Lucas 24:21).

Em segundo lugar, *um pedido urgente*. Marta e Maria enviaram um mensageiro a Jesus pedindo ajuda. A mensagem informava

RESSURREIÇÃO DE LÁZARO

apenas que estava enfermo "aquele a quem amas" (João 11:3). Nada mais era necessário acrescentar, pois quem ama tem pressa em socorrer a pessoa amada. As irmãs tinham plena convicção de que Jesus seria solícito em atender prontamente ao seu rogo.

Em terceiro lugar, *uma resposta misteriosa*. Ao receber a mensagem, Jesus respondeu: "Esta enfermidade não é para morte, e sim para a glória de Deus, a fim de que o Filho de Deus seja por ela glorificado" (João 11:4). Com essas palavras, Jesus não estava dizendo que Lázaro não morreria, nem que morreria apenas para ser ressuscitado, demonstrando, desse modo, a glória de Deus. Quando a notícia chega, Jesus sabia que Lázaro já havia morrido. O que Ele está dizendo é que, à enfermidade, não se seguiria um triunfo ininterrupto da morte; antes, ela seria um motivo para a manifestação da glória de Deus na vitória da ressurreição e da vida.[2] A glória de Deus refulge nessa subjugação da morte.

O amor de Jesus por Lázaro e suas irmãs não impediu que eles passassem pelo vale da morte, mas lhes trouxe vitória sobre a morte. Concordo com as palavras do ministro norte-americano Charles Erdman a respeito:

> Quando a tribulação assedia um crente, é perigoso afirmar que o seu propósito é algum benefício, ou que o seu motivo é alguma bênção futura. Os propósitos de Deus estão além de nossa compreensão; o sofrimento é um mistério que nem sempre podemos desvendar. Mas é absolutamente certo que, para um amigo de Jesus, o resultado do

---

[2] ERDMAN, Charles. *O Evangelho de João*, p. 87.

sofrimento será algum bem eterno, alguma manifestação da glória de Deus.[3]

Como conciliar o amor de Jesus com o nosso sofrimento? Vejamos a seguir.

- *Primeiro*, a família de Betânia era amada por Jesus. Mesmo assim, Lázaro ficou enfermo. Se Jesus amava Lázaro, por que permitiu que ele ficasse doente? Por que permitiu que suas irmãs sofressem? Por que permitiu que Lázaro morresse? Aqui está o grande mistério do amor e do sofrimento.
- *Segundo*, Marta e Maria fizeram a coisa certa na hora da aflição. Buscaram ajuda em Jesus. Elas sabiam que Jesus mudaria sua agenda e as atenderia sem demora.
- *Terceiro*, elas buscaram ajuda tendo por base a premissa certa. Basearam-se no amor de Jesus por Lázaro, e não no amor de Lázaro por Jesus.
- *Quarto*, Jesus não curou Lázaro à distância. Jesus poderia ter impedido que Lázaro ficasse doente e também poderia tê-lo curado à distância. Ele fizera outras curas à distância (Mateus 15:21-28; João 4:46-54). Por que não curou seu amigo, a quem amava? A atitude de Jesus parece contradizer o seu amor.
- *Quinto*, alguns judeus não puderam conciliar o amor de Cristo com o sofrimento da família de Betânia (João 11:37). Eles pensavam que amor e sofrimento não podiam andar juntos. O fato de sermos amados por Jesus não nos dá imunidade especial. O Pai amava o Filho, mas permitiu que Ele

---

[3] ERDMAN, Charles. *O Evangelho de João*, p. 87.

RESSURREIÇÃO DE LÁZARO

bebesse o cálice do sofrimento e morresse na cruz em nosso lugar. O fato de Jesus nos amar não nos torna filhos prediletos. O amor de Jesus não nos garante imunidade especial contra tragédias, mágoas e dores. Nenhum dos discípulos teve morte natural, exceto João. Jesus não prometeu imunidade especial, mas imanência especial. Nunca nos prometeu uma explicação; prometeu a si mesmo, aquele que tem todas as explicações.

Em quarto lugar, *uma demora surpreendente*. Como conciliar a nossa necessidade com a demora de Jesus? Em vez de mudar sua agenda para socorrer Lázaro, Jesus ficou ainda mais dois dias onde estava. Em vez de ir pessoalmente, mandou apenas um recado. As irmãs precisaram lidar não apenas com a doença do irmão, mas também com a demora de Jesus. Perguntas surgiram em sua mente: "Por que Ele não veio? Será que Ele virá? Será que Ele nos ama mesmo?".

Creio que Marta e Maria responderam a essas perguntas com segurança: "É claro que Jesus virá. Ele nunca falhou conosco. Ele vai chegar. Ele nunca chegou atrasado. Estamos certas de que Ele nos ama. Ele não vai nos decepcionar". Mas o tempo passava e Lázaro piorava cada vez mais. Os amigos pressionavam Marta e Maria com perguntas perturbadoras. Elas olhavam nas curvas do caminho e nada. O coração delas foi se enchendo de sombras. A angústia tomou conta delas. Até que alguém chegou e lhe disse: "Vocês não precisam mais esperar Jesus. Lázaro acabou de morrer. Agora é tarde demais".

A demora de Jesus põe, mais tarde, um profundo lamento nos lábios de Marta: "Senhor, se estiveras aqui, não teria morrido meu irmão" (João 11:21). Muitas vezes, Jesus parece demorar. Deus prometeu um filho a Abraão e Sara, e só cumpriu a promessa vinte e cinco anos depois. Jesus foi ao encontro dos discípulos, quando eles enfrentavam uma terrível tempestade no mar da Galileia, apenas na quarta vigília da noite. Jairo pediu socorro a Jesus, mas quando chegou em casa, sua filha já estava morta. A fé de Marta e Maria passou por três provas: a ausência de Jesus, a demora de Jesus e a morte de Lázaro.

Uma pergunta que se impõe neste contexto é: Como conciliar o nosso tempo com o tempo de Jesus? Jesus sempre agiu de acordo com a agenda do Pai. Ele sabe a hora certa de agir. Ele age segundo o cronograma do céu, e não segundo a nossa agenda. Ele age no tempo do Pai, e não segundo a nossa pressa. Quando Ele parece demorar, está fazendo algo maior e melhor para nós.

Marta e Maria pensaram que Jesus tinha chegado atrasado, mas Ele chegou na hora certa, no tempo oportuno de Deus. Jesus não chega atrasado. Ele não falha. Não é colhido de surpresa. Ele conhece o fim desde o princípio, o amanhã desde o ontem. Ele enxerga o futuro desde o passado. Jesus tardou a ir porque sabia o que ia fazer.

A viagem de Betânia ao lugar em que Jesus estava demorava um dia. O mensageiro gastou um dia para chegar até Jesus. Logo que o mensageiro saiu de Betânia, Lázaro morreu. Quando a notícia chegou a Jesus, Lázaro já estava morto e sepultado. Jesus demora mais dois dias. E gasta outro dia para chegar a Betânia. Quando chegou, Lázaro já estava sepultado havia quatro dias.

Por que Jesus demorou esses dois dias? Havia entre os rabinos a crença de que um morto poderia ressuscitar até o terceiro dia por intermédio de um agente divino. A partir do quarto dia, porém, somente Deus, em pessoa, poderia ressuscitá-lo. Assim, se Jesus ressuscitasse Lázaro no quarto dia depois do sepultamento, os judeus teriam que se dobrar diante da realidade irrefutável de sua divindade.[4]

A CORAGEM

O clima em Jerusalém era absolutamente desfavorável para Jesus. Ele havia se retirado exatamente para não acirrar ainda mais os ânimos dos judeus radicais, que queriam sua prisão e morte. Diante da notícia que vinha de Betânia, Jesus voltou à Judeia, o pivô central da crise, o miolo da tempestade. Destacamos alguns pontos nesse sentido.

Em primeiro lugar, *uma ameaça real*. Os discípulos alertam Jesus sobre o perigo inevitável que eles enfrentariam caso voltassem para a Judeia. Jerusalém não era mais um lugar seguro. Ir para lá era colocar o pé na estrada da morte.

Em segundo lugar, *uma explicação oportuna*. Jesus animou seus discípulos a entenderem que o lugar mais seguro para se estar é a vontade de Deus, e o lugar mais vulnerável, ainda que seguro, é fora da vontade de Deus. Quando nos dispomos a fazer a obra de Deus, no tempo de Deus, ainda que enfrentemos toda sorte de oposição, encontramos o sorriso do Pai, e aí está nossa máxima segurança.

Em terceiro lugar, *uma informação importante*. Jesus comunicou a seus discípulos que Lázaro dormia e que Ele iria a Betânia para acordá-lo. Os discípulos não entenderam a linguagem de Jesus,

---

[4] BRUCE, F. F. *João*, p. 209-210.

e o Senhor explicou-lhes claramente que Lázaro havia morrido. Ele acrescentou: "por vossa causa me alegro de que lá não estivesse, para que possais crer; mas vamos ter com ele" (João 11:15). Nesse contexto, "crer" significa tirar o olhar de nós, de todas as nossas possibilidades e esperanças, e dirigi-lo a Jesus.[5]

A morte dos crentes é frequentemente comparada ao sono. Quem dorme, acorda. A morte não é definitiva. A morte não tem a última palavra. A morte não é um adeus, mas um até logo! A Palavra de Deus diz que, para o crente, morrer é lucro (Filipenses 1:21), é bem-aventurança (Apocalipse 14:13), é deixar o corpo e habitar com o Senhor (2Coríntios 5:8), é partir para estar com Cristo, o que é incomparavelmente melhor (Filipenses 1:23). Obviamente, isso não significa o "sono da alma". Embora a alma esteja adormecida para o mundo que deixou, está desperta em seu mundo.

Em quarto lugar, *um companheirismo corajoso*. Tomé sabia que aquela era uma missão martirizante. Mas conclama seus condiscípulos a serem solidários com o Mestre, quer na vida, quer na morte: "Vamos também nós para morrermos com ele" (João 11:16).

A PROMESSA

Quando Jesus chegou a Betânia, Lázaro já estava sepultado havia quatro dias. A casa de Marta e Maria estava cheia de parentes e amigos não apenas da aldeia de Betânia, mas também de Jerusalém. Conforme o costume oriental, essas pessoas cumpriam a obrigação das exéquias e do consolo durante uma semana. Os

---

[5] BOOR, Werner de. *Evangelho de João*. vol. 2, p. 26.

RESSURREIÇÃO DE LÁZARO

judeus, portanto, ainda estavam consolando as duas irmãs enlutadas quando Marta soube que Jesus estava chegando. Com Jesus, chegavam a esperança e o consolo. Somente Jesus possui a capacidade de consolar por ocasião da morte, pois só Ele é a ressurreição e a vida.[6] Marta saiu ao encontro de Jesus, enquanto Maria ficou em casa com os amigos. Destacamos alguns pontos a seguir.

Em primeiro lugar, *Marta entre a decepção e a fé*. Marta foi ao encontro de Jesus com uma declaração que trazia uma ponta de decepção e, ao mesmo tempo, uma grande demonstração de fé: "Senhor, se estivesses aqui, não teria morrido meu irmão. Mas também sei que, mesmo agora, tudo quanto pedires a Deus, Deus to concederá" (João 11:21-22).

Quando Marta se encontrou com Jesus, foi seu coração que falou através de seus lábios.[7] Marta lamentou a demora, mas cria que Jesus, em resposta à oração a Deus, poderia reverter a situação humanamente irremediável. Vale destacar que Marta ainda não tinha plena consciência de que Jesus é o próprio Deus.

Em segundo lugar, *Marta entre o passado e o futuro*. Jesus não está preso às nossas categorias de tempo. Marta crê no Jesus que poderia ter evitado a morte, ou seja, intervindo no passado. Marta crê no Jesus que ressuscitará os mortos no último dia, ou seja, agindo no futuro. Mas Marta não crê no Jesus que pode fazer milagres agora, no presente.

Somos assim também. Não temos dúvida de que Jesus realizou prodígios no passado. Não temos dúvida de que Ele fará

---

[6] BOOR, Werner de. *Evangelho de João*. vol. 2, p. 27.
[7] BARCLAY, William. *Juan II*, p. 104.

coisas extraordinárias no futuro, no fim do mundo. Nossa dificuldade é crer que Ele opera ainda hoje com o mesmo poder. Talvez essa seja a sua angústia. Você tem orado pelo seu casamento e o vê mais perto da dissolução. Você tem orado pela conversão do seu cônjuge e o vê mais endurecido. Você tem orado pelos seus filhos, e eles continuam mais distantes de Deus. Você tem orado pelo seu emprego, e as mudanças ainda não aconteceram. Você tem orado pela sua vida emocional, e ela ainda parece um deserto.

Ah, se tudo fosse diferente: passado e futuro! O grande erro de Marta foi omitir o poder presente do Cristo vivo. Marta vivia no passado ou no futuro. Mas é no presente que o tempo toca a eternidade. Não podemos viver apenas de lembranças que já se passaram nem apenas das promessas que permanecem no futuro. Precisamos crer hoje. Jesus não é o grande Eu Era nem o grande Eu serei. Ele é o grande Eu sou. Ele diz: "Eu sou a ressurreição e a vida. Quem crê em mim, ainda que morra, viverá; e todo o que vive e crê em mim não morrerá, eternamente" (João 11:25-26). O ensino essencial de todo esse episódio está contido nessa promessa que Jesus faz a Marta.

Em terceiro lugar, *Marta afirma sua fé em Jesus*. Depois de fazer essa declaração a Marta, Jesus lhe pergunta: "Crês isto?" (v. 26). Marta responde afirmativamente, confirmando sua fé inabalável em Jesus, confessando que Ele é o Cristo, o Filho de Deus, que deveria vir ao mundo.

A SIMPATIA

Marta se retirou e comunicou a Maria: "O Mestre chegou e te chama" (João 11:28). Apressadamente, Maria também saiu ao

RESSURREIÇÃO DE LÁZARO

347

encontro de Jesus, fazendo a mesma declaração de sua irmã: "Senhor, se estivesses aqui, meu irmão não teria morrido" (v. 32). Maria, então, se prostrou aos pés de Jesus e chorou. "Jesus, vendo-a chorar, e bem assim os judeus que a acompanhavam, agitou-se no espírito e comoveu-se" (v. 33). O verbo grego traduzido por "agitou-se" literalmente significa "bufou de indignação". Normalmente expressa algum tipo de desprazer. Esse verbo é usado para descrever a indignação dos espectadores ao verem Maria despejando um perfume caríssimo para ungir os pés de Jesus, na casa de Simão, o leproso (Marcos 14:5). Aqui, o verbo descreve a reação interior de Jesus. A causa mais provável de seu descontentamento é a presença da doença e da morte e o dano que estas causavam à vida humana.[8]

Jesus perguntou aos judeus onde haviam sepultado Lázaro. Eles conclamaram Jesus a ir e ver. Então, diante do túmulo do amigo, "Jesus chorou" (João 11:35), demonstrando sua plena humanidade e sua imensa simpatia. Os judeus concluíram o que já havia sido registrado anteriormente: Jesus amava a Lázaro. Outros, porém, objetaram, dizendo: "Não podia ele, que abriu os olhos ao cego, fazer que este não morresse?" (v. 37).

Jesus se identifica com a nossa dor. Aquele que cura as nossas chagas é ferido conosco. As lágrimas de Jesus revelam sua humanidade, sua compaixão, seu amor. Na mentalidade grega, a característica fundamental de Deus era a incapacidade de sentir qualquer tipo de emoção. Os gregos pensavam que Deus era um

---

[8] BRUCE, F. F. *João*, p. 212.

ser solitário, sem paixão e sem compaixão.[9] O choro de Jesus foi uma quebra de paradigma na crença dos gregos acerca de Deus.

Jesus se importa com você e com sua dor. Ele não é o Deus distante dos deístas, nem o Deus impessoal dos panteístas; não é o Deus fatalista dos estoicos, nem mesmo o Deus bonachão dos epicureus. Ele não é o Deus morto, pregado numa cruz, nem o Deus legalista, xerife cósmico dos fariseus. Ele é o Deus Emanuel. Ele chora com você, sofre por você, se importa com você e se identifica com você em sua dor. Ele é o Deus que chora, que sofre, que trata a nossa dor.

Jesus sabe o que é a dor do sem-teto, pois Ele não tinha onde reclinar a cabeça. Jesus sabe o que é a dor da solidão, pois nas horas mais difíceis, no Getsêmani e na cruz, Ele estava só. Jesus sabe o que é a dor da perseguição, pois foi caçado por Herodes, vigiado pelos fariseus, odiado pelos escribas e entregue pelos sacerdotes. Jesus sabe o que é a dor da traição, pois foi rejeitado pelo seu povo, traído por Judas Iscariotes, negado por Pedro e abandonado pelos discípulos. Jesus sabe o que é a dor da humilhação, pois foi preso, espancado, cuspido, despido, pregado na cruz como um criminoso. Jesus sabe o que é a dor da enfermidade, pois tomou sobre si as nossas dores. Jesus sabe o que é a dor da morte, pois suportou a morte para arrancar dela o aguilhão e nos trazer a ressurreição.

Aquele que enxuga as nossas lágrimas chora conosco. Jesus não apenas está presente com você em seu sofrimento, mas também se compadece de você. Jesus chorou em público, diante de uma multidão, condoendo-se daquela família enlutada. Ele

---

[9] BARCLAY, William. *Juan II*, p. 111-112.

RESSURREIÇÃO DE LÁZARO

chegou a ponto de descer ao Hades, em sua identificação com a nossa dor, para revelar seu terno amor para com os pecadores e sofredores.

O PODER

Jesus não tem compaixão apenas; tem também poder. Ele não apenas sente os nossos dramas, mas tem poder para resolvê-los. Destacamos a seguir alguns pontos a respeito.

Em primeiro lugar, *duas ordens expressas*. Jesus dá duas ordens: a primeira, às pessoas que estavam ali; a segunda, ao morto Lázaro.

- *Primeiro*, "Tirai a pedra" (João 11:39). O mesmo Jesus que levantou Lázaro da morte poderia ter rolado a pedra do seu túmulo. Mas rolar a pedra era uma obra que as pessoas poderiam fazer e, assim, Jesus ordenou que fizessem. Ele não excluiu a participação humana em sua intervenção milagrosa. Só Jesus tem o poder para ressuscitar um morto, e isso Ele faz. Mas tirar a pedra e desatar o homem que está enfaixado, isso as pessoas podem fazer, e Ele ordena que o façam. Algumas vezes, porém, "tirar a pedra" significa enfrentar uma situação que não queremos mais mexer. É tocar em situação que só nos trará mais dor. É abrir a porta para algo que já cheira mal. Temos medo de enfrentar o nosso passado de dor, mas precisamos dar esse passo antes que o milagre aconteça.
- *Segundo*, "Lázaro, vem para fora!" (v. 43). Se Jesus não tivesse mencionado o nome de Lázaro, todos os mortos sairiam do túmulo. Lázaro, mesmo morto, pôde ouvir a voz de Jesus.

No dia final, na segunda vinda de Cristo, os mortos também ouvirão a sua voz e sairão do túmulo (João 5:28-29).

Em segundo lugar, *uma interferência incrédula*. Marta, oscilando entre a fé em Cristo e a impossibilidade humana, interfere na agenda de Jesus, dizendo que era tarde demais. Ela sabia que Jesus já havia ressuscitado a filha de Jairo e o filho da viúva de Naim. Mas Lázaro era um cadáver em decomposição.

Em terceiro lugar, *uma correção necessária*. Jesus corrige Marta ao mesmo tempo que a encoraja a crer: "Se creres, verás a glória de Deus" (João 11:40). A fé vê o que os olhos humanos não conseguem enxergar. A fé é o telescópio que amplia diante dos nossos olhos o fulgor da glória de Deus. A incredulidade nos impede de ver a manifestação plena do ser divino. Jesus quer não apenas que encontremos a solução, mas que nos tornemos a solução. Em vez de duvidar, questionar e lamentar, Marta deveria crer. A porta do milagre é aberta com a chave da fé.

Em quarto lugar, *uma oração de ação de graças*. Jesus dá graças ao Pai porque sua oração já tinha sido ouvida. O milagre que Ele vai operar já estava na agenda do Pai. O milagre consolidará a fé dos discípulos e despertará a cartada final da incredulidade.

Ao mesmo tempo que as pessoas tiraram a pedra e olharam para dentro do túmulo, Jesus olhou para cima e orou. Ao enfrentar o mau cheiro de um túmulo aberto, Jesus orou. Oramos nós por aqueles que estão aflitos? Cremos que Deus responde às orações?

Quando Jesus orou? Quando Jesus deu graças? Quando o milagre aconteceu? Não foi depois, mas antes de o milagre acontecer.

Em quinto lugar, *um milagre extraordinário*. A voz de Jesus é poderosa. Até um morto a escuta e obedece. Lázaro ouve, atende

RESSURREIÇÃO DE LÁZARO

e sai da caverna da morte. Ele sai enfaixado, coberto de mortalha. Jesus ordena que o desatem e o deixem ir. Lázaro agora estava vivo, mas com vestes mortuárias. Seus pés, suas mãos e seu rosto estavam enfaixados. Ele precisava se livrar das vestes de morto e colocar as vestes de vida.

Precisamos nos despir das vestes da velha vida. Precisamos nos revestir das roupagens do novo homem. Precisamos ajudar uns aos outros a remover as ataduras que nos prendem. Precisamos ajudar uns aos outros a remover as ataduras do passado. Somos uma comunidade de cura, restauração e cooperação.

Este é o último milagre de Jesus que João registra. De Betânia, Jesus caminhou resolutamente para Jerusalém, onde foi preso, condenado, crucificado, morto e sepultado para cumprir o propósito eterno do Pai de nos dar vida por meio de sua morte.

Mas Jesus venceu a morte. Ele é a ressurreição e a vida. Diante dele, todo o universo se dobra. Ele está assentado no trono e governa a igreja, a história e as nações. Jesus tem todo o poder e toda a autoridade no céu e na terra, no passado, no futuro e no presente também.

capítulo 33

A FIGUEIRA QUE SECOU

Mateus 21:18-22; Marcos 11:12-14,20-26

A SEMANA DA Paixão, que foi seguida pela ressurreição, havia começado. No primeiro dia, domingo, Jesus entrou em Jerusalém. Tanto a multidão que estava na cidade como aquela que acompanhava Jesus à Jerusalém proclamavam o Messias com vozes de júbilo. O primeiro ato de Jesus ao entrar na cidade foi purificar o templo. Uma vez que a casa de Deus estava purificada, agora ela se transforma no palco da ação misericordiosa. Vieram a Jesus, no templo, cegos e coxos, e Ele os curou.

Ao fim do dia, Jesus deixou Jerusalém e foi pernoitar em Betânia, na casa de Marta, Maria e Lázaro. Marcos e Mateus, que registram o milagre da figueira, dizem que na manhã do dia seguinte, saindo de Betânia, Jesus sentiu fome. Vendo uma figueira cheia de folhas, se aproximou dela, mas não encontrou nada além de folhas, porque não era tempo de figos. A presença de folhas implicava a presença de frutos. Jesus disse à árvore: "Nunca mais nasça fruto de ti!" (Mateus 21:19). Essa frase, no original, pode ser entendida mais como uma predição do que como uma maldição.[1]

---

[1] TASKER, R. V. G. *Mateus*, p. 160.

354 OS MILAGRES DE JESUS

Mateus relata que a figueira secou imediatamente (21:19); enquanto Marcos diz que, no dia seguinte, passando pelo mesmo lugar, os discípulos viram que a figueira secara desde a raiz (11:20). É provável que, na segunda-feira, os discípulos tenham notado que as folhas *imediatamente* murchavam e começavam a secar. Na terça-feira, se deu a consumação das palavras de Jesus, de modo que a árvore secou *totalmente* de um dia para o outro.[2]

UMA PALAVRA DE JUÍZO

Tanto a condenação da figueira sem frutos como a purificação do templo foram atos simbólicos que ilustravam a triste condição espiritual da nação de Israel. A figueira, entre outras árvores, foi utilizada no Antigo Testamento como símbolo de Israel (veja Jeremias 24:3, Oseias 9:10). Mas quase sempre que Israel era referido sob essa figura, enfatizava-se o fracasso da árvore em produzir bom fruto, junto com a correspondente ameaça do julgamento de Deus sobre a nação.

A despeito de seus muitos privilégios e oportunidades, Israel estava externamente sem frutos (como a árvore) e internamente corrupto (como o templo). A purificação do templo foi uma denúncia simbólica feita pelo Messias do culto do velho Israel, e a morte da figueira foi sua denúncia simbólica da nação judaica, que era vista como privilegiado povo de Deus.[3]

O ressecamento da figueira pode ser tomado como profecia: a nação judaica haveria de ser julgada por não ter produzido o

---

[2] GIOIA, Egidio. *Notas e comentários à harmonia dos Evangelhos*, p. 281, 286.
[3] TASKER, R. V. G. *Mateus*, p. 160.

A FIGUEIRA QUE SECOU

fruto que seria de esperar de um povo privilegiado por Deus. Anos antes, João Batista havia dito aos fariseus e saduceus que iam ao batismo: "Já está posto o machado à raiz das árvores; toda árvore, pois, que não produz bom fruto é cortada e lançada ao fogo" (Mateus 3:10).[4]

Podemos aprender quatro lições com este milagre de Jesus.

UMA PROPAGANDA ENGANOSA

A figueira sem frutos é um símbolo da nação de Israel e do culto judaico. Tinham pompa, mas não vida; tinham rituais, mas não comunhão com Deus; tinham inúmeros sacerdotes, mas não pessoas de Deus. O eixo central dessa passagem é a condenação da promessa sem cumprimento e a condenação da profissão de fé sem prática. Essa passagem nos traz um alerta: "Não está cada ramo infrutífero da igreja visível de Jesus Cristo em um tremendo perigo de se tornar uma figueira seca? Altos privilégios e posições eclesiásticas, desacompanhados de santidade, não são garantia da aprovação de Jesus".[5]

O culto judaico possuía muita folhagem: a grandiosidade arquitetônica, a organização econômica, os rituais. Porém, quem olhasse de perto, não veria nenhum fruto, apenas corações endurecidos, planos secretos de assassinato, fingimento e falsidade, cegueira e infâmia sob o manto da dignidade.[6] Jesus veio para os seus, mas estes não o receberam (João 1:11). Como a figueira, estavam condenados a não dar mais fruto algum.

---

[4] MOUNCE, Robert H. *Mateus*, p. 209.
[5] RYLE, John Charles. *Meditações no Evangelho de Mateus*, p. 178.
[6] POHL, Adolf. *Evangelho de Marcos*, p. 327.

Essa passagem nos enseja algumas lições solenes.

Em primeiro lugar, *a figueira sem frutos aparenta superar as demais figueiras*. A figueira condenada por Jesus era a única árvore na redondeza que estava em posição de destaque. Mas ela fazia propaganda do que não tinha. Assim também algumas pessoas parecem muito adiantadas em comparação aos seus pares. São loquazes na conversa e profundas na especulação teológica, mas, a exemplo da figueira, são estéreis. Aparentam ser verdadeiros cristãos, mas não passam de fachada.

Em segundo lugar, *a figueira sem frutos atraiu a atenção de Jesus*. Ele viu de longe aquela figueira, imponente. A figueira representa aqueles que, sem nenhuma modéstia, anunciam frutos que não possuem. Tocar trombetas para fazer apologia de si mesmo é insensatez. Nenhum engano é mais perigoso do que o autoengano. Nenhuma humilhação é maior do que aquela colhida por aqueles que exaltam a si mesmos.

Em terceiro lugar, *a figueira sem frutos parecia desafiar as estações do ano*. Uma figueira sempre produz os frutos antes das folhas. Aquela figueira era a única frondosa, as demais ainda não tinham folhas. Porém, ao se aproximar dela, Jesus nada achou, "porque não era tempo de figos" (Marcos 11:13). Do mesmo modo, a nação judaica apresentava perante o mundo a promessa de que era rica de frutos espirituais. Ainda que pudesse mostrar muitos sinais externos de que era religiosa, estava infrutífera por causa de seu legalismo estéril e do seu cerimonialismo superficial. Uma árvore assim, sem fruto, apesar de parecer viva, está, de fato, morta.[7]

---

[7] TASKER, R. V. G. *Mateus*, p. 160.

Israel não era um fim em si mesmo. Da mesma forma, a igreja também não vive para si. Sua missão é glorificar a Deus, através da pregação do evangelho, do discipulado dos novos crentes e do pastoreio das ovelhas de Cristo. As igrejas que vivem para si mesmas, fechadas em si mesmas, como se fossem um condomínio fechado, ficam estagnadas. Essas igrejas não crescem, vegetam. Só investem em si mesmas, empanturram-se, e se tornam culpadas porque não dizem para aqueles que perecem de fome que encontraram pão com fartura. Há igrejas que são estéreis, não geram filhas espirituais. Não plantam outras igrejas. Passam anos e décadas, e elas apenas se mantêm; não se multiplicam, não alargam as fronteiras do reino de Deus.

A árvore é conhecida pelos frutos que dá. Linguagem religiosa sem vida de piedade é um arremedo grotesco de conversão. Uma árvore que não produz fruto está sentenciada à morte. O machado afiado do juízo já está à raiz e seu destino será o fogo. Charles Spurgeon é enfático quando escreve: "O cortador de todas as árvores infrutíferas chegou. O grande lenhador pôs seu machado à raiz das árvores. Ele ergueu o machado, golpeou e a árvore infrutífera foi abatida e lançada ao fogo".[8]

UMA INVESTIGAÇÃO METICULOSA

Jesus foi investigar a figueira assim como investigou a nação de Israel, o templo, os rituais e os corações (veja Marcos 11:11). Ele ainda sonda os corações. Algumas lições devem ser destacadas, como vemos a seguir.

---

[8] SPURGEON, Charles H. *O Evangelho segundo Mateus*.

Em primeiro lugar, *Jesus tem o direito de procurar frutos em nossa vida*. Ele nos perscruta profundamente para ver se há fruto, alguma fé genuína, algum amor verdadeiro, algum fervor na oração. Se Ele não encontrar frutos, não ficará satisfeito. Ele tinha o direito de encontrar fruto naquela figueira porque o fruto vem primeiro, depois as folhas.

O principal propósito de uma árvore frutífera não é produzir madeira, folhas, nem sombra, como é o fim de outras árvores. Seu maior propósito é produzir frutos. Deus está trabalhando na vida dos seus a fim de que produzam frutos (João 15:1-3), e Jesus nos escolheu para dar "fruto que permaneça" (v. 16). Ele espera frutos de nós.

Jesus tem encontrado fruto na sua vida? O Pai é glorificado quando produzimos muito fruto (v. 8)!

Em segundo lugar, *Jesus não se contenta com folhas*. Jesus teve fome. Ele procurava frutos, e não folhas. Ele não se satisfaz com folhas. Ele não se satisfaz com aparência. Ele quer vida.

Da mesma forma que Israel era a figueira de Deus, plantada por Deus, cuidada por Deus, assim nós somos a figueira de Deus, plantada e cultivada por Ele. Ocupamos uma posição especialmente favorecida. Deus separou Israel dentre as nações. Protegeu, abençoou e deu sua lei, suas promessas, seus milagres e seus profetas. De igual modo, a nós, Ele nos deu sua Palavra, o evangelho, o seu Espírito, a sua presença, o seu poder. Ele espera de nós frutos espirituais. Ele não se contenta com folhas. Ele quer frutos.

Em terceiro lugar, *Jesus não se deixa enganar*. Quando se aproxima de uma alma, Ele o faz com discernimento profundo. Dele não se zomba. A Ele não podemos enganar. Já pensei ser figo

A FIGUEIRA QUE SECOU   **359**

aquilo que não passava de folha. Mas Jesus não comete esse engano. Ele não julga segundo a aparência. Se eu professo a fé sem possuí-la, não é isso uma mentira? Se eu professo arrependimento sem tê-lo, não é isso uma mentira? Se eu participo da ceia do Senhor, mas estou em pecado e não amo os meus irmãos, não é isso uma mentira? A profissão de fé sem a graça divina é a pompa funerária de uma alma morta.[9]

UMA CONDENAÇÃO DOLOROSA

Se Jesus tinha poder para matar a árvore, por que não usou seu poder para restaurá-la? Porque Ele possuía lições importantes a transmitir. Jesus usou esse fato para ensinar sobre o fracasso da nação de Israel. A nação de Israel poderia ter muitas folhas que o povo admirava, mas nenhum fruto que o povo pudesse comer. Jesus decretou uma dupla condenação à figueira sem fruto.

Em primeiro lugar, *a figueira secou desde a raiz*. João Batista já havia alertado sobre o machado que estava posto na raiz das árvores (Mateus 3:10). A falência dessa árvore foi total, completa e irremediável.

Em segundo lugar, *a figueira nunca mais produziu fruto*. Jesus sentenciou a figueira a ficar como estava. Este é o maior juízo de Deus ao ser humano: deixá-lo permanecer como está. As Escrituras dizem: "Continue o injusto fazendo injustiça, continue o imundo ainda sendo imundo" (Apocalipse 22:11). Jesus condenou a árvore infrutífera. Jesus não a amaldiçoou; ela já era uma maldição.[10] Ela não servia para o revigoramento de ninguém. A

---

[9] SPURGEON, Charles. H. *A figueira murcha*, p. 23.
[10] Idem, p. 24.

sentença foi: "Fique como está; estéril, sem fruto. Continue sem graça". Jesus dirá no dia final: "Apartai-vos para aqueles que viveram a vida toda apartada" (veja Mateus 7:23).

UMA LIÇÃO PRIMOROSA

Depois de condenar a religião formal, mas sem vida, Jesus mostra aos discípulos como ter um relacionamento certo com Deus. Ele fala sobre duas condições fundamentais para termos comunhão e vitória com Deus por meio da oração.

Em primeiro lugar, *devemos ter fé em Deus*. Ninguém pode aproximar-se de Deus sem crer que Ele existe. Jesus disse: "Tende fé em Deus; porque em verdade vos afirmo que, se alguém disser a este monte: 'Ergue-te e lança-te no mar', e não duvidar no seu coração, mas crer que se fará o que diz, assim será com ele" (Marcos 11:22-23). Na imaginação de um judeu, uma montanha significava algo forte e inamovível, um problema que se coloca em seu caminho. Nós podemos mover montanhas apenas pela nossa fé em Deus.

A fé, contudo, não deve ser entendida à parte de outras verdades. Jesus de fato disse: "Em verdade vos digo que, se tiverdes fé e não duvidardes, [...] tudo quanto pedirdes em oração, crendo, recebereis" (Mateus 21:21-22). Muitas pessoas, porém, usam esses versículos para defender que não devemos orar segundo a vontade de Deus. Creem antes que, se têm fé, Deus é obrigado a atender aos seus pedidos. Essa visão está em desacordo com o ensino geral das Escrituras. Isso não é fé em Deus, mas fé na fé ou fé nos sentimentos. Fé não é presunção. Não podemos confundir fé com tentar a Deus. O Diabo quis que Jesus se jogasse do pináculo do templo para que os anjos de Deus o segurassem

A FIGUEIRA QUE SECOU

no ar (Mateus 4:5-6). Mas isso é tentar a Deus, e não exercer a fé. O que Jesus ensina é que não devemos duvidar, ou seja, ter uma mente dividida, movendo-se para cá e para lá (veja Tiago 1:5-8).[11]

Em segundo lugar, *devemos orar oferecendo perdão.* A verdadeira oração envolve perdão tanto quanto a fé. Se quisermos prevalecer em oração, precisamos estar em comunhão tanto com Deus no céu como com nossos irmãos na terra.[12] Onde não tem relacionamento horizontal, não existe relação vertical. Não podemos ser reconciliados com Deus e viver em guerra com os irmãos. Não podemos amar a Deus e odiar os irmãos. Não há vitória na oração sem o exercício do perdão.

---

[11] ROBERTSON, A. T. *Comentário de Mateus & Marcos*, p. 235.
[12] WIERSBE, Warren W. *Be Diligent*, p. 111.

capítulo 34

RESTAURAÇÃO DA ORELHA DE MALCO

Mateus 26:51-56; Marcos 14:46-50; Lucas 22:50-53; João 18:10-11

OS QUATRO EVANGELHOS relatam essa cena que ocorreu durante a prisão de Jesus, na qual o servo do sumo sacerdote tem a orelha cortada por uma espada. Apenas João dá o nome aos envolvidos: Simão Pedro é o que puxa a espada, e Malco é o servo ferido (18:10). E somente Lucas diz que o Senhor, "tocando-lhe a orelha, o curou" (22:51). Concordo com a interpretação do teólogo alemão Fritz Rienecker sobre o fato:

> Os autores Sinóticos não dizem nem o nome do discípulo que ataca nem o do servo atingido. João cita o nome dos dois. Por quê? Enquanto o Sinédrio ainda detinha poder, a sabedoria determinava que não se mencionasse o nome de Pedro. Por isso também a tradição oral observou silêncio sobre o assunto. Contudo, escrevendo após a morte de Pedro e a destruição de Jerusalém, João não foi mais detido por esse temor.[1]

---

[1] RIENECKER, Fritz. *Evangelho de Mateus*, p. 424.

Vejamos algumas lições que essa passagem nos apresenta.

O JARDIM

A hora das trevas havia chegado. Foi o próprio Jesus quem definiu a sua prisão como a hora dos seus inimigos e o poder das trevas (Lucas 22:53). Não havia improvisação nem surpresa. Em breve, seus discípulos o abandonariam, seus inimigos lançariam mão sobre Ele. Aquele que é o Caminho, a Verdade e a Vida seria interrogado, insultado, cuspido, espancado e condenado na corte religiosa como um blasfemo.

Jesus havia se retirado do cenáculo, onde fizera a última ceia, e se dirigido com seus discípulos para o jardim de Getsêmani. Esse jardim fica no sopé do monte das Oliveiras, do outro lado do ribeiro de Cedrom, defronte do monte Sião, onde se situava o glorioso templo. Getsêmani significa "prensa de azeite, lagar de azeite". Ali Jesus orou humildemente, agonicamente, perseverantemente e triunfantemente. Ele o fez sozinho, porque os discípulos que havia levado consigo — Pedro, Tiago e João — dormiam profundamente (Mateus 26:40).

Depois de orar três vezes e mais intensamente pelo mesmo assunto, Jesus se apropriou da vitória. Ele encontrou paz para o seu coração e estava pronto a enfrentar a prisão, os açoites, o escárnio, a morte. Marcos registra o que Jesus disse a seus discípulos: "Basta! Chegou a hora" (14:41). Jesus se levantou não para fugir, mas para ir ao encontro da turba (João 18:4-8). Ele estava preparado para o confronto. Spurgeon, nessa mesma linha de pensamento, escreve: "A longa espera pela hora da traição terminou; e Jesus se levantou calmamente, divinamente fortalecido para passar pelas terríveis provações que ainda esperavam por

RESTAURAÇÃO DA ORELHA DE MALCO

Ele antes que cumprisse plenamente a redenção do seu povo eleito".[2]

Todas as etapas da caminhada de Jesus do Getsêmani ao Calvário foram preanunciadas séculos antes de Jesus vir ao mundo (Salmo 22; Isaías 53). A ira de seus inimigos, a rejeição pelo seu povo, o tratamento que recebeu como um criminoso, tudo foi conhecido e profetizado antes.[3] Concordo com as palavras do teólogo D. A. Carson: "Jesus não é um mártir, e sim um sacrifício voluntário, obediente à vontade de seu Pai".[4] Em toda essa desordenada cena, Jesus é o único oásis de serenidade. Ao ler o relato, temos a impressão de que era Ele, e não a polícia do Sinédrio, que dirigia as coisas. Para Jesus, a luta havia terminado no jardim de Getsêmani, e Ele agora experimentava a paz de quem tem a convicção de estar fazendo a vontade de Deus.

A ESPADA

Anteriormente, no cenáculo, Jesus deu uma orientação de difícil interpretação: "Quem tem bolsa, tome-a, como também o alforje; e o que não tem espada, venda a sua capa e compre uma" (Lucas 22:36). A essas palavras misteriosas, os discípulos responderam: "'Senhor, eis aqui duas espadas!' Respondeu-lhes: 'Basta'"(v. 38).

O que Jesus quis dizer? É provável que Ele estivesse dizendo a seus discípulos para esperarem perseguição e amarga hostilidade,[5]

---

[2] SPURGEON, Charles H. *O Evangelho segundo Mateus*, p. 589.

[3] RYLE, John Charles. *Mark*, p. 237.

[4] CARSON, D. A. *O comentário de João*, p. 574.

[5] ROBERTSON, A. T. *Comentário Lucas à luz do Novo Testamento grego*, p. 360.

para estarem preparados para conflitos mais severos.[6] Certamente Jesus não quis dizer que seus discípulos deveriam repelir a força pela força, mas deveriam estar prontos para defender a sua causa dos ataques.

É claro que estas palavras de Jesus podem ser mal interpretadas hoje como foram então. Os discípulos interpretaram literalmente suas palavras. Em nenhum lugar no corpo do ensinamento de Jesus existe um convite à resistência armada. Logo, a exortação aos discípulos não pode ser vista como uma virada do entendimento geral do pacifismo de Jesus. Quando é preso no jardim, Jesus rejeita a violência como reação à sua prisão.[7]

Então, no aceso da batalha no Getsêmani, quando a turba chega armada com espadas e porretes para prenderem Jesus, os discípulos tentam a resistência armada e perguntam: "Senhor, feriremos à espada?" (v. 49).

Tanto os inimigos como os discípulos de Cristo tinham ideias distorcidas a seu respeito. Seus inimigos pensavam que Ele fosse um impostor, um blasfemo, que arrogava a si o título de Messias. Seus discípulos, por sua vez, pensavam que Ele era um Messias político que restauraria a nação de Israel e os colocaria em uma posição privilegiada. Talvez pensassem que o momento da revolução havia chegado. Jesus, por sua vez, mostrou à turba, bem como aos seus discípulos, que nada estava acontecendo de improviso nem de forma acidental, mas tudo se passava daquele modo para que se cumprissem as Escrituras (Marcos 14:49).

---

[6] NEALE, David A. *Novo comentário bíblico Beacon*: Lucas 9—24, p. 269.
[7] Idem.

RESTAURAÇÃO DA ORELHA DE MALCO

Porque Pedro não havia orado nem vigiado ao lado de Jesus, agora estava travando a batalha errada. Ele sacou sua espada e cortou a orelha de Malco, o servo do sumo sacerdote. Pedro fez uma coisa tola ao atacar Malco, pois não devemos usar armas carnais em batalhas espirituais (veja 2Coríntios 10:35). Ele usou a arma errada, no tempo errado, para o propósito errado, com a motivação errada.

Pedro foi imediatamente repreendido por Jesus: "Embainha a tua espada; pois todos os que lançam mão da espada à espada perecerão" (Mateus 26:52). Fica evidente que Jesus não tinha o propósito de que as suas palavras sobre a espada fossem interpretadas literalmente. Jesus revela que o seu reino é espiritual e suas armas não são carnais. A hora da sua paixão havia chegado, por isso Ele não foi preso, mas se entregou (João 18:4-6).

A CURA

Quando Pedro fere Malco, diz Lucas, "Jesus acudiu, dizendo: 'Deixai, basta'. E, tocando-lhe a orelha, o curou" (Lucas 22: 51). A fala de Jesus é de exasperação, e não de aprovação. Os discípulos ainda falham em entender a natureza da iminente condenação. Ainda estão pensando em usar a espada literalmente para, por meio dela, receberem o reino, mas Jesus os repreende.[8]

Jesus impede seus discípulos de pagar o mal com o mal, e ainda cura Malco, o homem ferido por Pedro. No seu toque restaurador, Jesus vincula a sua paixão com a profecia de Isaías 53, identificando-se com os pecadores: "levou sobre si o pecado de muitos e pelos transgressores intercedeu" (v. 12).

---

[8] NEALE, David A. *Novo comentário bíblico Beacon*: Lucas 9 — 24, p. 270.

Não tivesse Jesus curado Malco, Pedro poderia ter sido preso também; e, em vez de três, poderia haver quatro cruzes no Calvário. Pedro ainda não havia compreendido que Jesus tinha vindo exatamente para aquela hora e estava decidido a beber o cálice que o Pai o tinha dado (João 18:11). Com a cura de Malco, Jesus ilustrou seu amor pelos inimigos, a aceitação voluntária de sua missão e sua política de não violência.[9]

---

[9] ASH, Anthony Lee. *O Evangelho segundo Lucas*, p. 311.

capítulo 35

SEGUNDA PESCA MARAVILHOSA

João 21:1-14

ESTE É O último milagre narrado nos Evangelhos. Embora não seja chamado especificamente de "sinal" como os outros milagres, ele contém muitos traços que fazem dele um "sinal". Pode ser lido como uma parábola da atividade missionária que os discípulos têm adiante de si. Essa atividade, bem como a pesca que tentaram empreender naquela noite, só será bem executada quando eles seguirem as orientações do Senhor ressurreto.[1]

DE VOLTA À GALILEIA

No primeiro dia da semana, as mulheres foram ao túmulo de Jesus e se depararam com a pedra removida. Ao entrarem no túmulo, um anjo que estava postado do lado direito, no lugar em que o corpo de Jesus havia sido posto, pediu que elas não ficassem com medo, pois Jesus havia ressuscitado. O anjo transmitiu-lhes uma ordem: "Mas ide, dizei a seus discípulos, e a Pedro, que ele vai adiante de vós para a Galileia; lá o vereis, como ele

---

[1] BRUCE, F. F. *João*, p. 342.

370 OS MILAGRES DE JESUS

vos disse" (Marcos 16:7). Mesmo depois de Jesus ter aparecido aos discípulos duas vezes em Jerusalém, faltava o cumprimento dessa promessa.

Essa manifestação junto ao mar de Tiberíades, lugar em que Pedro e outros discípulos trabalharam anteriormente como pescadores e no qual foram chamados para o ministério, seria, certamente, o ápice das demonstrações inequívocas da ressurreição de Jesus.

Os discípulos retornam à Galileia provavelmente alguns dias depois da semana dos pães asmos, festa litúrgica que se seguia à Páscoa. Provavelmente não voltaram com o grande grupo de peregrinos, mas em grupos menores de dois ou três integrantes.[2] Esse grupo de discípulos que volta para a Galileia não se achava completo: João diz que "estavam juntos Simão Pedro, Tomé, chamado Dídimo, Natanael, que era de Caná da Galileia, os filhos de Zebedeu e mais dois dos seus discípulos" (21:2).

A viagem da Judeia para a Galileia, de Jerusalém para o mar de Tiberíades, deve ter sido, especialmente para Pedro, marcada por fortes emoções. Por que Jesus queria encontrar-se com eles na Galileia? Por que a menção especial do nome de Pedro? O que Jesus diria a Pedro, depois de sua consumada covardia e de sua reincidente negação?

É debaixo desse turbilhão de sentimentos adversos que Pedro diz a seus seis companheiros de ministério: "Vou pescar". Como Pedro era um líder, e como liderança é sobretudo influência, os outros também disseram: "'Também vamos nós contigo'. Saíram,

---

[2] BRUCE, F. F. *João*, p. 339.

SEGUNDA PESCA MARAVILHOSA

e entraram no barco, e, naquela noite, nada apanharam" (João 21:3).

Por que foram pescar? Por que eram pobres e precisariam ganhar o próprio sustento? Por que queriam preencher o tempo da espera com um trabalho que sabiam fazer? Por que estavam desanimados e pensavam que a única opção que lhes restava era voltar ao passado e retomar sua antiga profissão? Por que se julgavam inadequados para continuarem sendo apóstolos depois de terem abandonado o seu Senhor na hora mais crítica? Sem resposta segura para todas essas perguntas, temos uma constatação inequívoca do resultado da pescaria: "Naquela noite, nada apanharam". Naquela noite, o mar não estava para peixe. Eles tinham rompido todas as pontes com o passado, e o caminho era dali para a frente, e não uma jornada de marcha à ré.

A SEGUNDA PESCA MIRACULOSA

Sem que esperassem, Jesus aparece aos sete, no fim da noite. Quatro fatos podem ser aqui destacados.

Em primeiro lugar, *a presença de Jesus*. No clarear da madrugada, Jesus estava na praia. Os discípulos, que já voltavam da pescaria infrutífera e estavam a menos de cem metros da praia, não o reconheceram. Talvez pela escuridão da noite, que ainda não tinha sido de todo dissipada, ou talvez por causa da escuridão de seus olhos, que ainda não tinha sido plenamente removida.

Algo semelhante ocorrera aos dois discípulos que iam de Jerusalém a Emaús (Lucas 24:16). Enquanto falavam, Jesus se aproximou e seguiu com eles, mas seus olhos estavam fechados para reconhecerem Cristo. Muitas vezes, caminhamos pela vida vencidos, como se a morte tivesse a última palavra e como se

Jesus não tivesse ressuscitado. Embora Jesus esteja perto, não percebemos. Às vezes Jesus vem ao nosso encontro, como foi ao encontro dos discípulos no mar da Galileia, mas pensamos que Ele é um fantasma e ficamos cheios de medo.

Em segundo lugar, *a pergunta de Jesus*. Com o propósito de fazer uma conexão com seus discípulos, Jesus lhes pergunta: "Filhos, tendes aí alguma coisa de comer?" (João 21:5). Embora não conseguissem discernir quem estava na praia, os discípulos conseguem ouvir a voz. A pergunta de Jesus é feita de uma maneira a indicar que Ele esperava "Não" como resposta.[3] Foi, de fato, o que os discípulos responderam. Essa pergunta acentua o fato de que o trabalho deles havia sido infrutífero naquela noite. A pescaria não lograra êxito, e, sozinhos, eles jamais poderiam suprir as próprias necessidades ou mesmo as das multidões.

O simples fato de chamá-los de "filhos" demonstra o profundo afeto de Jesus por eles e a manifestação plena de sua graça restauradora. Eles ainda precisam aprender que, sem Cristo, nada podem fazer (João 15:5).

Em terceiro lugar, *a ordem de Jesus*. Jesus ordena que os discípulos lancem a rede à direita do barco e garante que eles encontrarão peixes. Como na primeira pesca (Lucas 5:1-11), Jesus sabia que um grande cardume passava por ali. Sem tardança, eles obedecem, não repetindo, porém, a mesma declaração de fé de anos atrás: "Mestre, havendo trabalhado toda a noite, nada apanhamos, mas sob a tua palavra lançarei as redes" (v. 5). Não tinham convicção da verdadeira identidade de seu interlocutor. Poderiam achar que se tratava de um colega pescador dando seus palpites.

---

[3] BRUCE, F. F. *João*, p. 340.

Jesus, porém, sabia para onde conduzia essa interação. Sua ordem era mais uma ponte de contato para ter acesso ao coração dos seus discípulos e abrir os olhos deles para o fato de sua ressurreição.

Em quarto lugar, *o milagre de Jesus*. Ao obedecerem à ordem de Jesus, a rede se encheu com 153 grandes peixes. Eram tão pesados que não foi possível puxar a rede de volta para o barco, mas tiveram de arrastá-la até a praia. Nesse momento, João sussurrou aos ouvidos de Pedro: "É o Senhor!" (João 21:7). Pedro, sem titubear, lançou-se ao mar e nadou na direção de Jesus. O milagre era uma prova eloquente e suficiente de que estavam diante daquele que vencera a morte.

A REFEIÇÃO RESTAURADORA

Quando os discípulos saltaram em terra, talvez esperando uma reprimenda de Jesus por causa de seus fracassos, encontraram um braseiro com peixes e pão. O desjejum estava pronto. O braseiro era para aquecê-los do frio, e o alimento, para restaurar-lhes as forças. Antes da crucificação, Jesus lavou os pés dos seus discípulos, como faria um servo (João 13:4-5). Agora, ressurreto, continua a servi-los, preparando-lhes uma refeição. Jesus irá alimentá-los à beira do lago, como fizera na primeira multiplicação dos pães.

Os discípulos ficam calados, perplexos, admirados diante do Senhor ressurreto. Não o haviam reconhecido antes, mas agora, nenhum deles "ousava perguntar-lhe: 'Quem és tu?' Porque sabiam que era o Senhor" (João 21:12). Jesus, então, toma a iniciativa e os chama. Ele os convida a comer e a contribuir na refeição, trazendo alguns dos peixes que acabaram de apanhar. Ele toma o pão e lhes dá, e de igual modo o peixe. Estabelecia-se ali a comunhão, o compartilhamento, o cenário da plena restauração.

Na primeira pesca miraculosa, experimentada naquele mar meses antes, Jesus fez de Pedro um pescador de homens. Nessa segunda pesca, Jesus restaura Pedro para ser um pastor de ovelhas. Jesus tira das mãos de Pedro a rede de pescador e, em seu lugar, coloca o cajado de pastor. Porém, antes de realizar isso, Jesus se mostra mais uma vez o Pastor pleno e suficiente de seu rebanho. Ele lhes deu vida, perdão, salvação, provisão, proteção, companhia e promessas. Ele estaria presente com eles todos os dias, em todas as circunstâncias, por todos os lugares. Ele não é apenas provedor; é também a melhor provisão.

UMA GRANDEZA INESGOTÁVEL

Esse é o último sinal registrado nos Evangelhos. João, porém, encerra seu relato dizendo que Jesus fez muito mais do que foi registrado: "Há, porém, ainda muitas outras coisas que Jesus fez. Se todas elas fossem relatadas uma por uma, creio eu que nem no mundo inteiro caberiam os livros que seriam escritos" (21:25).

O que o evangelista está dizendo é que a grandeza de Jesus e seus gloriosos feitos transcendem qualquer capacidade de registro. Sempre ficaremos aquém. Jamais esgotaremos a descrição e o registro de suas obras portentosas. Jesus é maior do que o ser humano pode perceber ou conhecer. João conclui dizendo que sua obra é só uma parte minúscula de todas as honras devidas ao Filho de Deus.[4]

---

[4] CARSON, D. A. *O comentário de João*, p. 686.

SEGUNDA PESCA MARAVILHOSA

Nenhum registro, ainda que orientado pela verdade, pode encerrar a glória infinita do Filho de Deus. Dessa glória, os Evangelhos fornecem apenas um vislumbre. No entanto, esse vislumbre é tão esplêndido e fascinante que sentimos prazer em demorar-nos em sua claridade, ansiando ter aquela visão mais nítida, quando o defrontaremos face a face, para sermos semelhantes a Ele e para vê-lo como Ele é.[5]

---

[5] ERDMAN, Charles. *O Evangelho de João*, p. 158.

REFERÊNCIAS BIBLIOGRÁFICAS

AMARAL, Joe. *Understanding Jesus.* Ontario: Almond, 2009.

ASH, Anthony Lee. *O Evangelho segundo Lucas.* São Paulo: Vida Cristã, 1980.

BARCLAY, William. *Juan I.* Buenos Aires: La Aurora, 1974.

_____. *Juan II.* Buenos Aires: La Aurora, 1974.

_____. *Lucas.* Buenos Aires: La Aurora, 1973.

_____. *Marcos.* Buenos Aires: La Aurora, 1974.

_____. *Mateo I.* Buenos Aires: La Aurora, 1973.

_____. *The Gospel of Matthew.* vol. 2. Louisville: Presbyterian Publishing Corporation, 2002. Edição digital.

BARTON, Bruce B. "Mark". *Life Application Bible Commentary.* Wheaton: Tyndale House, 1994.

BOOR, Werner de. *Evangelho de João.* vol. 1. Curitiba: Esperança, 2002.

_____. *Evangelho de João.* vol. 2. Curitiba: Esperança, 2002.

BRUCE, F. F. *João*: Introdução e comentário. São Paulo: Vida Nova, 2000.

BURN, John Henry. *The Preacher's Complete Homiletic Commentary on the Gospel according to St. Mark.* Grand Rapids: Baker Books, 1996.

CALVINO, João. *Commentary on a Harmony of the Evangelists Matthew, Mark and Luke.* vol. 2. Grand Rapids: Eerdmans, 1949.

CARSON, D. A. *O comentário de João*. São Paulo: Shedd, 2007.

CHAMPLIN, Russell Norman. *O Novo Testamento interpretado versículo por versículo*. vol. 1. Guaratinguetá: A Voz Bíblica, s.d.

ERDMAN, Charles. *O Evangelho de João*. São Paulo: Casa Editora Presbiteriana, 1965.

GIOIA, Egidio. *Notas e comentários à harmonia dos Evangelhos*. Rio de Janeiro: Juerp, 1969.

HEADING, John. *Mateus*. Ourinhos: Edições Cristãs, 2002.

HENDRIKSEN, William. *João*. São Paulo: Cultura Cristã, 2004.

_____. *Lucas*. vol. 2. São Paulo: Cultura Cristã, 2003.

_____. *Marcos*. São Paulo: Cultura Cristã, 2003.

_____. *Mateus*. vol. 2. São Paulo: Cultura Cristã, 2010.

HENRY, Matthew. *Comentário bíblico Matthew Henry*. Novo Testamento. vol 1. Mateus–João. Rio de Janeiro: CPAD, 2010.

HOVESTOL, Tom. *A neurose da religião*. São Paulo: Hagnos, 2009.

HURTADO, Larry W. *Mark*. Nova York: Harper & Row, 1983.

LANE, William L. *The Gospel According to Mark*. Grand Rapids: Eerdmans, 1974.

MACARTHUR, John. *John 1 – 11*. The MacArthur New Testament Commentary. Chicago: Moody, 2006.

MCGEE, J. Vernon. *Mark*. Nashville: Thomas Nelson, 1991.

MILNE, Bruce. *The Message of John*. Downers Grove: InterVarsity Press, 1993.

MORRIS, Leon L. *Lucas*: Introdução e comentário. São Paulo: Vida Nova, 2011.

MOUNCE, Robert H. *Mateus*. São Paulo: Vida, 1996.

REFERÊNCIAS BIBLIOGRÁFICAS

MULHOLLAND, Dewey M. *Marcos*: Introdução e comentário. São Paulo: Vida Nova, 2005.

NEALE, David A. *Novo comentário bíblico Beacon*: Lucas 1–9. Rio de Janeiro: Central Gospel, 2015.

_____. *Novo comentário bíblico Beacon*: Lucas 9–24. Rio de Janeiro: Central Gospel, 2015.

POHL, Adolf. *Evangelho de Marcos*. Curitiba: Esperança, 1998.

RICHARDS, Larry. *Todos os milagres da Bíblia*. São Paulo: Voz Litteris, 2003.

RICHARDS, Lawrence O. *Comentário histórico-cultural do Novo Testamento*. Rio de Janeiro: CPAD, 2012.

RIENECKER, Fritz. *Evangelho de Lucas*. Curitiba: Esperança, 2005.

_____. *Evangelho de Mateus*. Curitiba: Esperança, 1998.

RIENECKER, Fritz; ROGERS, Cleon. *Chave linguística do Novo Testamento grego*. São Paulo: Vida Nova, 1985.

ROBERTSON, A. T. *Comentário de Lucas à luz do Novo Testamento grego*. Rio de Janeiro: CPAD, 2013.

_____. *Comentário de Mateus & Marcos*. Rio de Janeiro: CPAD, 2012.

RYLE, John Charles. *John*. vol. 1. Grand Rapids: Banner of the Truth Trust, 1997.

_____. *Mark*. Wheaton: Crossway, 1993.

_____. *Meditações no Evangelho de Lucas*. São José dos Campos: Fiel, 2013.

_____. *Meditações no Evangelho de Mateus*. São José dos Campos: Fiel, 2014.

SPROUL, R. C. *Mateus*. São Paulo: Cultura Cristã, 2017.

SPURGEON, Charles. H. *A figueira murcha*. São Paulo: PES, n. d.

_____. *Milagres e parábolas do nosso Senhor*. São Paulo: Hagnos, 2016.

_____. *O Evangelho segundo Mateus*. São Paulo: Hagnos, 2018.

SWINDOLL, Charles R. *Insights on John*. Grand Rapids: Zondervan, 2010.

TASKER, R. V. G. *Mateus*: Introdução e comentário. São Paulo: Vida Nova, 1999.

_____. *The Gospel According to St. John*. Grand Rapids: Eerdmans,1975.

THOMPSON, J. R. *The Pulpit Commentary*. Mark & Luke. Grand Rapids: Eerdmans, 1980.

TRENCHARD, Ernesto. *Una exposición del Evangelio según Marcos*. Madrid: ELB, 1971.

VIEIRA, Antônio. *Mensagem de fé para quem não tem fé*. São Paulo: Loyola, 1981.

WIERSBE, Warren W. *Be Diligent*. Wheaton: Victor Books, 1987.

_____. *Comentário bíblico expositivo*. vol. 5. Santo André: Geográfica, 2006.

ÍNDICE DAS REFERÊNCIAS BÍBLICAS

MATEUS

8:1-4	71
8:14-17	59
8:23-27	151
8:28-34	167
8:5-13	137, 243
9:1-8	89
9:18-19, 23-26	191
9:19-22	179
9:27-31	201
9:32-34	205
12:22-34	129
12:9-14	115
14:13-21	211
14:22-36	219
15:21-28	235
15:32-39	259
17:14-21	275
17:24-27	285
20:29-34	325
21:18-22	353
26:51-56	363

MARCOS

1:21-28	47
1:29-31	59
1:40-45	71
2:1-12	89
3:1-6	115
3:22-30	129
4:35-41	151
5:1-20	167
5:21-24, 35-43	191
5:24-34	179
6:30-44	211
6:45-56	219
7:24-30	235
7:31-37	245
8:1-10	259
8:22-26	267
9:14-29	275
10:46-52	325
11:12-14,20-26	353
14:46-50	363

LUCAS

4:31-37	47

4:38-41	59	17:11-19	317
5:1-11, 35	**289, 373**	18:35-42	325
5:12-16	71	22:50-53	363
5:17-26	89		
6:6-11	115		
7:1-10	137	**JOÃO**	
7:11-17	145	2:1-11	17
8:22-25	151	4:4354	29
8:26-39	167	5:1-15	103
8:40-42,49-56	191	6:1-15	211
8:42-48	179	6:16-21	219
9:12-17	211	9:1-38	291
9:37-42	275	11:1-46	337
11:14-23	129	18:10-11	363
13:10-17	195	21:1-14	369
14:1-6	311		

Sua opinião é importante para nós.
Por gentileza, envie-nos seus comentários pelo e-mail:

editorial@hagnos.com.br

Visite nosso site:

www.hagnos.com.br